編劇，我想當個好人

How to be perfect

麥可・舒爾（Michael Schur）

感謝托德・梅（Todd May）教授的精闢見解

這是所有人的責任。

——阿爾貝・卡繆（Albert Camus），
《瘟疫》（*The Plague*）

盡力做到最好，並努力學習，
等你懂得更多以後，就要做得更好。

——馬雅・安傑洛（Maya Angelou）

幾萬年前，原始人成功執行演化任務、已知用火、並有辦法成功趕走猛獸以後，就有人開始討論道德問題。他們花了些許寶貴的時間精力，思考人類行爲背後的原因，並想辦法讓人類把事情做得更好、更正義、更公平。這些討論道德的少數人死後，所說的話就流傳到後世，一路到了現在。換句話說，過去幾千年來，世人一直持續討論道德，從來沒有間斷過。

奉獻生命來討論道德的人，多半不是爲了金錢或名譽，畢竟學術（特別是哲學）絕非名利雙收的最佳途徑。這些人討論道德，因爲他們認爲道德很重要，認爲我們都應該思考人類行爲的基本問題，才能找到更光明的未來。我想以最誠摯的感激之情，將本書奉獻給所有認眞討論道德的人。

本書也要獻給J. J.、威廉（William）和艾薇（Ivy），你們是我生命中最重要的人。

contents 目錄

contents 目錄

PART

CHAPTER

PAGE

結尾

INTRODUCTION 前言

今天你決定要當個好人。

其實你也不知道爲什麼，只是早上起床的時候，精力和樂觀突然爆棚。這個世界還是一如往常地讓你無所適從，但你今天起床後就是想要當個好人，要比昨天的自己更好。

應該不會很難吧？只要稍微改變你的行爲就好。出門後，看到地上的塑膠杯，就順手撿起來丟到垃圾桶。感覺眞棒！如果是昨天的你，大概就直接當沒看到，但今天可不一樣。今天的你比昨天更好了！到了雜貨店的時候，你多花了些錢買了走地雞蛋（cage-free eggs）、也買了人道飼養牛奶。你一想到這些牛會經大快朵頤有機種植的草，而不是在可怕的商業農場被灌食，嘴角就不禁上揚。你突然想起以前讀過一篇畜牧產業對氣候變遷影響的文章，決定點素食漢堡。現在這些牛更快樂了，因爲牠們都不會被殺了！

你今天做得眞好，新的你實在太棒了。

你還在住家附近慢跑（爲了健康）、扶老太太過馬路（日行一善）、看了一部紀錄片（學習新知）、看了新聞（當個好公民），然後才上床睡覺。今天眞的太棒了。

可是，你躺在床上看著天花板時，突然覺得有點怪怪的。你今天到底做了多少「好事」？你覺得自己做了些好事，但你也覺得自己去年戴著斑馬條紋帽出席公司的假日派對沒什麼問題，雖然我們都知道大家的反應如何。

現在請想像你可以召喚宇宙善事會計師，以全知的角度來告訴你這些善事能讓你得幾分。她在計算你今天所做的善事後，從善意計算機中拿出一張明細，接著向你宣布一些壞消息。

把塑膠杯丟到垃圾桶？它最終還是會流進海洋，堆積成與德州一樣大的垃圾島，威脅太平洋的海洋生態。（你甚至也在睡前讀到相關報導，但你不覺得你的所作所為跟海洋生態有什麼關係。）至於你吃的速食漢堡呢？它是從很遠的地方運到你消費的店家，碳足跡相當大；而你所謂人道飼養的牛，其實都來自工廠化經營的農場，畢竟拜農業政策說客所賜，「有機」和「草飼」的法律定義其實相當寬鬆且模糊。這些牛一點都不快樂，牠們其實很悲慘。

還不只這樣：製造你腳上慢跑鞋的工人，是一小時只能領到四分錢的勞工；你看的這部紀錄片的導演，是一個喜歡在捷運上聞陌生人頭髮味道的怪人；而你所使用的串流平台，其實是一間也會幫北韓空軍生產無人機的跨國企業。還有，你攙扶的那位老太太，心中其實非常緬懷納粹黨。你可能會說：「但她看起來很和藹可親呀！」錯了，她暗地裡其實非常支持納粹黨，而她當時是要去買納粹相關商品，你還幫了她一把。

現在發現自己很慘了吧！你很想用自己的方法對世界釋出善意，但世界毫不留情地打你的臉。你應該也很生氣吧！你當時其實都是出於好意，而且沒有功勞也有苦勞吧？你現在應該也很挫折，畢竟你不是有能力創辦慈善組織的大富翁，所以你能做的很有限。而且，我們每天要做的事情已經夠多了，誰又有那個時間、金錢、精力去思考道德呢？

結論：要當好人根本不可能，連試都不必試。我們就都吃裡頭夾著打了生長激素肉品的漢堡就好、垃圾也直接丟到海裡就好，就這樣擺爛吧。

這個實驗很有意思吧！那我們到底該怎麼辦？

很多人覺得自己是「好人」，也希望別人覺得自己是「好人」，所以如果可以選擇，他們當然會做「好」事，並避免做「壞」事。不過這個世界非常複雜，充斥著各種矛盾的選擇與難關，甚至你身邊還會有看似可信的白痴朋友，跟你說你那頂斑馬條紋帽「醜得」很可愛，不斷鼓勵你去買。因此，要決定什麼是好、什麼是壞，其實非常困難。而且就算你真的能夠避開所有地雷，成功做了好事，你畢竟也只有一個人而已。要知道，全世界有八十億人，其中大多數根本不在乎自己是不是好人。世界上到處都是貪腐的政客、狡詐的奸商，他們遛狗的時候都不清理狗大便；這個世界上還有邪惡的獨裁者，你身邊也不乏白痴朋友。（他們到底想怎樣？以讓人悲慘爲樂嗎？）到頭來「當好人」的人都開始懷疑人生。用一句我剛開始研讀道德哲學、剛開始思考這些錯綜複雜難題時所用的話來說，就是：

我他媽的要怎麼辦？

怎麼過一個更有道德的人生？數千年來這個問題一直困擾著很多人[1]，而且回答的難度越來越高，因爲我們每天都有大大小小的難題，面對的也都是複雜且未知的結果。此外，

1 好啦，其實只有少數人而已。世界上更多的是騙子、以及滿腦子想成爲華爾街之狼的人，他們覺得道德規範是成功路上的絆腳石。

如果眞的要試著當一個「有道德的人」，每天都必須思考、反思、實作。我們要想想，怎樣讓自己隨時都當個好人，而不是一個月當一次好人。現在讓我們稍微簡化一下，本書希望將所有的道德難題都歸結成四個單純的問題，讓我們無時無刻遇到大大小小的道德兩難時都能問自己：

我們在做什麼？

我們爲什麼要這麼做？

有沒有更好的選擇？

爲什麼這個選擇更好？

其實哲學和道德[2]不過就是在尋找這四個問題的答案。雖然宇宙善意會計部門帶來的多半都是壞消息，但還是有好消息的：自古以來，哲學家針對這些問題都已經思考了很長一段時間。他們能爲我們提供答案，或至少能提出想法，讓我們自己找到答案。如果我們能克服這些哲學家所寫的那些複雜到令人頭痛的文章，就能吸取他們理論的精隨，用來幫自己做決定，並變得越來越好。

我會對道德哲學產生興趣，是因爲製作一齣叫做《良善之地》（*The Good Place*）的電視劇。如果你有看過，就會發現本書中有很多想法似曾相識，因爲我們在劇

2 雖然很多硬派哲學家和語言學家不同意，但我和很多人一樣，都將道德（morals）和倫理（ethics）混著使用。如果你眞的想深究，就自己去查字典研究這些字的差異……然後你就會和我一樣，爽快地忽略這些差異，畢竟人生苦短。

中都曾經探討過。如果你沒看過這部劇，那麼我有三句話想對你說：（1）你怎麼可以這樣侮辱我、（2）開玩笑的啦、（3）沒關係的！因爲本書最重要的任務，就是帶你走過我經歷過的一切，讓你從完全不認識道德哲學，變成一個能針對這個主題寫一本書的人。（或是至少讓西門與舒斯特出版社覺得我有資格寫）我之所以會愛上倫理學，其實非常簡單：我們所做的每一件事幾乎都有倫理的成分，只是我們有沒有發現而已。換句話說，我們本來就應該知道倫理學是什麼、也要瞭解它的運作模式，才不會每次都搞不清楚狀況。畢竟我們都要和別人相處，我們的行爲也會影響別人。如果我們在乎別人，就必須學會如何做出最好的決定。

我很愛倫理學的另一個原因是：完全免費！[3]你不需要申請執照才會很有倫理，也不需要繳年費才能做出好的決定。我們可以把這個世界想像成一間博物館，而倫理規則就是館內的志工，他們穿著綠色的運動外套，手放在背後安靜地站著。我們都在博物館中到處欣賞藝術品（也就是令人費解的道德難題），有些淺顯易懂、有的則既抽象又複雜，令人一頭霧水。看不懂的時候，我們可以請穿著綠色外套的女士來幫我們解惑，她就會免費跟我們解釋！我們當然可以自己看，然後若有所思地點頭，假裝自己看得懂（在博物館和人生中，都有太多人這麼做了）；但下一個展示間一定有更多更複雜的作品，所以還是建議大家搞清楚現在正在欣賞的東西吧。

在開始之前，我還要跟你分享一個好消息。光是思考倫理學的想法、以及問這些問題，

3 如果你買了這本書，就扣掉這本書的成本吧。對了我差點忘了，執行符合倫理的行爲，常常也要花錢或時間。我只是想說，倫理學的想法或概念完全免費。

就代表我們已經執行了一個關鍵步驟：我們決定要在乎自己的所作所爲是好是壞；也就是說，我們已經決定要變得更好。

這一步非常重要。畢竟只要稍微關注身邊的狀況，就會發現很多人根本不在乎自己的行爲是否符合倫理，他們連試都不試。我不會完全責怪他們，畢竟要在宇宙中當一個體面的道德代理人（把「做對的事情」講得更好聽一些），代表我們注定會失敗。就算我們全心全意想當好人，最後還是會搞砸，而且會一直搞砸。我們會下一個自己覺得正確且良善的決定，最後發現自己大錯特錯。我們會做一些自以爲不會影響別人的事，最後發現影響可大了，甚至讓自己身陷麻煩。我們會傷害朋友的感受、破壞環境、支持邪惡的企業、或是不小心協助一名老納粹粉過馬路。我們會失敗、再失敗、一直失敗。不管想不想要，我們每天都會遇到類似的考試，而我們一定會被當掉，甚至連 C⁺ 這個成績都遙不可及。這一切都會使得在乎我們的所作所爲變得毫無意義。

但就算被當掉，如果我們眞的在乎，還是被當得有價值。因爲如果我們眞的想做對的事，會試著瞭解被當掉的原因，這樣下次就比較有可能成功。失敗很不好受、也令人無地自容，但失敗是我們學習的好機會（這就是所謂的「嘗試錯誤法」〔trial and error〕，而不是「經過一次完美的嘗試，我們就能掌握眞理」）。另外，說眞的啦，除了努力讓自己過著有道德的生活以外，我們也別無選擇。難道我們要直接忽略所有行爲的問題嗎？連演都不演嗎？我實在無法認同。如果我們眞的在乎人生，就應該在乎自己的所做所爲是否良善。（我們稍後會看到一群非常冷漠的法國人，他們認爲這個世界上沒有神，而人類只不過是飄浮在太空中一塊大岩石上毫無意義的碎屑而已。就連這些人都覺得不應該完全放棄倫理。）這本書是我探索道德哲學的旅程，也是我學習接受、擁抱失敗的旅程，讓我們一起學習，慢慢瞭解在嘗試、學習、和進步的路上，一定會面臨失敗，也會得益於失敗。

我們現在就要來討論在特定情況下到底該怎麼做，並試著用兩千四百年以來有人提過的想法來回答。我們會先從簡單的開始，先介紹這些想法是什麼，包括那些人怎麼說、希望我們怎麼做、以及我們照做後會變得多好。接著我們會稍微提升難度，將探討過的想法應用在更錯綜複雜的議題上，同時介紹新的想法。讀完本書後，我們將明白該如何面對各種情況，才能將道德良善發揮到極致。我們將成爲完美的人，大家都會敬佩、欣賞我們，朋友也會羨慕我們。

開玩笑的。我們其實還是會失敗，但有什麼關係呢？好的，讓我們開始失敗吧。就像薩謬爾．貝克特（Samuel Beckett）說的：

「再試一次，再失敗一次，這次會敗得更有價值」。

開始前讀者可能會有的問題：

我需要懂道德哲學才能讀這本書嗎？

不用。我的目標是寫一本所有人都看得懂的書，不管你是否熟悉這個主題。我就是想將這個主題介紹給相對外行的人，就像我剛開始的時候一樣。

所以你不是哲學家？也不是教授？甚至不是研究生？

都不是，我只是一般人而已，但這就是重點！我這本書的目標讀者就是「一般人」、或是「想改善行爲的人」、以及「被朋友贈予《如何成爲更好的人》一書，現在終於發現朋友眞正意思的人」。4

4 有些人「對倫理學沒興趣」，但還是可能在讀這本書。例如：有人需要重物來把蟲打死；一九五〇年代出生的孩子，在課堂上用這本書來掩護漫畫書；一名女性在公司交換禮物抽到了這本書，硬著頭皮翻翻前幾頁，以讓她的同事覺得這個禮物送得好，也讓同事覺得她不是只想喝醉而已；一隻狗狗不知道從哪裡把這本書叼來，旁邊的人看到都說：「哈哈！你看，牠也想讀書耶！」

如果我想瞭解道德哲學，我爲什麼要讀你的書，而不是讀其他更聰明、更學術的人的分析呢？

首先，這個問題很沒禮貌。但更重要的是，我花了很多時間研究這個主題，也和很多聰明又有趣的人討論，試著用不那麼讓人頭痛的方式來呈現。我的目標不是要顚覆道德哲學這個領域，而是要讓大家都能將最實用的道德哲學運用在日常生活中。

你既然只是一般人，那你憑什麼教我怎麼做？

我就知道你會這樣問。是這樣的：本書的目的，絕對不是要讓你爲過去的所做所爲感到愚蠢；我也絕對沒說我自己從來沒做過蠢事。我當然做過，以後也還會做。沒有人是完美的（我們在第五章就會讀到，追求「道德完美」不但不可能，甚至還有害）。我再強調一次，我的目標是鼓勵大家欣然接受那些無可避免的失敗，並想辦法從中學習，讓自己變得更好，而不要始終困在罪惡感之中，然後一直犯同樣的錯誤。

我就是那種更聰明、更學術的人，我很生氣。你只討論少數哲學家的作品而已耶！你怎麼能忽略其他那麼多重要的思想家呢！？

道德哲學已有數千年的歷史，而所有新的理論都多多少少和以前的理論有關。有時候在努力研讀一份很硬的哲學大作時，你會遇到作者在接下來的六十頁都在討論別的話題，這個話題又是另一個很硬的哲學主題。如果你沒有用力讀完這個主題，就會完全失去方向，最後眼神呆滯，乾脆把書放下，跑去看《鑽石求千金》（*The Bachelor*）**5**。如果要我討論道德哲學所有的相關理論，我就必須讀六十年的書，還來不及下筆就掛了。別鬧了，我有老婆小孩，而且我很喜歡看籃球，也有其他興趣。更重要的是，我曾經眞的想讀懂某些哲學著作，但我眞的看不懂。我曾經對形上學非常有興趣，這門學問可以追溯到古希臘時期，探討存在的本質等問題，聽起來超有趣！於是我讀了德國哲學家馬丁・海德格（Martin Heidegger）寫的《形而上學導論》（*Introduction to Metaphysics*）。書中的第一句話（加上譯者注）就長這樣：

爲什麼**1**會**2**有**3**東西**4**？

1.「爲什麼」是一個不恰當的問法，應該要問「如何」或「目的爲何」才對。

2.我們提出的顯然是一個先驗假設，也就是確實「會」有「東西」。

3.海德格用的字是德文的IchschätzedieMühediesnachzuschlagen，但這個字無法直接翻譯，所以我選擇了最像的字，也就是英文的「there」（有），其實這個字與海德格的原意有不小的落差。

4.我們其實應該要把「東西」視爲「存在的地點」，或一個叫做「essent」的新詞，這個字的意思是「有本質的東西」，或是也可以用我創造出來的字「blerf」，這個字本身

5 我自己是不會，我從未這樣做過，但理論上應該有人眞的會去看。

沒有意義，但本身無意義的這個特性，正是區分虛無和事物之間差異最精確的詞彙。

好啦這樣是有點誇張了，但眞的只有一點而已，我大概再讀了四句左右就放棄了。後來我發現，海德格根本就是法西斯主義者，所以我覺得放棄是正確的。

但我之所以做這些取捨，還有另一個原因：本書討論的作品，都是我喜歡而且打動我心的，我看到它們的時候，就會出現卡通裡面那種頭上燈泡亮起來的感覺。在哲學裡，這種簡單的連結感非常重要，畢竟哲學思想就像是一座充滿各種想法的雨林，任何人都無法看見雨林的全貌。因此，你之所以會偏好某些思想家，純粹就是因爲你對他們的想法較能產生共鳴。

我對倫理學的理解（也就是本書的精華），主要圍繞在以下幾個理論：德行倫理學、義務倫理學、以及功利主義。這三種理論就是現今西方道德哲學的「三巨頭」。而專注在三巨頭的結果，就是多少會忽略史上最有名的幾位思想家，例如老子、大衛・休謨（David Hume）、以及約翰・洛克（John Locke）。三巨頭和他們的著作多少都有重疊，但也許不是他們最重要的思想，而且因爲我不想在《良善之地》這部劇中加入宗教成分，所以避開聖多瑪斯・阿奎納（Saint Thomas Aquinas）和索倫・齊克果（Søren Kierkegaard）等思想家。如果你眞的不感興趣，大可以拿起指南針，自己探索哲學這塊雨林，也許你會發現我最不重視的思想家，反而是你最喜歡的思想家，然後你就可以自己寫一本書，談談爲什麼你喜歡的思想家比我喜歡的更好。

我雖然有點不同，但也是一個很聰明的學者型人物。我必須說，你對於×××的詮釋完全錯誤。你怎麼可以如此光明正大的誤解×××呢？

一七四六年，一群英國書商請山繆．約翰遜（Dr. Samuel Johnson）博士寫一本嚴謹的英文字典。約翰遜博士在接下來八年的時間還眞的做到了，他眞的寫了一整本字典，而且完全仰賴自己的知識[6]。他寫完以後，有一個女人有點生氣地來找他，質問他怎麼可以把「骹骨（pastern）」定義成「馬的膝蓋」呢？應該是馬腳的一部份才對呀！約翰遜博士回答：「因爲我不知道，女士，我眞的不知道！」所以如果我在本書中有寫錯什麼，原因很簡單：我眞的不知道！

6 當然還有幾位助手，幫忙他蒐集並整理所有條目，但若說是完全仰賴他的知識也沒錯。約翰遜博士努力八年下來，得到的酬勞大約等同於今天的二十五萬美元。我實在不想太「好萊塢」，但他眞的要換一個經紀人才對。

找個人幫你不是比較好嗎？找一個眞正的哲學家不是比較好嗎？

呃，我有啊！托德・梅教授一輩子都在學術圈打滾，也擁有許多優質的道德哲學書籍。剛認識他的時候，我請他幫忙讓《良善之地》的編劇群瞭解哲學家到底都在講什麼，後來他同意和我合作撰寫本書（其實是監督我才對），並避免我犯下太多學術上的錯誤，以防我被傑瑞米・邊沁（Jeremy Bentham）的曾曾曾曾曾曾曾增曾曾孫控告。所以，如果本書關於哲學的部分還是有任何問題，就不是因爲我不知道了，一定都是托德教授的錯。要怪就去怪他**7**。

7 托德說：好啦。

PART 1

在這八十頁左右，包含過去兩千四百年以來，我們從西方道德哲學的三大流派中，所學到關於如何成爲好人的各種理論；另外也有很多很酷的內容。

CHAPTER 1
我可以無緣無故揍我朋友的臉嗎？

當然不行。你是這樣想的嗎？很好，目前你做得很好。

如果我找一千個人，問他們可不可以無緣無故揍朋友的臉，我敢說所有人都會說不行。8他是我們的朋友，又沒有做錯事，所以我們不應該揍他們的臉。但奇怪的是，你有沒有想過為什麼「不可以」揍他們的臉呢？雖然答案可能很明顯，但我們在回答的時候還是可能支吾其詞：

「因為……這樣不好啊！」

就算只能講出這個簡單的理由，某種程度上也挺令人欣慰，因為這代表我們有意識到

8 如果是在網路上調查，可能會有七成的人覺得可以。網路真的很可怕。

這個行爲背後有些道德因素，而我們認爲這個行爲……「不好」。但如果眞的要讓自己變成更好的人，我們需要一個比「因爲這樣不好」更踏實的理由，來說服我們不該揍朋友的臉。如果可以從實際道德理論的角度，一探「爲什麼」這個行爲不好，我們日後面對比「我可以無緣無故揍我朋友的臉嗎？」更複雜的情況時，就能做出更合理的決定，而人生中幾乎所有情況都比揍朋友這個問題更複雜。

我們可以先從一個很簡單的角度切入：「好」人通常不會無緣無故揍人，但「壞」人就會，然後我們都想當好人。下一步就是要將「好人」定義得更清楚，而這件事情比想像中困難。《良善之地》這部劇的想法，就是一個一輩子都很自私自利、冷酷無情的「壞」女人，因爲一個小意外在死後進入了天堂，並且發現自己永遠都能活在這個美妙的世界，身邊都是非常好的人，例如畢生奉獻於移除地雷、對抗貧困的人；但這個女人一輩子都在亂丟垃圾、說謊成性、甚至透過恐嚇長者來向他們販賣假藥。她上了天堂以後，因爲很害怕自己的醜事被發現，她決定試著當一個「好」人，讓自己在天堂待得順理成章。我覺得這個想法很有趣，但我很快就發現，我完全不知道「好」或「壞」是什麼意思。我當然可以指出哪些行爲是「好」或「壞」：

分享是「好」的

謀殺是「壞」的

幫助朋友是「好」的
無緣無故揍朋友的臉是「壞」的

但是這些行爲代表什麼？是否有任何一個一體適用的理論，可以解釋何謂「好」人或「壞」人呢？我在追尋這個理論的過程中感到相當迷惘，所以後來接觸到了道德哲學，所以後來製作了電視劇，所以後來又寫了一本書，書裡花了二十二頁來解釋爲什麼不該隨便把你的好朋友擊倒在地。

哲學家會用很多不同的方法來描述「好與壞」，而我們在本書中會解釋其中許多方法。有些確實會透過行動來解釋好與壞的概念，這種方法的提倡者認爲，好的行爲會有某些特定原則，讓大家可以學習並仿效；也有人認爲好的行爲能帶來最多的愉悅，並造成最少的痛苦。甚至還有哲學家指出，良善的根本就是盡可能自私，凡事都只想到自己（她眞的是這樣說的）。但是我們即將討論的第一種理論（三巨頭中歷史最悠久的一個，稱爲「德性倫理學」），卻用一個讓我一開始不知所措的方式回答以下這個問題：一個人爲什麼會變好或變壞？

德性倫理學家認爲，好人都具備某些特質（或所謂「美德」），這些特質都是經過長時間的養成和修正，讓他們不只擁有這些特質，還擁有得恰到好處，不多也不少。看起來很容易理解對吧？

但是……我們很快就會遇到上百個問題：什麼特質？怎麼具備這些特質？怎麼知道自己是否具備這些特質？哲學就是這樣：你問一個問題的時候，就必須退一步問其他五十個問題，你才會知道自己問的問題是否正確，也才知道自己爲什麼一開始會問這個問題；接著你會必須爲了那五十個問題，再問更多的問題，所以要不斷往後退、越問越廣，追尋的問題也會越來越基本。搞到最後，就出現了一個德國法西斯主義者，試著回答「事物」爲什麼會出現在世界上。

我們也會想，眞的有一個特定的方法來定義什麼是「好」人嗎？畢竟菲利浦・普曼（Philip Pullman）曾經寫道：「人類太複雜，無法用簡單的標籤來定義。」我們每個人都很不一樣，其中有先天和後天的因素，例如與生俱來的複雜人格特質、師長和朋友對我們的影響、從莎士比亞[9]和（或）電影《玩命關頭》學到的人生道理[10]。眞的可能有一組我們都必須具備、甚至具備得恰到好處的特質嗎？這組特質眞的會讓我們所有人變「好」嗎？要回答這個問題，就要先忘掉我們學過的東西。我們要把自己重開機、拆解、重建，才能更理解自己到底在做什麼、以及爲什麼要做這些事。要做到這點，現在讓我們來談談亞里斯多德。

10「引擎蓋下的配置不重要，重要的是誰在開車」，以及「我會把你的牙齒打入你喉嚨的深處，你得從屁眼把牙刷伸進去才能刷到牙。」諸如此類。

9「愛所有人、信任一些人、不負任何人。」

「一條漂滿黃金的河流」

亞里斯多德從西元前三八四年活到西元前三二二年，把世界上最重要的事情都記錄下來。如果你想要對你自己和你微不足道的成就感到更自卑，就去維基百科查查亞里斯多德。根據估計，亞里斯多德流傳至今的文字只剩不到三分之一，但內容還是包山包海，包括倫理學、政治、生物、物理、數學、動物學、氣象、靈魂、記憶、睡眠、作夢、演說、邏輯、形而上學、政治、音樂、劇場、心理學、烹飪、經濟、羽球、語言學、政治、還有美學。他寫過的主題太多了，我塞了三個「政治」在裡面，你都沒發現；而且我說他寫「羽球」，你還理所當然到眼睛都不眨一下！當時怎麼可能會有羽球啦！（我也不認爲他寫過烹飪的主題，但如果你告訴我他曾經在莎草紙的捲軸上寫了四千字的起司雞肉食譜，我說不定也就信了。）亞里斯多德對西方歷史的影響非常深遠。西賽羅甚至把亞里斯多德的文章譬喻爲「一條漂滿黃金的河流」。一個政治人物和演說家會用這種方法來描述你的寫作，實在也是相當特別。（西賽羅，等等，這樣就沒水喝了啦！）

不過在本書中，我們只會討論亞里斯多德對於倫理學的見解。他在這方面最重要的著作稱爲《尼各馬可倫理學》（*Nicomachean Ethics*），而這個名稱致敬的對象不是他的父親尼各馬可，就是他的兒子尼各馬可，當然也可能是另一個他更喜歡，剛好也叫尼各馬可的人。亞里斯多德的目的不是討論好人會「做什麼」，而是討論一個人在變成好人的過程中，會經過幾個步驟。亞里斯多德必須定義以下幾件事：一、好人要有什麼特質；二、這些特質要多少才夠；三、是否每個人都可能具備這些特質；四、如何具備這些特質；以及五、我們具備這些特質後，看起來（或感覺起來）會是如何。這可是條漫漫長路，而且光是看完他的論述就需要一些耐心和時間。我們接下來會接觸到一些思想家，他們的理論都可以用幾個句子表達清楚；亞里斯多德對倫理學的論述則更像區間列車，有很多停靠站，但搭乘起來非常享受！

我們什麼時候可以抵達「好人」站？

從上個段落最後一個問題開始討論，可能看起來很奇怪，但亞里斯多德就是這樣做的。他首先定義了我們的終極目標（活著的根本目的、人生追求的事物），就像一個年輕游泳選手將「奧運金牌」定義爲「最成功」的目標。亞里斯多德認爲，這個終極目標就是「快樂」，是所有人類的目的（telos）11或目標。我認爲他這個論述相當穩固。我們做事情也會有其他原因，例如我們爲了賺錢工作、或爲了變強壯而運動；我們也會想得到

11 目的（Telos）是希臘哲學中非常重要的概念。它的形容詞型態是目的論的（teleological），使用這個字會讓你聽起來很厲害，所以我建議常常使用。你在跟別人討論哲學時，只要聽到不懂的地方，你就說：「難道我們不該從目的論的角度來思考嗎？」此時對方一定會認同地點頭說道：「嗯，對，有道理。」

其他好東西，例如健康、榮譽、友情，因爲這些東西讓我們快樂。但是，快樂是我們「想要的東西」中的領頭羊，它沒有其他目的，因爲它本身就是目的，我們都是因爲想要快樂而快樂。

在希臘文中，亞里斯多德其實會用一個曖昧不明的字，叫做「eudaimonia」。這個字有時候翻譯成「快樂」，有時候翻譯成「茁壯」。我比較喜歡「茁壯」12這個翻譯，因爲聽起來比「快樂」還厲害。我們現在討論的是人類的終極目標，而一個茁壯的人聽起來比快樂的人更完整、更厲害。我常常感到快樂，但我從未眞正覺得自己茁壯。舉例來說，邊看籃球邊吃花生奶油餅乾，就是我最快樂的時候。但這時候的我茁壯嗎？我是否達到最高的成就？這就是我的最大潛能嗎？（對於這些問題，我的內心一直想回答「是」。但如果眞是如此，我好像有點悲哀，所以我要暫時先略過這些問題。）13亞里斯多德想看到的就是這種內心的掙扎，而他解決的辦法就是將快樂與享樂（與享樂主義 hedonism 相關的狀況）分開，因爲我們都有大腦，也都有論述的能力。換句話說，亞里斯多德所謂的快樂，必須包括理性思考和個人美德的成分，而不會只是（隨便舉個例子）看 NBA 冠軍賽時配著一桶花生奶油餅乾。

如果你還是認爲「茁壯」這個概念有點難理解，可以這樣想：有些很愛跑步的

12 我在對話中很少使用 eudaimonia 這個字，主要是因爲我不太會唸這個字。我一直都搞不清楚這個字的重音在哪裡，而每次說出來的時候，例如剛剛和托德開視訊會議時就有說，我都含糊帶過去，或是假裝咳嗽讓他聽不出來我唸錯了。

13 亞里斯多德其實列出了十幾個，但畢竟距今已經大約兩千四百年，我覺得在討論現代世界的德性倫理學時，我們不妨自己加上一點東西。太認眞看待古代的論述，你不覺得有點蠢嗎？

後期達到的愉悅階段，此時突然完全不感覺疲勞，也不覺得自己很用力，因爲這時候的自己已經「昇華」，成爲了超越人類的跑步之神，並因爲跑步帶來的純粹喜悅，猶如飄浮在跑道上。針對這件事情我有兩個回應：首先，這些人都是無恥的騙子，因爲透過跑步根本不可能達到更高層級的享受，因爲跑步不可能會讓我們得到任何享受，因爲跑步本身一點樂趣都沒有。跑步很糟糕，除了被熊追殺的時候，任何人都不應該跑步。第二，在我看來，亞里斯多德所謂的「茁壯」，就是我們身爲人類整體性中的「跑者高潮」，是一種完整的感覺，在我們掌握身而爲人的一切面向後，所得到的感受。

因此，對亞里斯多德來說，人生最重要的目標就是茁壯，就像長笛存在的目的就是產生美妙的音樂、刀子存在的目的就是精準地切東西。聽起來不錯吧？**#活出最好的自己？**完全用演的？亞里斯多德眞的很會推銷，他的這句標語讓我們都充滿希望：理論上，我們都能達到這種超越人類的境界。但是亞里斯多德隨卽話鋒一轉：如果我們要茁壯，就必須擁有美德，而且要很多，數量和比例也都要準確。

美德是什麼？

我們可以把美德想成一個人的外顯特質，而我們會因爲這些特質欣賞他們，或覺得他們是好人；換句話說，也就是讓我們想跟他們做朋友的特質，例如勇敢、節制、慷慨、誠實、寬容等等。亞里斯多德將美德定義爲「使（他們的）擁有者處在良好的狀態，並順利執行自身功能」的東西。所以，刀子的美德就是刀子最擅長做的事情，一匹馬的美德就是讓牠善於奔馳並執行其馬術相關動作的特質。亞里斯多德列出的人類美德，就是讓我們善於變成好人的特質。乍看之下有點多餘，畢竟如果在上網球課的第一天，老師跟我們說：「優秀網球選手的美德，就是讓我們善於打網球的特質」，我們可能會點點頭、假裝接電話、然後把以後的課程都取消掉。但是這個類比其實非常有道理：

東西	**美德**	**目的**
刀子	尖銳、刀鋒品質、平衡等等。	精準切東西
網球選手	敏捷、反應、球場視野等等。	打出優質又全面的網球比賽
人類	慷慨、誠實、勇敢等等。	茁壯／快樂

現在我們已經知道自己需要什麼（美德），也知道它們的功能是什麼（幫助我們茁壯）。所以……要怎麼得到它們呢？我們是否已經擁有這些美德呢？還是我們天生就有呢？很可惜，並沒有一蹴可幾的方法。得到美德是一輩子的任務，而且眞的很難。我知道聽起來很討厭，《良善之地》中由克莉絲汀・貝爾（Kristen Bell）所飾演的艾莉諾・薛爾史托普（Eleanor Shellstrop）曾經問哲學導師奇迪・阿納貢耶（Chidi Anagonye）要怎麼成爲好人，當時她還在想能不能吃什麼藥、或是吸什麼氣體就直接變成好人。很抱歉，不可能。

我們要怎麼得到這些美德？

很可惜，亞里斯多德認爲，沒有人天生就能具備所有美德，也就是不可能有任何一名嬰兒會具備這些特質的細緻與精華版本[14]。不過，我們天生都有得到這些特質的潛能。所有人都具備亞里斯多德所謂美德的「自然狀態」：「所有人似乎天生某種程度上都具備這些特質，因爲我們天生都具備一定的正義、勇敢、節制等特質。」我認爲這些特質屬於「美德初學者工具箱」，是我們畢生追求精華美德的基本工具和概略地圖。亞里斯多德說，初學者工具箱裡的特質是小孩和動物都有的粗略人格，畢竟如果你曾經帶一群十歲的男孩

14 如果眞有這樣的嬰兒，也太厲害了吧！我眞的很想親眼看看這個茁壯的嬰兒。

到Dave & Buster's餐廳，你常常會覺得他們跟動物差不多。

我們也許都能指出自己小時候就有的一些「工具」。我很小的時候就非常守規矩，或者應該說我「天生傾向擁有盡責的美德」，以免聽起來太自戀。不管可能面對多小的懲罰，要當時的我違反任何規矩，都需要花上非常巨大的功夫，因爲我名爲盡責的這個美德工具箱裝備齊全，裡面有非常多的工具。其中一個工具是我腦中的小小聲音（我還能夠依稀記得），只要任何人違反任何規矩，這個聲音就會出現，直到他遵守規矩才會停下來。15 我剛上大學的時候，宿舍規定每天凌晨一點以後不能大聲放音樂，就算派對是辦在別人的房間，我腦中的聲音還是會叫我找出音響、把音樂關小聲點，畢竟規定就是這樣。所以你可以想像我在派對中有多受歡迎。16

但我要再次強調，這些小時候就存在的工具箱，只代表我們具備擁有美德的潛能，而潛能和事實還是有很大的差距。我們可以這樣想：我們有時候會說有些人「天生」具備某些特質，例如「天生領袖」或「天生擅長吹風笛」等等，其實我們眞正的意思，是這些人似乎天生具備領導或吹風笛的特質，而我們常常對這些特質讚譽有加，畢竟我們無法輕易做到。我們甚至根本沒想過要吹風笛，所以每次羅伯從衣櫃裡把那個極具蘇斯博士（Dr. Seuss）風格的軟爛樂器拿出來吹奏時，我們都覺得這是他與生俱來的獨特才華。羅伯長大以後，獲得俄亥俄州立大學的風笛獎學金，這時候我們就會想：「鮑伯將他的才能發揮得淋漓盡致，完成了自己的使命。」我們同時也會想：「俄亥俄州立大學有風笛的

16 好啦其實沒有。

15 我遇過很多人腦中都有類似的聲音，只是程度不一樣而已。我有一個朋友曾說，這個聲音就像開車沒繫安全帶時車上傳出的「叮叮」聲。

獎學金嗎？」然後我們又會想：「鮑伯拿了這個學位以後能幹嘛？他以後要怎麼付房租？去蘇格蘭式的喪禮演奏打工嗎？」

羅伯出生的時候，腦海中其實並沒有響著降B大調的《羅夢湖的美麗湖岸》（*The Bonnie Banks of Loch Lomond*）這首歌曲。他只不過是比較具有吹奏風笛的傾向，就像很多人會特別具有數學、繪畫、或棒球的傾向。如果你或你的小孩是這樣就太棒了，但如果是別人或別人的小孩具有這種傾向，就很討人厭。然後他花了好多年的時間練習，把這個傾向發展成一個技能。他找到了自己喜歡、做起來也很自然的事物，然後花了一百萬小時練習17，最後變成了專家。

亞里斯多德說，就像練習任何技能一樣，我們做有美德的事情，就會變得更有美德，這就是「畢生過程」的一部分。亞里斯多德寫道：「美德出現的路徑並非自然的過程，而是習慣……我們要變得正義就必須做正義的舉動、要節制就必須做節制的舉動、要勇敢就必須做勇敢的舉動。」換句話說，我們必須練習慷慨、節制、勇敢等特質，就像剛剛那個討人厭的羅伯練習他那討人厭的風笛。按照亞里斯多德的計畫，我們都需要持續學習、維持、謹慎。我們也許天生具備這些工具箱，但如果不透過習慣來發展這些特質（如果小時候放任不管，長大後才在那邊吃老本），我們就沒救了。（就好像有人會說：「我小時候很喜歡玩火柴盒小汽車，所以我長大後一定可以在F1賽道上開著法拉利，在英國大獎賽中奔馳。」）所謂的習慣，其實和中學籃球教練或音樂老師所說的「熟能生巧」大同小異：要讓

17 唉，你能想像他的父母有多可怕嗎？羅伯當然是我虛構的人物，但我還是爲他的父母感到難過。

任何能力進步，就要一直做這件事。如果不做，能力就會退步。

這種習慣（也就是執行美德的行爲）才是眞正的重點。而亞里斯多德的理論中最大的賣點，就是任何美德都能透過習慣來取得，即使天生不具備特定傾向，或是工具箱老舊、生鏽，所有螺絲起子都不見了，也都沒問題。這點很重要，因爲我們天生會具備怎樣的傾向，似乎毫無規則可言。有些事情我們很容易就做得到，但也有些事情我們就是不行。舉例來說，我的方向感非常差。除非我去過一個地方一萬次，否則我通常都不知道自己在哪裡，但就算是去過一萬次的地方，我還是有迷路的風險。我住在曼哈頓已經七年的時間，還是常常在這個棋盤式的城市迷路，[18]我很清楚知道，不管再怎麼練習，我的方向感都不會好。美德似乎也有一樣的狀況：例如我天生就有盡責的傾向，但沒有勇敢的傾向。也許你有慷慨的傾向，但沒有節制的傾向；又或許你有勤勞的傾向，卻一點也不溫和。如果想要眞正茁壯，我們必須具備以上所有的美德，而亞里斯多德說我們[19]都做得到，無論我們在這些特質的傾向是否比他人更多。只要夠努力，沒有人會永遠做不到寬容、勇敢、或任何其他良好的特質；也沒有人會像我一樣，每次在停車場都找不到自己的車子。

習慣也許是亞里斯多德倫理學系統中最重要的部分，但不是唯一的部分。就像我們需要教練來教我們打網球、或是老師來教我們吹長笛，我們也需要好老師來教我們怎麼茁壯。古希臘人都對老師（或「智者」）的重要性非常著迷，他們認爲公民、

18 我賦予《良善之地》的奇迪這個特質，並將這個特質稱爲「方向瘋狂」。

19 亞里斯多德和古代多數受過教育的名人一樣，非常小心眼。對他來說，其實只有極少數人可以達到他所謂的美德與卓越。他認爲這些人只包括「自由男性」，這種想法眞的不好。

道德、科學等領域都需要老師。蘇格拉底教出柏拉圖、柏拉圖教出亞里斯多德、亞里斯多德教出亞歷山大帝20，我們可以看到古希臘人多麼重視啟蒙老師（以及有智慧的朋友），認爲必須有這些老師才能把一個人從什麼都不懂的小子，轉變成一個具有公民意識的茁壯人物。而且也因爲他們自己都是老師，也都自己開設學院，他們每次談到老師有多重要的時候，不難想像他們指著自己淸喉嚨的畫面。21（亞里斯多德的書有時候感覺很像他自己學院的資訊型廣告。）

簡單來說，老師的智慧無法取代習慣。那個喜歡玩具車、想要開法拉利去賽車的瘋子，如果只讀一本關於扭力的書22、或只看小戴爾．恩哈特（Dale Earnhardt Jr）的TED演講，很可能根本不會有什麼進展。亞里斯多德說：「天性、習慣、教導缺一不可。」因爲我們都知道，茁壯不僅需要我們辨認美德、試著取得這些美德，也要讓每種美德維持在適當的程度，例如我們要慷慨，但不能太慷慨；我們要勇敢，但不能太勇敢。德性倫理學最難的地方，就是確認美德到底要多少才夠，以及如何精準獲得適當程度的美德。亞里斯多德將這些精確到令人抓狂的目標稱爲「方法」

22 美國前總統川普在二〇一七年下令他的女婿傑瑞德．庫許納（Jared Kushner）負責爲以色列與巴勒斯坦擬定新的和平計畫。庫許納從來沒有簽署國際條約的經驗，所以這個任命當時廣受質疑。庫許納在二〇二〇年初發布計畫時，相當有自信地宣布自己已經「讀過二十五本」關於以巴衝突史的書。到今天爲止，以色列和巴勒斯坦還是沒有達到和平。

21 這個笑話是從伍迪．艾倫（Woody Allen）那邊偷來的。他曾經寫過一齣關於蘇格拉底的喜劇，裡面有使用這個笑話。好啦，我完全明白在二〇二二年引用伍迪．艾倫的話背後代表的意義，我是故意這麼做的。等看到第十章的時候你就會明白。

20 他可能沒有得到亞里斯多德的眞傳，還不懂怎麼當個好人，因爲他畢生都在征服與奴役全世界。

（the mean）。

「我們是何時眞正『獲得』這些美德的呢？」

剛才提到的「方法」又常被稱爲「黃金方法」（雖然亞里斯多德本人未曾這樣說過23），是亞里斯多德倫理學巨輪中最重要的一個齒輪；我也認爲它是最美妙的一個齒輪；卻同時也是最惱人、最棘手、最優雅、也最令人憤怒的一個齒輪。

我們可以將我們追尋的這些特質（慷慨、節制等等）視爲一個完美平衡的翹翹板，與地面呈平行。如果我們坐在中間，一切都會維持直立、平均、和諧。這就是任何特質的黃金方法：這個完美的中心點，代表這個特質的程度適中，讓翹翹板維持水平；但是如果偏向任何一邊，都會讓翹翹板失去平衡，使得其中一端落地，這樣我們的屁股就會受傷。（在這個譬喻中，所謂的屁股就是我們的人格）。翹翹板的兩

23 首先使用「黃金方法」一詞的人是拉丁詩人赫拉斯（Horace）。即使當時亞里斯多德已經過世好幾百年，但大家還是認爲「黃金方法」是出自亞里斯多德，就像亨弗萊・鮑嘉（Humphrey Bogart）從未在《北非諜影》（Casablanca）中說過「山姆，再彈一次。」（Play it again, Sam）亞里斯多德的另一句名言「我們一直做的事情會造就我們是誰，所以卓越並非一種行爲，而是一種習慣」（We are what we repeatedly do. Excellence, then, is not an act but a habit），也不是出自亞里斯多德之手。威爾・杜蘭（Will Durant）在其一九二六年的開創性著作《哲學的故事》（*The Story of Philosophy*）中有提到亞里斯多德。麻煩請將這件事情，告訴那些將「亞里斯多德」的引言隨便配上落日海灘瑜伽圖的那些 IG 帳號。

個端點分別代表該特質的「缺乏」以及「過度」。任何特質缺乏或過度都不好，我們應該盡量避免。有的哲學家將這個原則稱爲「金髮姑娘原則」，基本上，亞里斯多德認爲，我們所有的特質都不應太多或太少，剛好卽可。

舉例來說，亞里斯多德認爲溫和是「與憤怒有關的方法」。缺乏憤怒的人，無法對正確的事情生氣、無法用正確的方式生氣、無法在正確的時間生氣、也無法對正確的人生氣……這種人既不明理，也無法感受痛苦。也正由於他[24]不會感到憤怒，就很可能不會保護自己；而這種自願接受污辱，以及忽略親朋好友受辱的情況，就叫做鄉愿。

換句話說，如果我們連一點憤怒的特質都沒有，在看到殘酷事實的時候(例如一名惡霸在欺負善良小孩)，我們可能只會站在旁邊張嘴流口水，而不會以該有的憤慨來回應。但是如果憤怒的程度太高，我們可能會把這個惡霸飛踢到湖裡、把他全家都飛踢到湖裡，再把他們家給燒了。憤怒的黃金方法(亞里斯多德所謂的「溫和」)代表適當程度的憤怒，而這樣的憤怒只能在正確的情境下表達出來，也必須針對罪有應得的人，例如法西斯主義者、貪腐政客、以及任何和紐約洋基有關的人。[25]也就是說，「憤怒」

24 直到最近三十年以前的所有哲學家，都在寫作時將所有代名詞預設爲陽性，也就是這些哲學家的著作中討論的人都是「他」，甚至連女性哲學家也一樣。這樣其實不太好。本書將以隨機的方式呈現代名詞的性別。

25 從倫理學的角度來看，洋基球員和球迷都應該受到過度憤怒的對待，這是亞里斯多德所允許的唯一特例。不必費心去查閱《倫理學》了，不在那本書裡。我忘了在哪一本了，但反正是其中一本就對了。亞里斯多德也說，不應該支持達拉斯牛仔隊。

是一種特質，而「溫和」則是我們都想得到的「中心點」美德。**26**

這個概念很美好，對吧？一切都那麼的和諧、平衡、優雅，就像「西蒙・拜爾斯（Simone Biles）在平衡木上做出完美落地」一樣。但如果多思考一秒鐘，就會發現事情並不單純。我們一開始要怎麼知道什麼叫過度、什麼叫不足呢？我們怎麼知道自己憤怒的程度是否適中、是否因爲正確的原因憤怒、以及是否對正確的人憤怒呢？以下是針對德性倫理學最常見的批評：所以，我們只要一直努力、讀書、用功、練習，然後就會突然得到「完美」程度的各種特質，而這些特質甚至無法定義或測量？聽起來還眞不錯。有時候有些方法就連亞里斯多德也無法精準描述。以溫和爲例，亞里斯多德寫道：「我們很難定義我們應該如何生氣、對誰生氣、爲何生氣、生氣多久；我們也很難定義一個人行爲的對錯。」他接著以不確定的口吻寫道：「我們至少可以確定：中庸之道才是王道，然後……過度和不足都不行。」這整個系統就很像波特・斯圖雅特大法官（Justice Potter Stewart）對硬調色情的知名評論：雖然無法給予確切定義，但「我看到的時候就會知道。」

這整個倫理學系統的基礎看起來可能很薄弱，但我們大概都還可以理解，對吧？我們可能都曾經對某些人事物非常生氣，但事後想想：「呃……我好像不該那麼生氣。」我們也可能曾經不追究某件事，但事後想想應該更堅定立場才對。如果花點時間想想自己做過什麼，如果眞的花時間檢視我們的行爲、以及其他人的反應，我們最後還是可以找出什麼叫不足、什麼叫過量、什麼叫「剛好」。我們必須能夠在看到的時候就知道，而且如果我們

26 我們可以用同樣的方法來分析所有的美德，例如「追求快樂」是一個特質，而「節制」則是我們都在追尋的美德方法。

一直都在尋找什麼叫做「剛好」，還眞的只有看到的時候才會知道。

追尋美德的過程，也會有其他的好處。我們開始用這些特質來幫身邊的人分類的時候，就更能在別人身上看到我們喜歡和不喜歡的特質。有時候我們會說：「路易斯是最好的人，或黛安娜是世界上最甜美的人。」但我們其實都不會希望朋友眞的如此極端。（畢竟世界上眞的最好的那個人一定很無聊。）你可以想想曾經花很多時間陪伴的人，例如前男友、前女友（時間應該夠長吧？）之類的。你之所以喜歡他們，也許就是因爲各種特質相當平衡，幾乎到了美德的程度。（戴蒙總是陪在我身邊，但他也知道有時候我需要獨處的時間。）至於他們讓你忍無可忍的原因（也可能是你們分手的原因），就是那些極度不足或過度的特質，而他們也從來沒有調整到你希望的平衡程度。（戴蒙從不使用止汗劑，而且每次都在餐桌上剪指甲，甚至把手指上的餅乾屑掃到我的貓咪身上。27）要找到這些黃金方法，就必須實際開始認眞尋找。過程中我們必須一直嘗試、失敗、嘗試、失敗，並同時評估自己爲什麼成功、爲什麼失敗。

27 同時你也必須瞭解，這些人對你也有相同的想法。你說不定都還記得上次有人因爲你某些特質不足或過度，讓他對你忍無可忍吧？這樣想想，當時會被甩就不那麼意外了對吧？

黃金方法：讓你不那麼討人厭！

現在我們終於可以繞回一開始的問題，並提供一個更有力的答案。

也許我們本來就知道無緣無故揍朋友的臉很不好，但我們現在更知道爲什麼不好：因爲這個行爲不但沒有展現美德（溫和）的方法，更體現出極端過量的憤怒，翹翹板已經嚴重失衡。我們現在也知道該怎麼做比較好：我們也許本來就比較具有溫和的傾向，本來就瞭解（多虧了「溫和初學者工具箱」）溫和是好的；但如果我們不眞正執行溫和、不學習如何微調、也不定期檢視自己的行爲是否符合適度的溫和，最後在看到別人被欺負，或是朋友眞的被揍臉的時候，還是可能會袖手旁觀。德性倫理學讓我們更能瞭解事情的全貌，包括我們現在的表現如何、怎麼做得更好、以及哪些事情不該做。

現在回到我個人的例子，看看盡責這個美德（當然盡責不在亞里斯多德的美德清單中）。我們可能認爲，盡責程度不足就是所謂無法無天，這樣的人會一直違反規則和社會規範；而盡責程度過度則是盲從，例如「奉命」對他人施暴的軍人。我個人的盡責程度有時候會接近過度，只要問我太太、朋友、或在不能大聲喧嘩的夜晚跟我一起開過趴的人都知道。我每天都用漱口水漱口三十秒，因爲罐子上的標籤就是這樣說的。我開車的時候雙手都會放在方向盤「十點和兩點」的位置，因爲駕訓班教練就是這樣說的。我一直都覺得這些行爲很符合美德的原則，也認爲其他人如果覺得很煩就代表他們不懂。但我閱讀亞里斯多德的書以後，就開始瞭解過度盡責會對身邊的人產生不良影響：我一直讓身邊的人很無言。（每次我老婆想跟我講話，但發現要等我漱口三十秒的時候，她的表情眞的臭到能把鋼鐵融化。）這幾年我一直想改掉這個過度盡責的狀況，但談何容易！畢竟四十六年來我一直都是這樣啊！我一直都沒有在尋找黃金方法，因此我其實有點討人厭。

不過再次強調，我其實還有救。我天生就有盡責這個美德的良好工具箱，從小到大一直警告我不能違反規則，而我的爸媽和老師怎麼說，我幾乎都會照做，因爲我知道我必須聽他們的話。但是現在如果有權力位階較高的人叫我做一件我不確定的事，就算這個人衣服上的名牌寫著「制定規則的權威」[28]，我也不會盲從。我也許在尋找黃金方法上不夠努力，但至少我現在更瞭解這個世界、社會互動的知識、禮貌，而我身邊也有很多優秀的人跟我分享他們的智慧，這一切都讓我不再盲目遵守規則。如果我一輩子都仰賴與生俱來的工具箱，事情可能就會變得很糟。現在想想，我實在很幸運，因爲我這麼愛遵守規則的天性，竟然沒有讓我變成一個極端盲從的……戰犯，而是因爲良好的養育過程，讓我只變得有點討人厭而已。

對我來說，這就是亞里斯多德的德性倫理學最有價值的地方。雖然年代如此久遠，但對於以上提到的狀況來說，還是非常有道理，如果我們不小心，我們的個性和習慣一定會慢慢僵化。大概在三十歲的時候，我非常愛聽各種類型的音樂，後來我結婚生子，一陣子

28 光想到這個人我就緊張。

沒聽音樂，我現在聽的還是那些九〇年代末期的獨立搖滾和嘻哈音樂，而且我會一直重複聆聽。這些音樂讓我感到很熟悉、很舒服，每次開車我都會自動播放這些音樂。我們的行爲會對個性產生很大的影響，就像沉重的椅子會在老舊的地毯上留下壓痕，時間越久，就越難去除這些壓痕。亞里斯多德「持續學習、持續嘗試、持續尋找」這個概念最棒的部分，就是能夠造就一個成熟，卻仍具可塑性的人。這樣的人能夠完美結合以前和全新的經驗，不會完全仰賴熟悉的方式和過時的資訊來面對這個世界。

亞利桑那大學教授茱莉亞．安納斯（Julia Annas）是一位研究亞里斯多德的學者。她有一本著作名爲《智性道德》（*Intelligent Virtue*），裡面談到我們在面對道德考驗時，採取死背硬記的反應，與採取更深層、更有「智慧」的反應完全不一樣：「（練習某事物的）結果就是可以做出快速且直接的反應，就像出自於習慣一樣；但又有不太像習慣的地方，因爲我們所學到的一切已改讓我們的習慣變得更有彈性、更有新意。」說得眞棒！只要我們反覆練習一項美德，就能在該項美德變得「流利」，而我們對該項美德的深層理解，就會形塑我們的行爲。也就是說，我們不會再受自己以前的行爲所限，而是有一個全新的機會做出好的決定，無論面對多奇怪的狀況都一樣。畢竟多數的道德問題都比「我可以無緣無故揍我朋友的臉嗎？」更惱人、更複雜，所以我們學得越認眞，就越能在面對全新的道德挑戰時，表現得更好。

反應的「彈性」其實和喜劇演出有點像。世界上有非常多才華洋溢的喜劇演員，他們很有趣、很尖銳、也很精準。但有些演員（通常來自即興喜劇背景）似乎是「徹頭徹尾」的有趣。他們的有趣毫不費力、毫無死角、源源不絕，而且從不緊張、搖擺、恐慌，就算沒有腳本或沒有事先準備也一樣。我猜這是因爲即興喜劇需要密集持續訓練，一小群人日以繼夜一起表演，而且要憑空想像出各種場景，這樣的訓練讓他們學會專注、放鬆、自信、從容，也學會在場景快速變化時能夠立刻冷靜專注、預測彼此的下一步、並避免重複自己做過的動作。我記得史提夫・卡瑞爾（Steve Carell）和艾米・波勒（Amy Poehler）[29]對自己飾演的角色瞭如指掌，而我們的《辦公室》（*The Office*）和《公園與遊憩》（*Parks and Recreation*）的編劇都能隨時把他們安插在任何場景，他們的演出從來不會讓人失望。換句話說，他們對自己扮演的角色非常「流利」。他們一直都在反覆練習喜劇的技巧，在任何未知場景的表現都能如此有彈性、有創意。

最完整的德性倫理學廣告台詞是：只要我們努力尋找美德的方法，學習美德的脈絡、反覆、陷阱、與好壞，我們就能成爲更有彈性、更有好奇心、適應力更強、更好的人。其實追尋黃金方法的努力會累積，也就是我們越接近任何一種黃金方法，就更容易找到其他的黃金方法。越接近善良的方法，我們就會越接近慷慨的方法，也就更接近忠誠、節制等美德的方法，最後我們就會眞正達到茁壯，完美平衡數百種不同的美德。我們將瞭解並適應各種新的狀況，也能夠看淸人類存在的基本密碼，就像《駭客任務》（*The Matrix*）最

29 好啦我知道我在蹭他們的名，但這是很好的類比。我保證我會盡量避免提到好萊塢名人，因爲我的好朋友泰德・丹森（Ted Danson）也會希望我這麼做。

後的尼歐（Neo）一樣。

看到了嗎？當好人沒那麼難。你只需要像《駭客任務》最後的尼歐一樣完全瞭解這個世界就好。

不必要的殘酷：能避免最好

我們現在已經瞭解，爲什麼無緣無故揍朋友的臉很不好，因爲這樣做的人就無法達到（或直接忽略）許多不同美德的黃金方法。但我們一開始確實也刻意從簡單的問題開始，所以我們稍微修改一下問題：「如果我朋友做了我不太喜歡的事，我可以揍他的臉嗎？」也許這位朋友嘲笑我們的新卡其短褲，讓我們有點不舒服，而我們必須決定此時是否可以揍他的臉。如果你問德性倫理學者，他會告訴你如果因爲這點小事就揍人家的臉，突顯出的憤怒過度，其實就和無緣無故揍人差不多。但我們也能從不同的角度來看這件事，從茱迪絲・施克萊（Judith Shklar，1928-1992）的角度來探討。施克萊是一位拉脫維亞的哲學家，有許多著作都和自由有關，而這個主題對於家族有猶太人血統的她來說，實在非常深刻、非常熟悉。施克萊家曾經爲了躲避史達林的迫害而逃離拉脫維亞，後來又因爲希特勒而繼續逃亡，最後才輾轉到了美國。茱迪絲後來取得哈佛大學的博士學位，並成爲哈佛大學政治系首位女性教授。茱迪絲在巨作《尋常惡習》(*Ordinary Vices*)中，以極具說服力的方式表示，人類最可怕的惡行不是傲慢、忌妒、憤怒、或任何經典的「致命原罪」，而是殘酷，而殘酷是所有人第一個要避免的特質。茱迪絲寫道：

「把殘酷放在首位，就代表殘酷已經超出原罪的範疇，畢竟原罪還是可以透過宗教來理解的概念。原罪指的是逾越神聖的原則並冒犯上帝……但殘酷(刻意虐待比自己弱小的人，來製造痛苦與恐懼)完全不是人類這個物種該有的行爲。」

如果我們只認爲宗教的「原罪」是最該避免的壞事，我們就會爲恐怖的暴行找藉口。茱蒂絲舉的例子是歐洲殖民者踏上「新世界」時，對當地原住民所做的一切，甚至還把種族屠殺合理化爲上帝的旨意。如果我們把殘酷(也就是侵犯其他人類)提升爲「人類最可怕的罪」，我們就不能再鑽這種漏洞。

茱迪絲針對殘酷的深惡痛絕還不只如此。瞭解她的論點以後，我們會更明白爲什麼就算朋友嘲笑我們的卡其短褲，我們也不能揍他。茱迪絲說，殘酷通常和引發殘酷的行爲不成比例。一個人犯了很輕的罪(就像在《悲慘世界》〔*Les Misérables*〕中，在饑餓的狀況下偷了一條麵包)，卻被送進監獄，面對極爲殘酷的環境，這樣完全不對等，也就是懲罰的殘酷程度遠遠超過這個人犯的罪。很有道理對吧？現在的刑法體系讓許多人只犯了輕微的罪就必須坐牢，例如持有大麻這種很多地方已經合法化的行爲。但不是只有犯罪行爲會凸顯這個問題，甚至連最基本、最平常的人際互動，也充滿各種不必要的殘酷。如果你不信，可以製作一個 YouTube 影片，在裡面說一些無關緊要的話，例如「起司很好吃！」或是「我愛密西根！」然後看看鄉民的留言。（可能有人會留：「滾回東蘭辛啦，你這個喜歡吃奶酪的智障醜八怪。」）

既然我們的目標是讓自己在日常生活中變成更好的人，將殘酷放在避免清單的首位，似乎非常合理。不過，我們會付出很大的代價，因爲我們身邊充斥著太多的殘酷，而如果我們把殘酷視爲人類最可怕的罪惡，會對我們的精神造成很大的傷害。茱迪絲寫道：「如果殘酷眞的會讓我們感到恐懼，我們就會隨時隨地處在瘋狂的狀態，因爲日常生活中有太多的殘酷。」她說得眞好！快速瀏覽新聞媒體，你就會看到各式各樣的殘酷，包括種族歧視、性別歧視、阻止投票，也會看到很多意圖使人一輩子貧窮的法令、還有尖酸刻薄的 YouTube 評論。也就是說，茱迪絲認爲如果把殘酷視爲最該避免的事情，可能會讓我們變得非常厭世。可能也正因爲如此，我們很多人根本都不管了，但我們還是有辦法逃離殘酷帶來的禍害：知識（特別強調，是文化習俗上的知識，而不是我們自己的知識）。茱迪絲引用啟蒙運動時期偉大哲學家孟德斯鳩的名言，告訴我們：「『知識使人溫和』，就像無知使人冷酷。」我認爲亞里斯多德也會認同這個想法。我們越願意試著理解其他人的生活，就越可能找到同理心的黃金方法，也越不會將殘酷的行爲施加在別人身上。

我們已經討論很多東西了！我們不僅瞭解不該無緣無故（或在理由不足的情況下）揍朋友的臉，也更瞭解背後的原因。我們知道自己的目標（各種特質的黃金方法），也知道這些目標可以爲我們帶來什麼（對我們自身行爲的深入瞭解，讓我們在應用於其他更複雜的情況時，可以更「有彈性且有創意」）。我們也瞭解爲什麼殘酷的行爲（恣意對他人施加痛苦）是我們最該避免的事情。

但現在請認清事實，畢竟「我可以無緣無故揍我朋友的臉嗎？」這個問題根本沒有意義。我們講過，眞實世界非常複雜，大多數的問題都沒那麼簡單。試想，如果我們面對的選擇不是：

一、揍人的臉

或是

二、不揍

而是：

一、揍人的臉

或是

二、揍人的肚子呢？

……我們到底該怎麼辦？

CHAPTER 2

如果我駕駛的列車失控了，我應該要讓它撞死五個人，還是拉起操縱桿，故意殺掉另一個人呢？

很奇怪的問題，對吧？我們剛剛還在輕鬆聊著《悲慘世界》和 Youtube 評論，現在突然進入反烏托邦交通工具演劇心理治療。當然你不太可能經歷過這個狀況，以後也不太可能會，但請相信我，你遇到的任何道德相關決定，都需要你用力思考在面對列車兩難時你會怎麼做，以及爲什麼要這麼做。

好的，你正在駕駛一輛列車，突然間剎車失靈，而前方的軌道上有五名鐵道工人，不久後就會被你駕駛的失控列車輾過；但你可以拉起操縱桿，把列車轉換到另一條只有一名鐵道工人的軌道。你面對的問題很明顯：你應該假裝沒事，讓列車撞死五個人？還是應該拉起操縱桿，讓列車撞死一個人？當然，你也會想爲什麼這些人會在列車行駛的時候在軌道中間工作？誰叫他們去的？是負責安排維修工作的傑瑞嗎？那傢伙眞是智障，他能進公司還不是因爲他表哥是老闆！

這個思想實驗和各種變化版本（我們待會就會討論）通稱爲「列車問題」（The Trolley Problem）。一位名爲菲利帕・福特（Philippa Foot）30的英國女性於一九六七年首先提出這個問題。我知道你在想什麼：「菲利帕・福特」聽起來很像童話故事中，住在魔幻森林中紫色蘑菇裡的老鼠，但她可不是什麼童話故事的老鼠，而是一位備受尊敬的哲學家。列車問題可說是現代哲學最有名的思想實驗，也正因爲太有名、太常被討論，所以很多學者現在都有點討厭這個問題，每次聽到的時候都會翻白眼，因爲這五十年來所有人都在討論。這個問題就像是哲學領域的《天堂之梯》（*Stairway to Heaven*）或《教父》（*The Godfather*），是公認的經典，但早已討論到爛掉了。不過各位哲學家你們沒得選擇，我們還是要討論，因爲將這個複雜問題抽絲剝繭，非常有助於我們理解爲什麼「做對的事情」會如此困難。

多數人面對以上這個原版列車問題，都認爲應該拉起操縱桿。我們都會反射性

30 要到茱迪絲・賈維斯・湯姆遜（Judith Jarvis Thomson）討論福特的論文時，這個問題才開始被稱爲「列車問題」（The Trolley Problem）。我們稍後就會討論這位哲學家，她提出很多令人抓狂的列車問題變化版本，在列車問題的學術討論史上，大家都把焦點放在福特身上，但湯姆遜的付出也不容忽視。（另外由於福特是英國人，這個問題本來稱爲The Tram Problem，但這樣聽起來就弱掉了。）

的給出這個答案，畢竟……感覺這樣做才對。我們對這些工人一無所知（他們都只是不知名的鐵道工人，因爲不明原因，都不太注意自己工作的鐵道上，可能有列車會朝他們衝過來），所以我們能救越多人越好，對吧？我們有機會透過舉手之勞拯救四條性命，拉起操縱桿，我們就是英雄！

但是，這些問題的背後卻有一大堆的詭雷，我們只要稍微修改一開始的問題，就會發現情況比想像中複雜許多。舉例來說，如果我們不是列車駕駛，而是旁觀者，而且剛好站在軌道轉換操縱桿的旁邊呢？就算最後做出一樣的決定，作爲旁觀者或列車公司員工，我們對該決定的責任也會很不一樣。如果我們是旁觀者，還會選擇拉起操縱桿嗎？或是請想像另一種可能：如果我們認識軌道工人的話，情況又會如何？我們透過前擋風玻璃，看到我們的朋友蘇珊站在旁邊那條軌道，而我們可不想撞死蘇珊，因爲她很貼心，曾經把未婚夫用不到的門票送給我們。所以，這時候我們主動決定不改變列車的軌道，爲了拯救蘇珊的性命，而選擇撞死五個人，這樣在道德上可以接受嗎？又或者，如果另一條軌道上的一樣叫蘇珊，但她不僅不是朋友，還是我們討厭的人呢？她很自大、很小心眼，未婚夫用不到的票也不給我們；而且我們其實昨天才跟姊妹淘聊到，有時眞希望蘇珊被失控的列車撞死算了。如果我們現在拉起操縱桿，到底是爲了拯救五個人的性命……還是其實是爲了報復那個小氣不肯把碧昂絲（Beyoncé）的票送給我們的蘇珊呢？

以下這個版本才眞的困難：如果我們站在軌道上方的橋上，往下看到失控的列車，而剛好旁邊站著一位叫做唐恩，有在重訓的壯漢[31]，這時候他靠著橋上的欄杆，身體大幅度往外傾斜。根據我們（現在顯然是物理學專家）估算，唐恩的體重夠重，如果列車撞到他就會變慢，並且會在那五個人被撞到之前就停下來。換句話說，我們只要稍微推一下年輕壯碩的唐恩，讓他掉到軌道上被車撞，就能拯救五個人的性命，這時我們要把他推下橋嗎？多數人這時候會跳出來反對，認爲不應該把可憐的唐恩推下去被車撞死。不過請稍微思考一下，你就會發現唐恩的狀況和蘇珊的狀況根本一模一樣，只不過其中一個是我們拉起操縱桿，另一個是把唐恩推下橋；但在這兩個範例中，我們都是爲了拯救五個人，而刻意殺死一個無辜的人，但感覺起來不一樣，對吧？拉起列車裡面的操縱桿，和直接把人從橋上推下去，一定有哪裡不一樣吧？另外，唐恩請你小心一點，不要讓身體往欄杆外傾斜這麼多。（列車問題裡面的這些人，竟然都如此無視身邊的危險，實在讓人傻眼。）

對了，這個棘手的列車問題還沒完呢！請想像我們是醫院裡的醫師，現在有五個人跑進急診室，他們都需要器官移植，否則都會死掉。一個要心臟、一個要肝臟、一個要肺臟、一個要胃、一個要……脾臟好了。等一下，我們沒有脾臟活不下去嗎？好啦不重要，重點是他們都需要器官。我們身爲當晚值班的醫師，已經累到不行，這時候走到販賣機買罐汽水，看著清潔工開心地打掃。也許他正在輕聲唱歌，慶幸自己很健康，而且所有器官都正常運作。這時我們突然想到：我們可以殺了這個清潔工，把他的器官都摘出來，分送給那些需要器官的病患，這樣對大家都有好處！（除了這名清潔工以外。）

31 這個變化版本來自茱迪絲・湯姆遜在一九八五年所寫的列車問題文章，裡面提到的是一位體重過重的男人。「有在重訓的壯漢」聽起來比較政治正確。

這個行爲似乎一樣可惡，但其實和我們在原先的列車實驗中所採取的行爲並無二致：因爲我們的決定，導致一個無辜的人死掉，並救了五個無辜的人。但是，幾乎沒有人可以接受上述殺死清潔工的例子，畢竟大家都同意，拉起操縱桿是一回事，偷偷跑到清潔工背後，用電話線把他絞死，再把他的器官摘出來又是另一回事。所以列車問題才會那麼棘手，就算基本上是一樣的行爲（選擇殺一個人）和結果（五個人活下來），但我們對於「這樣做眞的可以嗎？」的答案，會隨著不同問題版本而改變。

所以……現在呢？

功利主義：結果導向！

我們來到了三大西方哲學流派的第二個：功利主義。將功利主義發揚光大最有名的人，是兩位英國哲學家：傑瑞米・邊沁（Jeremy Bentham，1748-1832）和約翰・史都華・彌爾（John Stuart Mill，1806-1873），兩位都是怪人。

邊沁有很多令人欣賞的特質：他積極維護同性戀、少數族群、女性、和動物的權利，這些議題在十八世紀的英國都不太受到重視。邊沁也有點……該說「詭異」嗎？他曾經宣布，他死後要把自己的身體捐給他的朋友湯瑪斯・索斯伍德・史密斯醫師（Dr. Thomas

Southwood Smith）做醫療研究。史密斯保存了邊沁的骨架，將它套上邊沁的衣服（應邊沁生前的要求），並裝上一顆蠟像頭，因爲邊沁眞正的頭在保存方面（我引用他的話）「並沒有達到最理想的狀況」。其實很明顯，邊沁人頭的保存「出了大錯，讓多數面部特徵都消失了，所以非常不好看。」（我決定不放照片，不必感謝我了。）邊沁的骨架蠟像稱爲他的「主體」（auto-icon），我覺得這個名字取得還不錯，至少比「惡夢死亡傀儡」還好聽。史密斯在一八五〇年將邊沁的主體捐給倫敦大學學院（University College London，UCL），而邊沁在某種程度上算是該校的「精神創辦人」（雖然不是實際創辦人），所以學校就接受了。好笑的是，UCL 的網誌寫道：「讓史密斯很失望的是，本校並沒有立即展示邊沁的主體」。看起來還眞是一個「怪我囉？」的決定。幾十年下來，UCL 都把這個人類稻草人放在一個木箱裡面，但在二〇二〇年二月時，他們把它放在該死的學生中心裡一個該死的玻璃箱裡。我完全可以想像，UCL 的每個人都看得很開心，一點都不想要嘔吐。**32**

邊沁的學生彌爾也是相當早開始提倡女權的人，他在一八六九年寫了一本女性主義思想的鉅著，名爲《婦女的屈從地位》**33**（*The Subjection of Women*）。彌爾的父親很嚴格，非常重視兒童時期的教

32 在 UCL 的文化部落格（Culture Blog）中，有一些好玩的小花絮，在講把邊沁的主體從展示箱拖出來時的狀況：「搬動主體需要三個人，而因爲邊沁的骨架被鎖在椅子上，需要連椅子一起搬，得由兩人搬椅子和身體，另一人抓住邊沁的腳，以保持穩定。他的骨架由銅線纏繞綁緊，關節處也都可以移動，所以理論上這個主體可以像活人一樣移動。不過實際上要面對的狀況是，他的腳要嘛就是貼在地上，或是如果抬得夠高，就會垂掛在椅子前方，所以整個主體眞的很難小心移動。另一個我們不想搬動主體的理由，是怕會有害蟲跑到邊沁的衣服裡面，對主體造成傷害。一九三九年就是因爲害蟲，必須更換主體的內衣；而從一九八〇年代以來，進行了兩次除蟲工程。」嗯，眞有趣。

育，所以他八歲時就在學希臘文和拉丁文，青少年時期就對歐幾里得幾何學、政治、哲學等領域相當熟悉，可說是無所不能。二十歲時，他就爲相當嚴重的憂鬱所苦，畢竟如果你爸叫你在幼稚園就開始學希臘文和拉丁文，你大概也會跟彌爾一樣。彌爾擺脫低潮的其中一個方式，就是閱讀浪漫主義詩詞（十九世紀的英國天才好像都流行用這種方法擺脫低潮），然後他就成了當代最有影響力的哲學家，雖然他從未在大學教書，甚至連大學都沒讀過。彌爾在一八七三年因爲麥角中毒（St. Anthony's fire，一種罕見的感染症狀，皮膚會爆炸，出現嚴重的鮮紅色發炎）死亡，結束了他傳奇的一生。不過還好，他在皮膚爆炸前，將邊沁功利主義的著作發揚光大，讓功利主義成爲西方哲學思潮的主流。

有一個道德學派稱爲「結果主義」，只關心我們行爲所造成的結果或是後果，功利主義就屬於結果主義的一個分支。結果主義思想家會認爲，我們所做的任何事，都應該在最沒有壞處的情況下，帶來最多的好處。舉例來說，邊沁一開始對於功利主義的論述，就是任何讓最多人快樂[34]的行爲，就是最好的行爲，而邊沁把這個原則稱爲「最大快樂原則」，是一個簡單得很可愛，又有點愚蠢的原則。[35]我們或許會問：「『快樂是什麼』該由誰定義呢？」畢竟有些人跟我一樣很正常；有些人則會在披薩上加鳳梨，甚

33 我在大學時就讀過《婦女的屈從地位》，後來我開始製作《良善之地》的時候，還有回頭去找那本舊書。我看到封面的時候，覺得又有趣又可怕，因爲封面竟然是……粉紅色的。也是啦，畢竟這本書的內容都跟「女孩」有關嘛。

34 結果主義各分支的差異，主要在於目標的不同，也就是他們希望透過自己的決定，來將怎樣的目標最大化。功利主義選擇的特質是快樂，其他分支則可能選擇善良、收入不平等、或烤甜菜根的攝取等等。我將「結果主義」和「功利主義」兩個詞交替使用，如果我在攻讀哲學博士，可能會讓我成爲衆矢之的，但是生命苦短。

至喜歡聽嗆辣紅椒（Red Hot Chili Peppers）的音樂。

不過，結果主義還是有令人無法抗拒的地方。我在大學剛讀到結果主義時，心裡就想：「太帥了！我喜歡！」結果主義是一個感覺起來有辦法做到的道德理論，因爲任何行爲的重點都取決於結果：整體快樂越多越好；整體悲傷越多就越壞。也就是說，我們創造出來的喜悅或快樂，只要比痛苦或悲傷更多，我們就能在這場倫理學競賽中獲勝！結果主義讓我們能夠清楚知道自己的行爲是好是壞，因爲結果非常容易看得出來；換句話說，結果主義讓道德的概念不再抽象，而是更像數學或化學。還記得電影《辛德勒的名單》（*Schindler's List*）的最後一幕嗎？奧斯卡・辛德勒（連恩・尼遜飾演）感嘆自己做得不夠，總覺得自己可以用納粹獎章換來更多的錢，以多拯救兩條人命。辛德勒有辦法用自己的財富和影響力來拯救受迫害的人，所以他花的每一芬尼（pfennig）都等於一定比例的人命。辛德勒的道德數值非常明確，所以《辛德勒的名單》是一部令人開心、放鬆的電影，眾所皆知。

好的，所以重要的只有結果，但我們到底要如何評斷結果呢？如果你是奧斯卡・辛德勒，而你用了一個你不怎麼在乎的黃金納粹獎章，來換取兩條人命，那很明顯你創造的快樂或喜悅（拯救兩條命），就比痛苦或悲傷（你失去了很酷的獎章）更多，不過，生命中大多數的決定都不可能如此簡單明瞭。如果我們要用這個基礎來評斷你的所有行爲，就需要一個計算機，來幫我們計算每個行爲會創造多少「快樂點數」或「悲傷點數」，因

35 很明顯，亞里斯多德也認爲應該要達到最大的快樂。但是乍看之下，亞里斯多德對快樂的定義（也就是在不斷追求某些特質的過程中，將這些特質以適當程度展現出來，以達到所謂的茁壯），卻比邊沁單純的「最大快樂」還要複雜得多。

在 061 喔 →

此，邊沁就發明了這種計算機。他想出了七個量表，讓我們測量所有行爲所帶來的喜悅：

強烈性（強烈的程度）
持久性（持續多久）
確定性（有效的確定程度）
接近性（多快會發生）
繁殖性（如何「延續」，即可以帶來多少其他的喜悅）
純淨性（相對於帶來的喜悅，創造出多少的痛苦）
延伸性（讓多少人受惠）

現在有兩件顯而易見的事。首先，看看上面這個清單，你不可能不嘲笑功利主義，因爲它根本就和性愛一樣。拜託，「強烈性」、「持續多久」、「可以帶來多少其他的喜悅」？如果你讀完這個清單，還不認爲邊沁是史上最好色的哲學家，只能說你實在比我善良。好啦，第二件事情是：這個計算方法也太荒謬了吧：我們是要怎麼用這些量表計算我們的行爲？我們要怎麼計算借二十元給同事，值多少「繁殖性」？又要如何計算在州博覽會時吃炸火雞腿，值多少「純淨性」呢？邊沁甚至針對測量方法提出一個新的術語：用「hedons」來當作喜悅的單位，並用「dolors」來當作痛苦的單位。邊沁希望我們在日常生活中都能說出類似以下的話：「根據我的估計，從小農購買農產品，而不要從全國大型連鎖店購買，可以帶來三．七個hedons，並只會創造一．六個hedons，因此這是一個好的行爲。」看起來完全行不通。但是邊沁（我要再次強調，他的骨架被釘在椅子上，而且永遠放在一所知名大學展覽）顯然覺得這個系統很棒，在創造這個系統時有著極大的自信。他甚至創造了一首可愛的小詩來引導我們：

強烈、長久、確定、速度、有效、純淨——
喜悅皆因此，痛苦要忍耐。
若爲自己故，喜悅需常在。
若爲大衆故，推廣不懈怠。
先後皆有理，避苦不等待。
痛苦若無免，盡少受其害。

你知道嗎？雖然我們提過最大快樂原則有許多問題，但那個可怕死人標本講的話還是很有道理的。就算你對道德一無所知，只根據邊沁這首詩當作行爲準則，還是會成爲一個很不錯的人。根據邊沁的說法，我們創造喜悅或痛苦時，可以根據強烈、持久、確定、速度、有效、和純淨的程度來定義這些感覺。如果你的行爲只會影響自己，就隨你開心尋找喜悅；但如果你的行爲會影響他人，就要盡可能將喜悅傳遞給他人36。你也應該隨時避免給他人帶來痛苦，但如果眞的沒辦法，請你還是盡力減少他人的痛苦，這個概念其實很不錯。邊沁等功利主義者的思想中心，就是對他人付出極大的關心，而且他們認爲所有人的快樂都平等。他們認爲，我的快樂和別人的快樂一樣，因此他們完全沒有菁英主義的概念。在功利主義這艘遊艇上，並沒有專爲有錢人設置的頭等艙。這裡每間房間都一樣大，每個人也都在同一個餐廳用餐。

所以……功利主義會是我們追尋的眞理嗎？

36 如果你過去都很克制自己的行爲，現在應該覺得很可笑對吧？

不，功利主義不是「眞理」（多數情況下）。

不幸的是，只要對功利主義的中心思想進行壓力測試，就會發現其中致命的缺陷。如果我們最終的目標，是達到最大的快樂與最少的痛苦，我們很快就會得到一些很詭異的結論。舉例來說，醫生可以把無辜的清潔工勒死，把他的器官分給五個病人。另外，根據邊沁的最大快樂原則，我們也可以說如果一隻豬有足夠的食物，也有泥土地讓牠打滾，這隻豬就比蘇格拉底更「快樂」（因此也更「成功」），畢竟蘇格拉底雖然是個偉大的思想家，但當時雅典的所有人都很討厭他，最後政府把他關起來，強迫他喝毒酒自殺。如果有任何道德理論，膽敢宣稱一隻豬比人類史上最偉大的思想家更快樂、更成功，這個理論馬上就會惹來麻煩。也許吧。37

其實從邊沁提出功利主義以來，全世界的哲學家都很喜歡設計一些思想實驗，來凸顯功利主義是多麼破綻百出。以下是一個我很喜歡的論點38：請想像世界盃足球賽的時候，有一位電器技師（我們就叫他史提夫好了）正在修理ESPN的變電箱。然後史提夫滑了一跤，跌到變電箱裡面卡住了，而裡面的電器設備開始不斷電他。我們可以把史提夫救出來，但這樣就必須把變電箱關掉幾分鐘，讓球賽轉播暫停。死忠的結果主義者會毫不猶豫地認爲，如果比賽暫停，會讓數千萬球迷難過，所以史提夫，很抱歉，請你繼續待在裡面被電，電到你的骨頭肉眼可見，就像卡通人物被電到一樣。但這個答案相當令人心寒，畢竟讓可憐無辜的史提夫受苦，來換取其他人的開心，感覺好像不太對。如果從結果主義的角度來看問題，就會常常得到類似的結論：計算出一個決定所帶來的「喜悅」與「痛苦」的總和後，我們有時候還是會覺得這個結論不太對。

功利主義對以上這個論點，有一個很聰明的回應方式：如果我們已經確定某個行爲帶來的好處大於壞處，但這個行爲在道德上感覺起來還是不可行，那

37 彌爾花了很多時間修改邊沁思想裡的基本問題，包括以下這點：「幾乎沒有任何人類會願意變成比人類低等的動物，就算能得到牠能得到的所有快樂也一樣……寧願當一個不滿足的人類，也不要當一隻滿足的豬。」

38 我稍微修改了托馬斯・斯坎倫（T. M. Scanlon）在《我們虧欠彼此的東西》（*What We Owe to Each Other*）一書中提出的思想實驗，因爲我使用的脈絡有點不同。我們會在第四章討論斯坎倫。

麼……一定代表我們計算錯誤。我們在計算一個行爲的所有好處和壞處時，必須考量到全盤狀況，也就是不僅要考慮那個無辜者遭受到多少痛苦，更要考慮所有人，而這些人都知道發生了什麼事，且知道我們的社會認爲這件事情可以接受；也就是理論上他們也可能遇到相同的事情。因此，很多人聽到我們爲了繼續觀看足球比賽，而讓史提夫繼續觸電，就像《小鬼當家2》（*Home Alone 2*）裡面的歹徒碰到主角凱文設置的陷阱一樣時，他們至少都會感覺有一點點悲傷，所以我們在計算痛苦的時候，除了史提夫身體受到的痛苦以外，還要加上這些人心理上與情緒上的痛苦，這也就讓「痛苦」的總分遠高於我們原本所想。這個回應方式確實很聰明，但其實也是一種鬼打牆的藉口，因爲只要任何時候我們根據功利主義的計算得到令人不悅的結論，他們都可以說是我們算錯了。

讓史提夫觸電會對整個世界帶來怎樣的痛苦或悲傷，實在很難算得清楚。而就算我們把這些痛苦或悲傷考量進去，結果主義者還是會讓這件事情發生。我是認眞的：理論上，所有人都知道社會允許這種事情發生，所以也都知道有一天可能會發生在自己身上……但是說眞的，發生在我們身上的機率有多少？我們根本不是電器技師，也不在ESPN上班，大可以把這種事情視爲極端情況。而且史提夫自己一定也明白身爲「變電箱維修員」所伴隨的風險，畢竟所有工作都有一定風險。所以死忠的結果主義者在計算所有的hedons和dolors以後，還是會決定讓史提夫像調音時的音叉一樣震動，讓我們繼續觀看四強賽巴西對法國的最後八分鐘。徹底分析這些更廣、更次要的喜悅或痛苦，根本是一種不精確科學，令人感到崩潰。

另一個問題是：我們要判斷行爲會帶來怎樣的結果，就必須瞭解行爲和結果之間的關係，也就是我們的行爲眞的和我們想像中一樣，但情況往往不是這樣。從特定結果下正確結論，是人類最不擅長的事情39。我們往往無法正確判斷很多行爲的結果，有時候我們無法分辨因果關係（我們做了A，後來導致B的發生）與相關性（我們做了A，後來也發生了B，但兩件事情沒有直接關係）的差異。舉例來說，運動迷常常會穿著特定的球衣，或是坐在客廳的某一特定位置觀看比賽，因爲他們覺得這樣會提升支持隊伍的勝率，事實上當然40不41會42。如果我們連自己「做了」什麼都無法眞正瞭解，就很難判斷自己到底創造出多少的好或壞。

讓我們舉個例子：我們現在要嘗試達成某一種好事情，我們是老師，想讓學生的考試成績變好。爲了增加學生的讀書動機，我們向學生宣布，如果下次數學考試的平均分數超過八十，每個人都能得到獎品：一顆大大軟軟的

39 好吧，如果眞有什麼事情是人們不擅長的，就是在航空旅行遇到班機小延誤時維持鎭定，而提出正確的結論穩穩的排名第二。

40 不過我自己也很常做這些迷信的事。二〇〇四年美國棒球大聯盟季後賽時，幾乎每一場比賽我都強迫我太太 J.J. 坐在我的右邊，因爲她第一次坐這個位置的時候（美聯冠軍系列賽第四戰），紅襪隊贏了，而且之後每場比賽都拿下勝利，最後睽違八十六年贏得了世界大賽。所以，其實這些迷信眞的有效！

41 托德說：當時應該是一九九六年，我看到一堆紐約尼克迷在季後賽前都把頭髮剃掉，所以我也照做。結果完全沒用。

42 麥可接著說：現在是二〇二一年，我們正在編輯本書，今年紐約尼克睽違不知道幾年首次打進季後賽。你認爲這件事情發生在托德剃頭髮後整整二十五年，是一場巧合嗎？不可能！一定是因爲托德當年有剃頭髮的關係！恭喜托德！

棉花糖！有些學生喜歡棉花糖，所以他們會更努力讀書；有些學生討厭棉花糖，他們就更不願意讀書；有些學生根本沒差，所以用功程度不會改變；當然也有些學生覺得這整件事情蠢到不行，認爲老師根本就是無可救藥的瘋子，讓他們很想轉學，所以他們比任何人都更努力讀書，最後成績都非常漂亮。最後考試的平均分數是八十二分，於是我們跟所有學生擊掌，因爲我們覺得學生學習動機的問題已經獲得解決，這個方法就是把棉花糖當作獎勵！我們的發現被刊登在《優秀教師雜誌》（*Awesome Teacher Magazine*）中，裡面有我們拿著一袋棉花糖的照片，上面的標題寫著：「甜蜜蜜的棉花糖就是他們的祕密！？這些老師對學生可眞有一套！」

以上的例子，讓我們從好的結果中學到令人難過的一課：我們還以爲給學生棉花糖，能讓我們達到良好的目的，但其實就算我們沒有給棉花糖，學生還是很有可能會達到我們預想的結果，而且我們現在甚至還以爲自己做的是對的，就持續下去，殊不知我們正一步一步變成更糟糕的老師。多數的人類行爲都包含不完整的資訊，包括前端（做事之前）和後端（觀察結果時），所以根據結果來決定一個行爲的道德價值，似乎是一個相當有風險的作法。（更糟的是，眞正的結果主義者，可能根本不在乎我們其實是無心做到預想的結果，他們覺得反正做到就是做到，誰在乎背後的原因呢？）如果我們根據結果，來決定一件事情的「好」或「壞」，但是我們幾乎無法完全瞭解結果的全貌……我們到底該怎麼辦？現在看來，在列車上「拉起操縱桿」這個行爲，是否看起來更危險了呢？

功利主義的另外兩個問題：享樂主義與殘暴的警長

既然整體的功利主義計算法，一直告訴我們要根據一樣的準則下決定，但爲什麼面對各種不同版本的問題時，我們的感覺會不一樣呢？要回答這個問題，我們要先回到列車問題。我們當初在探討這個初始問題時，都下意識以功利主義來回答：拯救更多好人就等於做好事。但我們是否應該把有在做重訓的唐恩推下橋，來讓列車停下來呢？多數人都會說不應該。這時候哲學概論教授就會問一個陷阱題：「爲什麼不應該呢？你不也是殺一人、救五人嗎？」這時候我們也只能心虛回答：「因爲感覺不一樣。」那我們可以殺掉一個健康的人，然後把他的器官拿來拯救五個需要器官移植的人嗎？我們會說：「當然不行。」做這種事情，會讓我們覺得自己根本就不像自己，而是更像唐·奇鐸（Don Cheadle）和瑞秋·麥亞當斯（Rachel McAdams）演偵探那部電影裡面的壞人，這兩位偵探一直在尋找那個惡名昭彰的「功利主義殺手」43。我懷疑我們對這些問題的回答，之所以會有這麼大的差異，和之前提到的老師與棉花糖實驗有關。功利主義在回答「經典列車問題」的時候，可能會根據錯誤的原因得到正確答案。也許拉起操縱桿來拯救

43 奇鐸飾演偵探艾迪·格雷（Eddie Gray），再過六個月就要退休；麥亞當斯飾演喬莉·古德哈特（Joelle Goodheart），她無懈可擊的偵探本能，掩蓋了青少年不堪回首的過去。承認吧，你看過這部電影。

五個人，在道德上是正確的行爲……但不僅僅是因爲「五個人比一個人還多。」

我之前提過，彌爾和邊沁在十八、十九世紀提出功利主義的時候，讓許多哲學家相當傻眼；他們只以結果導向的觀點看待倫理學，讓許多學術圈的人非常生氣。批評功利主義的著作，讀起來眞的很有趣，因爲這是觀賞哲學家互噴垃圾話的最好機會。[44]

一九四五年時，身爲彌爾教子的伯特蘭·羅素（Bertrand Russell）[45]出版了《西方哲學史》（*A History of Western Philosophy*）一書，這是一本精彩的著作，探討各式各樣的議題，從蘇格拉底前的古希臘時期，一路到二十世紀的邏輯學家。雖然羅素很敬愛他的教父彌爾，也很仰慕彌爾的智慧與道德生活，但羅素在書中對於功利主義的見解卻充滿不屑。羅素寫道：「這種說法實在了無新意」，隨後也補充道：「邊沁主義對英國立法與政策的影響實在非常巨大，因爲通通都沒有任何情感可言。」

44 很多哲學家根本也懶得討論功利主義。威爾·杜蘭在一九二六年曾經出版一份七百頁的書籍，名爲《哲學的故事》（*The Story of Philosophy*），裡面連一段關於功利主義的討論都沒有。在這本書中，邊沁和彌爾都只是順帶提到，而且多數都出現在注解，這在學術上眞是一種奇恥大辱。

45 伯特蘭·羅素可能是人類史上最英國的人。他的全名是伯特蘭·亞瑟·威廉·羅素（Bertrand Arthur William Russell），第三伯爵羅素（Third Earl Russell），也有皇家學會院士（Fellowship of the Royal Society）的功績勳章（Order of Merit）。他出生於蒙茅斯郡特里萊赫的萊文斯考夫特（Ravenscroft），這個地方聽起來就英國到不行。他出生在貴族世家，祖父是第一代羅素伯爵：約翰·羅素（Lord John Russell），曾經是大英帝國的首相。伯特蘭有四個老婆，分別是愛麗絲·皮爾索爾·史密斯（Alys Pearsall Smith）、朵拉·布萊克（Dora Black）、派翠西亞·斯彭思（Patricia Spence）、以及伊蒂斯·芬奇（Edith Finch），這些名字都非常適合英國女性。伯特蘭·羅素眞的非常英國。

羅素也認為：

邊沁的思想體系有明顯的漏洞。

以及

所以邊沁的樂觀其實可以理解，但在我們這個更為現實的年代，這種樂觀就顯得有些天真。

以及

彌爾在《功利主義》(*Utilitarianism*)一書中，曾經提過一個相當荒謬的論點，很難想像他怎麼可能說得出這種論點。

以及

邊沁真是個無知的蠢蛋，如果我有機會去到倫敦大學學院，我一定會把他的蠟像頭拔下來丟到泰晤士河。

好啦，最後一點不是羅素寫的，但你明白意思就好。羅素很不喜歡功利主義，他用以下這段話來總結他的不爽：

任何事物都可能成為任何人的渴望；一個受虐狂渴望的可能就是自己受苦……除了自己的渴望以外，人可能也會渴望一些不會影響自己的事物，例如身處中立國，卻渴望交戰中的其中一國獲勝。他渴望的可能是整體快樂的增加，也有可能是整體受苦的減少……他的愉悅會隨著渴望而改變。

羅素在寫上面這段文字的時候，我可以想像他非常用力握著他的鋼筆，幾乎都要把鋼筆折斷了，不過，他倒是提出一個很棒的論點。功利主義非常關注整體的喜悅或痛苦數量，提醒我們應該思考，正在經歷這些喜悅或痛苦的人之間，可能會有很大的差異。還記得我先前提過，有些人（例如我）很正常也很有理智，而有些人則不是這樣，他們很喜歡吃夏威夷披薩（如果你不知道的話，夏威夷披薩的內容是鳳梨加火腿）嗎？假設我是一間披薩店的老闆，然後遇到你這個喜歡夏威夷披薩的怪人，你對夏威夷披薩的愛非常深厚全面，它能帶給你爆表的喜悅；而你只要吃到一片夏威夷披薩，就會跟性高潮一樣快樂（同時有一大堆hedons從你的額頭滿出來）。換句話說，你吃到一片夏威夷披薩所得到的「整體愉悅」感，比任何正常人吃正常披薩的愉悅感還多。如果我是一個善良的小小功利主義者，我是否應該爲了讓你得到好處與更多的喜悅46，而停止生產正常（好吃的）披薩，然後把我的時間全部拿來做夏威夷（違反自然定律的）披薩呢？

功利主義常常遇到類似的問題，因爲人類眞的很奇怪，所以如果爲了創造最多「整體快樂」，可能會導致非常詭異的狀況。畢竟如果只爲了給一個喜歡夏威夷披薩的反社會者帶來大量喜悅，因而犧牲掉很多正常人的小小快樂（這些人深知火腿就應該出現在三明治裡，而鳳梨就應該出現在水果沙拉裡），這樣似乎相當不公平。有時候功利主義也會出現完全相反的狀況，創造出一些規則，試圖弭平所有人之間的個體差異，認爲所有人都會因爲同樣一些事情而得到快樂或悲傷。這點也令人難以接受，畢竟不同人會感到快樂的原因本來就有差異，而這些差異正是人類美麗且有趣的地方，是人之所以爲人的關鍵。有些批評功利主義的人認爲，功利主義根本不是倫理學，而是數學，如果有人對結果不滿意，功利主義者就會指出，現在快樂的人比悲傷的人還多，然後就會像個喝醉的美式足球迷在支持的隊伍領先時那樣大喊：「你看看記分板啊！」

我最喜歡的反功利主義思想實驗（能讓我們眞正明白列車問題到底哪裡奇怪），來自於伯納德·威廉斯（Bernard Williams，1929-2003）。威廉斯也是一名

46 當然，這裡也會有別的計算考量……我其他客人會不會因爲我這樣做而感到難過？如果會，那會多難過？……我的披薩店會不會因此關門，讓我和我的家人難過？諸如此類的考量。但重點是：不要在披薩上面加鳳梨。鳳梨又濕又多汁，這種東西不可以加在披薩上！說眞的，如果你從本書唯一學到的就是不要在披薩上面加鳳梨，我就覺得自己功德圓滿了。

英國47哲學家，而以下這個由他設計出來的情況（經過些微改編），非常接近「ESPN的電器技師」以及列車問題，但他的分析比羅素的評論更加細膩：

有一天，吉姆到一個遙遠的小鎮度假，過程中偶然看到當地的警長皮特，正把槍口對準十位居民48。皮特跟吉姆說，這個小鎮會用一種超級有趣的方式來維持秩序：定期隨機殺掉十個人，來提醒大家誰是小鎮的老大。但既然吉姆今天出現在這裡，情況就不一樣了。如果吉姆同意，可以殺掉其中一個當地居民，這樣就算完成本週的「任務」。（在你發問之前先說清楚，吉姆不能像神鬼認證的劇情一樣，很帥氣地把槍搶過來對著皮特，以拯救所有居民。）功利主義者會認為解決方法很簡單：吉姆應該殺掉一個居民來拯救九條性命。但對威廉斯來說，這個方法的問題在於完全忽略了吉姆。試想，一個出來度假散步的人，突然必須冷血殺掉一個無辜的人，只為了達到最佳的hedon／dolor比例？這樣要吉姆怎麼回去過正常生活？

威廉斯使用了「整體性」（integrity）這個概念來攻擊功利主義者，強調的重點不在「誠實和道德正確」，而在「完整性」或「不切分」。威廉斯認為，功利主義的世界觀，會讓人之所以為人的基礎產生裂痕；也就是說，威廉斯認為「我們只為自己的行為負責，而不會為其他人的行為負責」。因為皮特警長覺得大規模

47 和羅素比起來，威廉斯就沒那麼英國，不過威廉斯出生於埃賽克斯的濱海威斯特克利夫，這個地方聽起來實在太英國了，讓「蒙茅斯郡」聽起來根本和俄亥俄州的阿克倫沒有兩樣。

48 威廉斯原本使用的詞是「印地安人」，這個詞在一九七三年相當正常，但在二〇二二年卻非常失禮，所以我把這個詞換掉。他原先設定的場景是南美洲的村莊，這點也相當失禮。只要是扯上文化的東西，常常很容易得罪人！（之後會有更多討論。）

殺人是維持法治的好辦法，因此會有十個人死亡，但這是皮特要爲自己負責的地方；但如果吉姆殺了一個人，就算他的目的是達到某種「更大的好處」，吉姆還是要爲自己負責。某種程度上，我們必須考量吉姆的整體性，也就是要把吉姆視爲一個完整的個體，他不需要因爲妥協而將自己切成好幾個部分，畢竟這樣一來他會連自己都不認識。如果要吉姆欣然接受殺一個人救九個人，或是把人推下橋來擋住列車，就必須是他自己認爲這樣可以接受，而不是因爲要對「某人」負責而接受這些情況。也許在道德上來看，殺一個人救九個人確實是正確的行爲，但在功利主義者心中，這一切都只是數字；而對威廉斯來說，當然不能只用數字來衡量狀況。

我們會在下一章繼續討論列車問題（並更詳細解釋各種反應背後的原因），但現在我們只要有這個概念就好：遇到道德兩難的時候，尤其是我們的行爲會帶來嚴重的痛苦時，如果只依照功利主義的原則來行事，必然會產生嚴重的問題。當然還有一些其他因素（其中最重要的是我們的完整性），如果沒有考量這些因素，將導致我們做出自己都覺得不對的事情，且就算我們認爲正確的行爲，剛好與功利主義的觀點相符，也不代表功利主義的觀點一定就會帶來正確的行爲。

別再刁難功利主義了，現在來看看它正向的一面吧！

多數拿來攻擊結果主義的思想實驗，多半都必須做一些很糟糕的事情，來避免更糟糕的事情發生；畢竟如果要挑出「數字遊戲」理論缺陷最好的辦法，就是製造一個不管做什麼都會有人受苦的情境。但只要稍微給功利主義一點空間，我們就會發現，如果目的是盡可能讓所有人得到最多的好處，功利主義其實還挺有道理的。我們先暫時忘掉列車問題和殺人警長，來思考一個眞實生活中更常見的狀況：有一個城市受到颶風摧殘，此時一間擁有一千份餐點的食物銀行要決定如何分配這些食物。如果依照功利主義的觀點，最好的做法就是將食物分配給越多人越好，受災最嚴重或最需要食物的人優先，因爲給這些人食物所創造出來的喜悅，會比給其他情況較不嚴重的人還多。這個系統還眞不錯！不過，眞正的問題是那些對喜悅有奇怪需求的人。舉例來說，有一個叫拉爾斯的人，宣稱自己應該得到一百份食物，因爲他正在爲電影《阿凡達》（*Avatar*）製作一首硬核搖滾歌劇，而作曲會需要幾個月的時間，他需要一大堆食物來提供源源不絕的靈感。呃，眞是太好了，功利主義者現在必須計算拉爾斯完成這首歌劇後，可以得到多少喜悅，也要計算其他人聽到這首歌劇後，會得到多少喜悅。**49**突然間，原本看似單純的食物分配模型，突然就複雜了起來。無緣無故把所有食物的十分之一，都分給某個很崇拜詹姆斯・卡麥隆（James Cameron）的打倒男孩（Fall

49 可能的答案是：不會太多。但就算他創作的歌劇眞的能帶來很多喜悅，比如說拉爾斯是一個類似菲利浦・葛拉斯（Philip Glass）的天才，他根據阿凡達製作出來的硬核搖滾歌劇有辦法席捲全球，邊沁還有另一個考量，就是能以多快的速度帶來喜悅。硬核搖滾歌劇可能得花很多時間來創作與彩排，所以功利主義者可能還是會認爲，讓更多人有飯吃還是能帶來更多、更立即的快樂，因此這才是一個正確的決定。

Out Boy）狂粉，在道德上似乎不是一個很理想的決定，50但身爲一個合格的小小功利主義者，我們還是要徹底思考並重新計算，只是這個過程既困難又惱人。

在道德哲學的世界裡，結果主義最近似乎有復甦的跡象，原因可能是現代世界出現了一些前所未見的狀況，例如所得差距已經來到史上最高，讓學界注意到資產分配不良的問題；也可能是因爲世界上各種問題實在太多、人口太多、加上我們應該如何對待彼此成爲一個很急切的問題，使得結果主義這種純粹爲了盡可能幫助貪婪者的哲學思想，變得比以前（較單純、人口較少的年代）更有道理。我寫到現在這個部分的時候，各國政府都在想辦法爲人民注射新冠肺炎的疫苗，而至少在接種初期，各國都面臨疫苗短缺的狀況。他們在疫苗的分配上，毫無疑問都採取功利主義的思考模式：最容易罹患重症或死亡的人、以及染疫風險最高的職業，都能優先施打疫苗。因此，每一劑疫苗都能帶來最多的「好處」，因爲每一劑都能將可能帶來的痛苦或難過降到最低。其實我們也很難找到其他哲學流派，能指出更好的疫苗策略。雖然完全以結果導向的哲學思考，可能帶來非常多的問題，不過就算我們只專注在盡可能製造最多的喜悅51、並帶來最少的痛苦，其實也

50 如果你想探討更複雜的功利主義思想實驗，請想像這個人不是業餘硬核歌劇作曲家，而是能把農作物分給其他人的農夫，或是製造疫苗的醫師，或是正想辦法扭轉全球暖化、以避免未來出現更多颶風的氣象學專家。如果情況是這樣，他是否應該得到更多的食物呢？就讓各位讀者自己決定答案 *。
* 這是哲學的一個經典手段：你丟出一個很大的問題，然後說：「讓各位讀者自己決定答案。」哲學老師也會一直用這招，我覺得這樣很不公平，而且也完全沒有盡到老師的責任。那他們爲什麼還要這樣做呢？就讓各位讀者自己決定答案吧。

51 我的腦袋還是一直在想著笑話，完全停不下來。

能爲彼此帶來很多好處。

但我們也明白，完全根據結果來決定我們行爲的道德價值，似乎不可能、或是容易產生誤會、或是很難計算，或以上皆是。所以……我們可以直接忽略結果嗎？我們是否可能在行爲產生之前，先決定行爲的道德價值？如果在殺一人和殺五人之間抉擇的時候，我們只要遵守某種規則，就能在不管結果的情況下，確保我們的決定是正確的呢？如果我們可以回到本書一開始提到的宇宙善事會計師，也就是會一直因爲行爲結果不良而怪罪我們的傢伙，然後跟她說：「小姐，我們根本不管我們今天做的好事最後帶來了什麼結果，因爲我們本來就都是出於善意，而我們的意圖應該就足以決定我們的道德價值了？」這樣稍微打她的臉，感覺是不是很棒？

朋友們請做好準備，我們要來探討康德（Kant）了。

CHAPTER 3 我朋友的衣服很醜，我是否要騙她我覺得很好看呢？

你是否曾經使用過以下任何一個藉口，來逃避一些惱人的社交場合？

——「抱歉，我沒收到你的訊息，我的手機最近怪怪的。」

——「我今天沒辦法一起吃晚餐，因爲孩子的保母突然有事。」

——「我眞的很想參加妳女兒的中學樂團表演，但我家的蜥蜴今天狀況很不好。她今天沒有待在平常最喜歡的石頭上、而且也不吃萵苣，我必須陪她。」52

「我應該說實話嗎？」是我們最常見的道德兩難之一。多數人都不喜歡騙人，但適當

52 這段話和原文有點不一樣，但我在九年級的時候曾經問一個女生要不要跟我約會，她當時跟我說了類似的話。我後來花了差不多一個星期，才發現她的理由可能不是一○○%眞實。

使用善意謊言，確實能讓整個社會運行更順暢。比起「我不想去你家小孩的音樂會，因爲可能很爛、很無聊」，然後其實是去參加演唱會，但告訴別人我們必須照顧生病的蜥蜴，絕對是一種比較簡單、甚至也比較有禮貌的說法。不過我們也發現，說謊的時候都要付出一些道德代價。我們知道不應該說謊，但每次說謊的時候，都會有種不對勁的感覺；我們會感覺很差、或至少感到有點困擾……但這種感覺通常很快就會消失，然後我們還是照常過生活。而且，好像也沒有人會因此必須承受什麼壞處，所以……說謊眞的有那麼糟嗎？

第一次遇到類似情況時（朋友買了一件很醜的衣服想穿去面試，然後詢問我們對衣服的意見），我們可能會做些結果主義的計算：

騙他說我們覺得衣服好看的好處：

1. 不會傷了朋友的心。
2. 事實上，我們讓她更快樂。
3. 我們不會像個混蛋。
4. 我們得以維繫友情。

跟朋友坦承，告訴她衣服很醜的壞處：

1. 傷了朋友的心。
2. 我們可能會跟她起衝突，但還是要跟她說眞正的朋友必須永遠對彼此誠實，但如果別人不喜歡你的誠實，情況可能會變得很艱困。
3. 我們看起來像個混蛋。
4. 我們的朋友無法接受，爲了證明我們是錯的，她更加堅持自己的意見，穿著那件很醜的衣服去面試，最後沒有被錄取，因爲面試官覺得她買這麼醜的衣服，代表決策能力有問題。此後朋友陷入嚴重的憂鬱，與親朋好友都斷絕聯繫，從此一蹶不振，成爲暴力犯罪的慣犯，最後在最高級別監獄服刑二十五年。[53]

身爲一名善良的小小結果主義者，我們可能也會試著想像一組格局更大的結果：如果朋友都不跟我們講眞話，這世界會變成什麼樣子？我們可能會下一個正確的結論，就是我們早就活在這樣的世界，而其實這世界也沒那麼壞，所以也許我們應該避免朋友之間的任何衝突，並表明朋友衣服的蕾絲領口眞的很讚，而且衣服上過大的螢光綠鈕扣很適合拿來展開對話。

53 這顯然是最糟的狀況。

但我們也知道，結果主義的計算既模糊又不精準，更不用說這個思想實驗其實並不客觀，因爲我們想到的好處多半都只對我們自己有益。換句話說，我們要嘛用說謊來避免痛苦（說難聽的話傷害朋友的心），要嘛說實話來感受痛苦；而既然一般人都會盡可能避免痛苦，就表示我們在這個情況的判斷可能會不客觀。一般來說，最佳的道德決定可能不是「爲了自己的利益而選擇最簡單的路」。我們多希望可以這樣！但可能沒辦法。

我們也應該承認，上述的結果主義計算過程，我們其實只做了一半：我們只考慮到說謊帶來的好處（喜悅）、以及說實話帶來的壞處（痛苦）；但沒有考慮到說實話帶來的好處（喜悅）、以及說謊帶來的壞處（痛苦）。我們並沒有給予這個等式的另一端同等的重視，因爲這一端更爲模糊，畢竟我們要怎麼計算實話的社會益處、以及善意謊言的社會壞處呢？可能只有在做了這些行爲，我們看到實際的結果以後才可能知道吧？例如我們騙她說我們覺得衣服很好看，然後她就因爲誇獎而帶著自信的微笑，穿著那件衣服去面試，但最後因爲衣服太醜而沒被錄取，隨後陷入嚴重的憂鬱，與親朋好友都斷絕聯繫，從此一蹶不振，成爲暴力犯罪的慣犯，最後在最高級別監獄服刑二十五年。[54]

道德計算中有太多的「如果……會怎樣」，這也是功利主義計算會讓人感覺那麼不可靠的部分原因。所以，我們也許可以採取其他的道德系統，一個具有明確規範的系統，只要我們遵守，就能保證成功。也許我們需要的是一個眞正嚴格堅持原則的人，一個在我們表現不好時會雙手交叉抱胸的嚴厲老師，一個如果在我們的道德成績單上看到五個A和一

54 顯然又是一個最糟的狀況。

個A-，會質問我們：「那個A-是怎麼回事？」的嚴厲日耳曼父親。

我們需要伊曼努爾．康德（Immanuel Kant），以及一個稱爲義務倫理學的哲學理論。

定言令式：史上最日耳曼的思想

義務倫理學就是針對責任的研究。如果你曾經聽過這個詞，你不是曾經讀過哲學，就是曾經在一場雞尾酒派對中，跟一個研究生進行過一場惱人的對話，而這個研究生可能叫做喬納斯（Jonas）、愛喝日本威士忌、而且很愛一直討論大衛．福斯特．華萊士[55]（David Foster Wallace）。伊曼努爾．康德（1724-1804）是將義務倫理學發揚光大的重要學者，他認爲我們應該要用最理性的方式來辨別道德行爲的規則，然後以堅定不移的責任感來遵守這些規則。特定狀況出現，我們套用必須遵守的「準則」，接著執行這些準則，一切就沒問題了。唯一重要的事情，是我們對於遵守規則的責任是否有足夠的堅持，而我們的行爲所造成的結果則不是重點。遵守對的規則，就表示我們的行爲符合道德；如果不遵守規則，就表示行爲不符合道德。就是這樣，沒得商量、沒有漏洞、沒有藉口。

這是個相當死板的系統，康德也跟你想的一樣，是個相當死板的人。據說他每天的行

55 我很喜歡大衛．福斯特．華萊士，但我自己都覺得自己太常討論這位作家，畢竟我從一九九五年開始講他，一直講到……大概去年三月吧。

程都非常規律，規律到東普魯士的店家都會根據康德經過他們店門口的時間，來調整手錶上的時間。這件事很可能是假的，但其實也並非空穴來風，畢竟康德對於道德和學術的堅持實在非常嚴謹；我的意思是，一個根據「純理性」來打造道德理論的人，對學術的堅持一定不在話下。康德開始鑽研道德哲學以前，就非常喜歡歷史和科學。羅素曾說：

里斯本大地震後，康德就寫了跟地震相關的理論；他也寫了一篇關於風的論文，以及一篇短文探討歐洲的西風是否因爲從大西洋來而潮濕。

十八世紀哲學家所寫的東西，實在都不怎麼有趣。不過老實說，我覺得沒有什麼事情比想像康德「風之論文」的內容更有趣了。你不妨想想看，這個世界上最無聊的文章是什麼？一九七六年愛達荷州考德威爾市的商業註冊文件？或是介紹園藝水管歷史的九百頁文章？我跟你保證，這些文章無聊的程度連風之論文的十分之一都不到。但康德對於……流動空氣的熱情過了以後，就將非常大量的精力投注在倫理學上，到今天都備受西方哲學家的敬重。不過或許眞正的原因，是他們都不需要讀康德的風之論文吧。

康德對義務倫理學的解釋是出了名的難懂，我認爲比功利主義或亞里斯多德的德性倫理學難得多**56**。邊沁的屍體可能很令人毛骨悚然，但至少他在倫理學的著作中，還是有一些有趣的短詩；康德的著作則完全和有趣的短詩沾不上邊。康德的文字都長這樣：

> 完全獨立的道德形上學……不僅是所有責任相關知識在穩定和絕對性上不可或缺的基質，也是在達成其實際知覺方面最重要的必須之物。

以上這段文字是我隨機挑選的，但康德的文字大概就是這樣，不太適合在海邊輕鬆閱讀。不過，康德倫理學最重要的概念其實不難理解，也就是所謂的定言令式。在《道德形上學基礎》（*Foundations of the Metaphysics of Morals*）這本看起來一點都不難讀的書裡面，康德介紹了定言令式的概念：

56 對我來說，當然還有比康德更難懂的作者，例如黑格爾（我讀了兩分鐘就放棄了）和海德格這個法西斯主義者。但康德確實還是很難，而我建議如果你要認眞研究康德，就要讀有注釋的版本。對我來說，這是利用線上《史丹佛哲學百科全書》（*Stanford Encyclopedia of Philosophy*）的好機會，這部百科全書寫得非常好，也將哲學領域會出現的幾乎所有理論都解釋得很清楚，而且還免費！《良善之地》的編劇很常利用這部百科全書，只要我們沒有靈感，或需要補充某個領域知識的時候（頻率其實很高）就會跑去讀這部百科全書。目前爲止，我曾經讀過最困難的文本，是路德維希·維根斯坦（Ludwig Wittgenstein）的《邏輯哲學論》（*Tractatus Logico - Philosophicus*），我建議大家沒事不要去讀。就算是從專業哲學家的標準來看，很多人都覺得維根斯坦是天才，而這份令人頭痛的七十五頁著作，是他這一生中唯一的著作。想想看，一個人可以聰明到只寫了一本七十五頁的書，就讓全世界最聰明的人都認爲：「天啊，這個人眞是天才。」

根據有能力、又有意願遵循的規則來行爲，而這個規則應該成爲一個普遍的準則。

我們要好好記住這句話，因爲這大概是西方哲學思想裡面最有名的一句話。能與這句話匹敵的，大概只有「我思故我在」(René Descartes's Cogito, ergo sum)、湯瑪斯·霍布斯(Thomas Hobbes)的「人一生都過著孤獨、貧窮、骯髒、野蠻的生活，而且相當短暫」(The life of man [is] solitary, poor, nasty, brutish, and short)、當然還有跳樑小丑(Insane Clown Posse)的「水、火、空、土，還有他媽的磁鐵，到底是怎麼回事?」(Water, fire, air, and dirt / Fucking magnets, how do they work?)

根據定言令式，我們不能只去尋找行爲的準則，而是要尋找我們認爲所有人都正在遵循的準則。在做任何行爲之前，我們都要決定如果每個人都這麼做的話，會發生什麼事；而如果世界上每個人都做這件事情，最後導致不好結果的話，就表示我們不應該這樣做。所以，我們是否應該欺騙朋友呢?當然不該，因爲如果世界上每個人都欺騙別人，就沒有人會相信他人，人與人的溝通就無法正常進行，而所有互動都會讓人懷疑;到了這個份上，就連欺騙(我們一直想做的事情)這個行爲本身都會失去意義。所以，不管原因爲何，我們永遠都不該欺騙別人。(看到了吧?康德這個人眞的很硬派。)

而我們說眞話的時候，不該出自「因爲我們在乎朋友」、或「我們害怕要不斷說謊來圓謊」之類的原因，而是應該出自遵循普遍準則的責任感。如果因爲「我們對世界的狀況感到悲傷」而捐錢給慈善機構，可能是一件不錯的事；但這個行爲本身並沒有道德價值。只有在我們遵循一項所有人都在遵循的準則時，我們的行爲才會有道德價值，所以我們的動機應該要是「只要有能力，我都們應該幫助弱勢」。要當一個合格的康德主義者，我們任何行爲的動機都必須完全「根據遵循普遍準則的責任來產生行爲」。沒有例外！

基本上，康德想將人類與動物區分開來，畢竟人類會講道理（因此證明了人類的特殊，因爲別的物種都不會），較低等的其他動物都受到情緒與感受的支配，牠們的行爲也都是以這些很基本的情緒與感受爲基礎。因此，我們在探討行爲動機的時候，應該先將快樂與恐懼等情緒排除，畢竟牛和豪豬都有辦法感到快樂或恐懼，所以我們人類當然不能跟吃樹枝的豪豬一樣笨，所以康德才會認爲，出自於同情或難過而捐錢給慈善機構，固然值得鼓勵，但不能算是有道德。康德對於人類會使用大腦的這個能力相當自負，到了有點勢利眼的地步，而這正好也讓他擠身偉大哲學家之列。自古以來，多數的哲學思想流派都花了很多時間讚頌最聰明、教育水準最高的人類，並不斷強調人類優於其他物種，因爲人類會思考、論述、與探討事物的哲理。這一切聽起來都很有道理，但在你看到一群搭著快艇的屁孩，從霰彈槍形狀的冰庫中拿出伏特加來瘋狂乾杯的時候，你就會開始思考，也許水獺和蝴蝶比很多人類還搞得淸楚狀況。

康德的思想體系雖然很嚴格，但也有很令人寬慰的地方。既然道德「成功」唯一的方法，就是根據遵守普遍準則的責任來產生行爲，那麼如果我們的行爲造成「不好」的結果，責任就不在我們身上，我們的行爲都正確！從這個角度來看，康德的義務倫理學和功利主義完全相反，**57**因爲功利主義的最高指導原則是達到最大的快樂，但康德認爲「快樂」一點都不重要。

嚴格來說，沒有任何東西可以強迫我們達到快樂，因爲快樂是一種想像中的理想狀態，而非理論中存在的理想狀態。快樂唯一的指標就是過去的經驗，但我們不可能根據過去的經驗來決定任何行爲會造成的整體後果，畢竟可能出現的後果會有無限多種。

以上就是康德針對「夏威夷披薩和嗆辣紅椒」問題的解釋。並沒有任何準則可以讓我們創造出「快樂」，因爲「快樂」是一種主觀感受，我們只能自己幫自己定義。這個世界上沒有任何東西會讓所有人快樂，例如我女兒艾葳（Ivy）不喜歡蛋糕，而我兒子威廉（William）不喜歡冰淇淋，所以我們不可能設計出一個「讓所有人快樂」的準則，要所有人都遵守。讓我們快樂的東西，別人可能會覺得難過、無感，而就算別人也一樣感到快樂，也可能和我們感受到的不一樣。因此，如果康德和邊沁一樣，寫了一首有趣的詩來說明他的哲學思想，這首詩可能會像這樣：

57 看來我必須特別指出，康德的年代和邊沁大致相同，且比彌爾早得多。所以，即使我們在本書中先討論的是功利主義，但其實應該說功利主義是針對義務倫理學的一種回應才對。

必須根據遵守普遍準則的責任來產生行爲
純粹使用理性來想出這些準則
快樂不重要
本詩結束

好像不怎麼朗朗上口。

定言令式二：難得比原版更好的續集

所以，康德根本不管你我如何看待這個世界，他要我們完全抽離主觀的感受和情緒。康德思想最重要的地方，就是強調道德和我們的主觀感受或判斷無關。亞里斯多德的嘗試錯誤、或結果主義的快樂／悲傷的猜測都沒有用；我們必須完全依賴大腦，創造出合理的規則、執行合理的行爲、達到合理的結論。不管你同不同意，康德這種硬派理性理論，對西方哲學帶來相當大的震撼。你只要看到有多少當代哲學家都引用康德的論述，就知道他的影響力有多大。康德就像電影界的希區考克（Hitchcock），或是嘻哈界的Run-DMC，對相同領域的後輩影響深遠。

不過義務倫理學也會爲我們帶來新的問題，最主要的問題就是：我們不再在乎感受和個人判斷，而把一切都訴諸我們必須辨別且遵循的嚴格普遍準則後，我們可能要花非常多的時間，才能知道自己到底應該做什麼。有時候，有道德的行爲可能代表「相信你的直覺」，但康德告訴我們，直覺很愚蠢，我們不應該相信直覺。這也是康德的理論常常遭受批評的地方：要遵循普遍準則必須完全依靠理性，但眞他媽難到爆。在《良善之地》這部劇中，奇迪·阿納貢耶就是一名標準的康德主義者。他非常執著於找到康德式的普遍準則，搞到最後讓自己變得非常優柔寡斷，連一些很單純的情況都不知道該做何反應。有一次，奇迪滿腦子只想著不要說謊，只爲了不要違反定言令式，他甚至連對想要摧毀他和他朋友的魔鬼說謊都非常掙扎。泰德·丹森（Ted Danson）飾演的麥可（Michael）受夠了奇迪不斷的鬼打牆，有一次終於問他：「有沒有人跟你說過，你眞的是一個豬到不行的隊友？」奇迪回答：「所有人都這樣說。」不過，針對康德的批評當然不止於此。我個人非常喜歡十九世紀一位愛生氣德國人的說法，這個人就是弗里德里希·尼采（Friedrich Nietzsche），他覺得康德過分強調道德，而且古板到不行：

有些道德主義者強調自己的論述力量與創意非常具有人性；而康德等道德主義者

則如此描述自己主張的道德：「我值得尊敬的地方，就是我懂得遵從，而你們應該也要和我一樣。」

換句話說，就是「呃，康德，別鬧了。」58

不過，康德也提出第二種定言令式，它的規則並不像康德的其他原則那麼難遵守：

> 我們的行爲都要將人性視爲目的，而非方法，不管是針對你個人或其他人都一樣。

換句話說：不要利用他人來得到你想要的東西，而欺騙朋友就是這樣的行爲，我們欺騙朋友的目的，就是爲了避免困難的對話，或是避免自己看起來像個混蛋。如此一來，朋友就不是最終的目的，只是一個方法。這個新的定言令式，也回過頭來給了我們一個新的解釋，讓我們更明白自己爲什麼對於ESPN電器技師的案例會感到那麼不舒服。如果我們爲了自己能夠看世界盃而讓他觸電，我們的行爲就是利用他來吸收痛苦，讓我們自己得到愉悅。雖然康德的理論相當機械且理性，我還是在這第二種定言令式上，看到甜美的人性。康德認

58 當然，諷刺的地方在於，尼采和康德最重要的共同點，在於尼采也是個勢利到不行的人。根據尼采的世界觀，多數人都虛弱且愚蠢，只有極少數人厲害又聰明，而這些人才能自己決定自己要什麼。就像有些希臘人邊淸喉嚨邊稱呼自己「智者」，尼采這個哲學家也一樣，堅持他人必須尊敬像自己一樣厲害的人。如果你正在比較康德和尼采之間的高下，至少康德的理論沒有不小心催生納粹主義。

爲，人性是我們應該追求的最高目標，任何需要將人性變成工具以達到其他目標的行爲，都不應該存在。我也不是要你在少棒聯盟被三振後，去找康德像爸爸一樣安慰你，但我覺得，從這個角度來看定言令式，就能看到在純粹理性的表面下，其實還有一顆活躍跳動的心。

找到正確的準則：幾乎不可能！

讓我們從康德的角度來討論列出問題。很明顯，康德不會認同功利主義這種只看結果的計算方法：犧牲那一個人，因爲一小於五。既然康德不會以結果來決定該採取怎樣的行爲，「我們救了四個人！」這句話雖然聽起來很厲害，但不見容於義務倫理學這個無堅不摧的德國堡壘。康德在乎的問題是：考慮各種行爲選擇時，有沒有可以普遍化的準則？而採取怎樣的行爲，可以確保我們進到遵守這個準則的責任？也許我們可以想出這樣的準則：「我們應該盡可能拯救其他人的性命。」而這句話絕對可以普遍化，畢竟如果世界上所有人都遵守這個準則，應該還挺好的。如果是這樣，那我們要拉起操縱桿嗎？如果眞的拉起操縱桿，我們確實會拯救幾條命……但我們也會「造成」一位工人死亡，這樣似乎就違反了準則……所以其實，等一下，也許我們可以設計出另一個準則：「我們不應該刻意造成無辜的人死亡。59」這個準則一樣很容易普遍化，而既然拉起操縱桿確實會造成一個人死亡，那我們是不是就不要拉操縱桿了呢？畢竟如果我們什麼都不做，造成五人死亡的就不是我們，而是那個壞掉的剎車，對吧？等一下，有沒有可能是這個情形：從剎車壞掉的那個瞬間開始，「出事」的元兇就馬上從剎車轉移到我們身上？畢竟我們現在是唯一有能力影響列車的人，所以「什麼都不做」其實代表我們「造成」五個人死亡。再等一下，可是如果我們拉起操縱桿，就代表我們必然會造成一個人死亡，而如果我們不拉操縱桿，他就絕對不會死掉。所以我們怎麼可以拉操縱桿呢？

看到有多困難了吧？雖然康德承諾用簡單的原則來解決哲學問題，但如果將他的論述套用在列車問題上，看起來還是很麻煩。（每次談到康德都很麻煩。他總是站在我們後面，一邊嘖嘖一邊責怪我們搞砸一切。）

不過話又說回來，列車問題其實異常棘手，而大多數的情況其實都比較常見，例如我朋友的衣服很醜，我是否要騙她我覺得很好看呢？這種情況下，我們比較容易根據康德的論述來做出正確的行爲。不過，列車問題確實凸顯出義務主義許多令人沮喪的地方：提出準則要花很多時間，而盡義務遵守這些準則有時候看起來也不對，然後我們就必須重新再想一個新的準則。相比之下，嚴格的功利主義者可以毫不猶豫地說「五大於一」，然

59 我必須使用經典的「哲學不可能」大絕招，宣布這是一個「無辜的人」，才能避免自我防衛的反駁；而托德也告訴我，有一種理論叫做「正義戰爭」（just war theory），裡面舉出一系列的標準，指出哪些情況下進行戰爭是必要的；因爲其實在一些極端條件下，殺一個無辜的人可能可以接受。我們又再一次來到一個但是、雖然、不過的無限循環，這時候你根本都還來不及說「我們達成共識囉」，某位哲學家就會舉手指出二十六個原因，告訴我們要達成共識沒那麼快。在《良善之地》這部劇中，我們有幾次讓人對奇迪說：「因此大家都很討厭道德哲學家。」直到我開始寫這本書以後，我才發現這句話有多有趣。

後拉起操縱桿。康德主義者純粹依靠理性來想出一個普遍準則，然後出於責任來遵守這個準則，同時還必須面對一輛失控的列車，上面都是尖叫的乘客、以及嚇到花容失色的老太太，更別說還有六個根本連自己快要被撞死都不知道的工人。面對這一切，我們是要怎麼及時拉起操縱桿？你看我們都花了十頁的篇幅來討論了，還是不知道該怎麼辦。

不過，讓我們先別管實用性。我們一定有辦法創造出一個準則，我們既可以把它當作普遍準則，又能夠拯救五條生命（直覺告訴我們，這應該是比較好的結果）吧？畢竟現在唯一重要的是我們的意圖，而我們只需要一個準則，來表示「我們只想拯救五個人」，因爲如果我們什麼都不做，他們就會被撞死。這樣一來，撞死另一個人的道德責任就不會落在我們身上，因爲我們並沒有撞死他的「意圖」。所以，現在讓我們回到「我們隨時都應該拯救無辜者的性命」這個準則，將它稍作修改，變成「我們隨時都應該竭盡所能拯救無辜者的性命」。（很明顯，我們現在又回到了功利主義的計算。請先等等，我們待會再回來討論。）現在的我們面對到五個人卽將死亡的狀況，所以我們得到一個結論：符合準則的負責行爲就是「拉起操縱桿」。我們可以理直氣壯地說，如果另一條軌道上沒人，我們就會拉起操縱桿；因此就算遵守準則的結果是「一個人被撞死」，好啦我知道聽起來很糟糕，但這並不是我們的意圖。

菲利帕·福特在原版的列車問題中，其實就有提出這點。這個論述與一個叫做「雙重效應原則」（The doctrine of double effect）的哲學理論有關，可以追溯回十三世紀的聖多瑪斯・阿奎納（Saint Thomas Aquinas）。基本上，雙重效應原則認爲，特定結果在道德上受到允許的程度，取決於你採取行爲時是否有造成這個結果的「意圖」。舉例來說，我們因自衛而殺人時，我們的「意圖」只是拯救自己無辜的性命，但「結果」卻是有人死掉。如果我們拉起操縱桿，是意圖要故意撞死一個人……似乎就不太理想了。但如果我們撞死這個人的意圖，是爲了要拯救五個人的性命，似乎就情有可原。這一切看起來好像都在玩文字遊戲，甚至是在鑽漏洞，但因爲康德唯一在意的就是意圖，所以在列車問題中，我們如果拉起操縱桿，眞可說是魚（拯救更多條性命）與熊掌（不讓康德失望）兼得。

用康德的理論來解釋列車問題，讓我們能更瞭解情況，其中一個原因是它說明了爲什麼在各種不同的情況下，我們的直覺反應會不一樣。在這一點上，康德理論比伯納德・威廉斯的「整體性」論述更清楚。還記得多數人都覺得可以拉起操縱桿，但無法接受把人從天橋上推下去吧？針對這兩個行爲的差異，我們目前只能用「感覺不對」或「我們必須考量整體性」來解釋。這些都是不錯的解釋，但康德的義務倫理學則給了我們一把更鋒利的刀，讓我們把這塊複雜的問題切得更細。不久前我提到，如果我們在普遍準則中加入「竭盡所能拯救無辜者的性命」，就表示我們又回到了功利主義的計算，感覺好像把功利主義和義務倫理學混爲一談了。但既然功利主義和義務倫理學在這裡的概念幾乎如出一轍，我們還有必要遵守康德這些又討厭又難搞的規則嗎？我們不能乾脆使用更好理解的最大快樂原則就好了嗎！？其實說到底，我們如果從功利主義的角度來探討問題，有時候能夠幫助我們做出正確的道德決定，雖然背後的原因可能不正確。

我們從義務倫理學的角度來看原版的列車問題，會決定遵循「我們應該隨時隨地竭盡所能拯救無辜者的性命」這個準則，而出於遵守準則的責任，我們會做出的行爲就是拉起操縱桿。拉起操縱桿本身是中立的行爲，本身沒有「錯」也沒有「不好」。至於在「把重訓壯漢唐恩推下橋」的版本，我們的行爲就絕對不中立，而是根本在殺人。所以雖然遵循「我們應該隨時隨地竭盡所能拯救無辜者的性命」的責任，好像只是把功利主義「五大於一！」說得更好聽一些，但只要我們再加上「我們不應把人當作達到目的的方法，而是應該把人當作目的本身」這個前提，義務倫理學和功利主義的差異就浮現出來了。把唐恩推下橋，當然就等同於把他當作達到目的的方法，因爲此時他就不再是個人，而是眞的成爲我們達成其他目標的工具（人肉列車阻擋器）。如果是原版的列車問題，不管使用功利主義的計算或義務倫理學的責任說，我們都會得到相同的結果（拉起操縱桿來拯救五個人）。不過，功利主義計算的論述，不如義務倫理學嚴謹。在問題細節改變、甚至是我們開始對「殺一人」的手段感到噁心的時候，嚴格的功利主義還是一直告訴我們要「殺一人救五人」。**60**然而，義務倫理學對於怎樣的「殺一人」可接受或不可接受，有相當淸楚的界限。當然，我

60 一位叫做約翰・陶勒克（John Taurek）的哲學家曾針對這個議題寫了一篇論文，而這篇論文基本上就拆解了功利主義，變成「眞的能這樣算嗎？」陶勒克非常訝異，無法理解爲什麼我們能根據等式左邊和右邊各有多少人，來做出這種攸關生死的決定。因爲他認爲，這樣做會忽略一件事情，就是每個人的性命對於自己都有最大的價值，如果只用數學的方式把五條性命的價值加總，你創造出來的「總價值」也不會比任何一人自己的生命更有價值。陶勒克認爲，如果今天你要在拯救一百萬條性命（例如使用一百萬劑的特效藥）和拯救一條性命（某一個人需要一百萬劑特效藥，而你把全部都給他）之間選擇，你應該……拋硬幣來決定。眞的很硬。陶勒克對自己論述的堅持很令人欣賞，但我覺得要把一百萬劑都拿來拯救一個人，而讓其他人都死掉，實在太困難了。我甚至覺得，如果我是那一個人，我可能會想：「好啦……還是你去救那一百萬人好了。」

們知道功利主義者會說我們算錯了：如果這個世界上，所有人都可能因爲要讓暴衝的火車停下來而被推下天橋，那麼住在這個世界上的心理痛苦就會非常大，讓把人推下去這個行爲本身的「痛苦」大於拯救更多性命的「愉悅」。但我們也不難看出，康德的論述更爲嚴謹，給了我們更好、更確實的理由不要把唐恩推下橋。

我們眞的不能說謊嗎？連對殺手說謊都不行嗎？

在我看來，康德最吸引人的地方，就是他提供了一個非常簡單的原則，讓我們不太需要動腦就能過著有道德的人生。康德告訴我們，只要我們堅守他的學說，就能在人生這場考試中取得優異成績。但就像有些思想實驗可以凸顯出功利主義的限制，我們也可以找到一些假設，讓義務倫理學出現一些破綻。以下是一個有趣的例子：[61]假設有一個人想要殺掉你的哥哥傑夫，而傑夫此時躲在你家樓上。這個殺手來敲你家的門（他是個有禮貌的殺手，沒有直接把門撞開），然後跟你說：「您好，我是一位殺手。我是來殺掉你哥哥傑夫的，請問他現在是否在家呢？」我們最自然的反應應該是：「這位親切的殺手先生，不好意思，

61 這個思想實驗似乎凸顯了義務倫理學的致命缺陷，而諷刺的是，這是康德本人提出來的。這就是所謂的打臉自己吧。

他不在家。」但是還記得嗎？康德告訴我們不能說謊，因為說謊無法被普遍化，如果所有人都可以說謊，那麼人與人之間的溝通就會失去意義……所以，詭異的地方出現了，根據康德的說法，就算這個殺手擺明要來殺掉我們的哥哥，我們還不能對他說謊。如果我們必須聽康德的話，傑夫就死定了。抱歉囉傑夫，希望你明白，我們無法違背普遍準則，謝謝你在爸媽離婚後這幾年花這麼多心力照顧我們全家，很遺憾你就要死了。

不過，也許我們可以從同樣的狀況，編造出一個完全不同的準則（和討論列車問題時一樣），然後找到一個小小的緊急辦法，幫助我們解決朋友衣服很醜的問題。如果我們不要對殺手說謊，而是跟他說實話，但這個實話無助於他找到傑夫，這樣可以嗎？例如：「呃，親切的殺手先生，我今天稍早有在雜貨店看到我哥……然後我知道他星期二都喜歡去公園餵鴨子。」如果這些都是實話，然後我們又夠會演戲，能夠掩蓋緊張的情緒，而且殺手並沒有追問任何問題，再加上樓上的傑夫不要像恐怖片一樣走路發出吱吱聲，這個殺手可能就會去公園的池塘找傑夫，而不會跑上樓殺掉傑夫。這個小小的話術，讓我們既不會違反定言令式，也不會害傑夫被殺掉。有時候康德的理論就好像一場遊戲，我們要嘛就是要用對的方式來描述我們要遵守的準則，要嘛就是想辦法避免違反準則，最終的目的就是達到我們想要的結果，又不要違反康德提出的規則。

不過老實說，康德讓我搞不懂的就是這件事。如果一個殺手跑到我們家門口要殺掉我們的哥哥，除了「不要讓任何人殺掉哥哥」以外，我們根本不會有太多時間來遵守普遍準則。當然，康德的重點就在這裡：如果你可以選擇是否要遵守某個準則、以及何時遵守這個準則，它就不屬於普遍準則。（所以它不叫做「多數情況下都很普遍」，但如果你身處困境，它就沒那麼普遍」準則。）不過我對康德不滿的地方，在於他根本不讓我們使用自己的判斷力。這樣感覺實在是不太有……人性。反觀亞里斯多德讓我們用更實驗性的方式找到美德（基本上就是嘗試錯誤），我覺得他比康德更貼近人性。感覺亞里斯多德信任我們，也對我們必然犯下的錯誤更加寬容。普遍規範的責任理論上是不錯，但如果今天親切殺手要殺的對象就是躲在我們家樓上的康德，我還眞想知道他會有怎樣的感覺。也許這時候他會希望我們忽略他的理論，然後多讀一點亞里斯多德吧。（不過他是眞的很硬，可能硬到寧願自己死掉，也不要我們違背定言令式。）

至於在朋友衣服很醜的這個例子中，我們還是可以遵循康德的方法，同時又不會因爲直說「那件衣服很醜」來造成朋友的痛苦與難過。當然，最理想的狀況是我們之間的友誼夠穩固，可以讓我們直言：「其實你穿其他衣服會更好看」，然後朋友還能夠欣然接受；但如果朋友更敏感，或對即將到來的面試更緊張，也許我們可以說：「其實我眞的很喜歡你另一件藍色的襯衫，你應該穿那件才對。」我們或許也可以說，這場面試很重要，我們應該一起去逛街，挑一件更適合朋友的襯衫。又或者，如果我們發現朋友眞的很喜歡那件襯衫，而穿著那件襯衫似乎能提升他在面試時的信心，而且我們也覺得她穿那件襯衫不至於摧毀她的人生或造成太大的痛苦，我們大可以說她穿那件襯衫看起來大致上還可以，並告訴她如果面試官眞是個明理的人，不管她穿什麼都會錄取她。

我們在前三章學到了過去兩千四百年以來西方世界最重要的三大世俗倫理學思想：亞里斯多德的德性倫理學、結果主義、以及義務倫理學。但有時候我們在日常生活中會遇到一些很基本、很一般的情況，而在不知道該怎麼辦的時候，我們不會想要運用這麼龐雜的道德理論，來思考怎樣的行爲才正確，我們只想要有人趕快告訴我們該做什麼。我們要的是規則，就像康德提供的規則一樣，但我們當然要更簡單的規則。其實我們要的，不過就是有人能跟我們解釋，到底是該把購物推車歸還到賣場入口，還是放在停車場就好。能不能告訴我們該做什麼就好，而不要講那些複雜的純粹理論普遍準則、或hedon／dolor這種功利主義計算呢？

這樣會太過分嗎？

CHAPTER 4

我一定要把賣場手推車推回原位嗎？很遠耶！

你會定期爲其他人做哪些小小的善事呢？所謂的「其他人」不是你的好朋友或閨蜜，而是你不認識的人，那些你從來不會眞正在乎的一般人，除了那種在看電影時大聲喧嘩，或在果汁店因爲奶昔裡加的芒果太少而大發雷霆的人。你爲不認識的人做的好事，可能是路邊停車的時候，在你的車和前車之間留下一輛車的空間，讓其他人也可以停車（而不是留著車長一半的空間，這種情況會讓人血壓飆高）。又或者你晚上走在街上時，看到前面不遠處有一位落單的女性，然後你就走到街道的另一邊，以免她聽到後方腳步聲的時候感到不安。你之所以會做類似的善事，也許是因爲你的爺爺教你要當個體貼的人，也有可能是因爲有人曾經對你做過類似的善事，讓你感到很開心。而你在爲「其他人」做這些善事的時候，你也會感到一陣快樂。你可能會想：「我是個好人」，或「我今天確實做到日行一善」。不過你不知道的是，這些事情其實非常糟糕。

開玩笑的啦，這些事情當然都很棒！怎麼會不好呢？這些事情暖心體貼又善良，我只是覺得看你緊張流汗很有趣而已。

我很愛這些小小的善事，這些只爲了他人利益而做的事情，會在無形間讓整個世界變得更好。我在接受他人善意的時候（例如有人在我要跨兩線道轉彎的時候，停下來揮手讓我先轉），我會異常快樂。這些善意代表我周遭的人有考慮到別人的生活和感受，而我相信這種爲他人著想的行爲，可以讓整個社會變得更緊密。但有時候也會有完全相反的狀況，例如有人在尖峰時刻完全不管四到七點禁止左轉的路標，硬是卡在內側車道等著轉彎，完全忽略後面有一堆車因爲他而無法動彈。對這種人而言，在這條街左轉的慾望，顯然比其他人到達各自目的地的慾望總和更加重要。如果我遇到這種人，我都會想要從我的眼睛發射火焰，把他的車子給燒爛。

這些小小善意的重點是：不用付出任何代價。既然我們都要停車，何不停在讓別人也方便停車的位置呢？既然一樣是走路，何不走到對街，讓前方的行人不會以爲你要對她怎樣，藉此消除她的焦慮呢？我們在做這些小小決定時，除了動用一點點腦力以外，根本不需要付出任何代價，而且也能幫助他人。可是，如果做這些事情需要多花點努力的話，情況又是如何呢？舉例來說，我們在賣場買完東西以後，把東西都裝上車，這時候空的推車在停車場，但推車集中架卻遠在四十碼以外的地方，而此時我們只想回家……

我的意思是……我們要把推車還回去嗎？

拜託理性一點好不好

我剛開始寫《良善之地》劇本內容的時候，就想知道讓人「好」或「壞」的原因是什麼。我當時覺得如果有一位眞正的哲學家幫忙，就能更輕鬆找到答案。（亞里斯多德說過，每個人都需要老師，他果然是對的。）我寄信給UCLA的潘蜜拉・希羅尼米（Pamela Hieronymi）教授，跟她約一天下午在咖啡廳碰面，希望她能向我解釋道德哲學的所有內容，而且要在九十分鐘以內完成，這樣結束後才不會塞車。[62]我跟她說明這部劇的前提，並請她給點建議的時候，她首先推薦我去閱讀托馬斯・斯坎倫（T. M. Scanlon）寫的《我們虧欠彼此的東西》（*What We Owe to Each Other*）。我後來眞的有去讀，但其實只讀了前面的九十頁，後來因爲看不懂，我就把它擱置一旁；一個月後又拿起來看，又看不懂，再試一次，我就完全放棄了。

62 我到咖啡廳的時候，潘蜜拉……還沒到。等了一小時以後，我寄信問她是不是我記錯日期，結果是她太專心在自己的研究和寫作，完全忘了當天要跟我見面。其實我還挺開心的，因爲這種人才是當哲學顧問的最佳人選＊。

＊托德後來補了一句被動攻擊的話，非常好笑：麥可，不好意思我當初太快回覆你的信。

不過我覺得自己應該有抓到重點，而且潘蜜拉也非常詳細地向我解釋內容。好啦，拜託不要批評我。**63**

斯坎倫把自己的理論稱爲「契約主義」。契約主義在哲學史上的重要性遠遠不及先前提到的三巨頭，但我非常喜歡它的核心思想。契約主義提供了一個令人安心的道德底線，就像一本標準又普遍的規則書，我們隨時都可以翻閱來尋求指引，例如街上撞到其他人，或在果汁店遇到奇怪的人的時候。斯坎倫的理論出自於康德「以規則爲基礎」的倫理學，但沒有那麼嚴格。你在買洗碗機或藍芽喇叭之類的電子產品時，應該都會有那種三百多頁、五十多種語言的說明書……同時也有兩頁的「快速指引」，告訴你怎麼開機怎麼充電之類的，對吧？在以規則爲基礎的倫理學中，康德的理論就像是那三百頁的說明書，而契約主義就像是快速指引。透過康德精闢的論述，我們當然可以把事情做得很好，但康德要求我們要用純粹的理性，以抽象的方法建構出那些棘手的普遍準則，而我們都知道這樣很困難又很花時間。對我來說，用斯坎倫的方法來決定道德規則，在理解與應用上都比康德的理論簡單得多。

潘蜜拉曾經是斯坎倫在哈佛的學生，她用這種方式向我介紹契約主義：假設我軍和敵軍已經開戰數年，現在各自躲在茂密森林裡的壕溝中，不斷嘗試向對方開火。此時戰局陷入膠著，雙方都沒有優勢，任何一方也都沒有占優勢的趨勢。所有人都疲憊不堪，我們暫時休戰，決定要設計並建構一個雙方都能接受的社會；我們需要一組雙方都能接受的規

63 在良善之地的完結篇，我花了非常大的努力，好不容易才讓艾莉諾把整本書讀完（是眞的讀完）。

則，即使雙方固有的意見相當不同（這是當然，否則我們就不會打那麼久的壕溝戰了）。斯坎倫建議：我們讓雙方所有人都有否決任何規則的權力，然後再開始制定規則。假設所有人眞的都很想找到規則（也就是所有人都很理性），最後通過的規則就不會有人反對。也就是說，我們要用其他人都覺得合理的方式來設計規則，畢竟如果其他人覺得不合理，這些規則就不會成立。這個單純又優雅的方法，是讓社會上所有人更緊密的黏著劑。

以上論述有一個很大的假設，就是所有人都必須很「理性」。討論哲學時如果遇到這種狀況，我們就必須退一步把某些事情定義淸楚，這樣才顯得我們知道自己到底在說什麼。斯坎倫對於「理性」並沒有簡單明瞭的定義，一部分是因爲……根本沒有這種事。不過斯坎倫說：如果我和你意見不同，而我願意限制或改變我自己對利益追求的程度，和你願意限制或改變你自己對利益追求的程度一樣時，就代表我很理性。我們一起制定規則的時候，當然不能我行我素，而是必須一起建構一個世界，讓雙方的需求都受到照顧。這樣一來，在雙方意見不一樣的時候，找到方法讓彼此和諧共存，就成爲我們的首要任務。斯坎倫追求的是「大家都有意願改變自己的私慾，以找到他人也都能接受的共識。」這是斯坎倫要我們都簽署的合約，讓我們有一樣的動機找到所有人都能接受的規則。

有一件很重要的事情，就是我們不必每次遇到衝突時都遵從他人的意見。在斯坎倫的世界中，他人遇到衝突時，也都和我們一樣想要改變他們的利益，來讓我們也能接受。於是就創造出了一種動態關係，也就是所有人都將他人與自己的利益視爲同等重要（他人的利益沒有比較重要，而是同等重要）。我們現在應該更能理解潘蜜拉爲何要用無止盡的殘忍戰爭來解釋契約主義：雙方都疲憊不堪，都想要找到前進的路，讓我們相信所有人都會很理性，因爲所有人都很想趕快脫離困境，而且我們都知道其他人也有和我們相同的動機。**64**

如果我們將斯坎倫的理論應用在眞實世界（隨時隨地都有數千個決定和互動在同時進行），契約主義就變成一個很棒的探測杖，讓我們清楚分辨不好或不公平的行爲。舉例來說，如果有人提出以下規則：「除非有緊急狀況，否則所有人都不能行駛路肩」，任何人都不會用理性去反對這個規則。而這個規則如果確實執行，對所有人都公平，**65**也能維持交通安全。但如果開藍寶堅尼的韋恩（Wayne）說：「嘿，我來幫大家設定規則好了。除了藍寶堅尼駕駛以外，所有人都不能行駛路肩。藍寶堅尼駕駛要開哪裡都可以，因爲大牛就是狂」，這時候有人就可以（也很可能會）

64 那如果有人不理性的話該怎麼辦？很簡單，這些人不列入討論。潘蜜拉提出了「踏墊」與「混蛋」理論：我們爲踏墊設定規則時，他什麼都會同意，因爲他低估了自己的利益；而我們爲混蛋設計規則時，他什麼都不同意，因爲他高估了自己的利益。所以我們在討論規則時，這些不理性的人都不應該參與討論。更重要的是，如果我們現在不是在憑空討論，而是在眞實世界與他人互動，有時候我們自己可以把自己覺得的理性投射在他人身上（如果我們遇到不理性的人時）。舉例來說，我們不能佔踏墊的便宜，不能覺得我們提出什麼他們都會照單全收，然後就提出一堆犧牲他們且對自己有利的規則；我們要搞清楚狀況，清楚認識踏墊和混蛋的行爲，和理性者的行爲會不一樣，並只提出眞正理性者會遵守的規則。

65 這邊的假設是政府對待所有人都平等，雖然一般來說在多數國家都不是如此。不過爲了方便說明，先假設我們創造的是一個公平的社會。如果我們眞的要爲自己的社會設計規則，可能會先從規範政府的規則開始，例如「禁止種族歧視」以及「性別平等」等世界上多數國家開國宣言都該寫而沒寫的基本規則。

用理性去反對這個規則。斯坎倫的理論讓我們可以很快辨認不公平或自私的行爲，例如你在高速公路上大塞車時，突然有一個全身銅臭味，明顯處在中年危機的大叔，開著黃色藍寶堅尼從你旁邊的路肩呼嘯而過。

如果我們將契約主義應用在稍早提過的那些場景，就會得到我們想要的答案：「我們停車的時候，應該盡可能節省空間，讓其他人也能停」這條規則，會有人否決嗎？當然不會，任何一個理性的人都不會。那如果是「我們可以隨便停車，別人都去死」的話呢？這條規則一定會被否決。斯坎倫並沒有要把我們都變成既茁壯又有美德的超人，他只要我們（無論個性、宗教、政治、或對披薩配料的喜好）在制定自己的規則時能考慮到別人。

這就是契約主義比康德的義務倫理學更吸引我的其中一個原因。康德要我們在遇到問題時先暫停一下，進入一種孤獨的冥想模式，然後只用理性來辨別並描述一個處理問題的普遍原則，再依據遵守原則的責任感來做出行爲。斯坎倫則要我們和其他人一起想辦法，也就是大家彼此面對面，互相問對方：「你覺得這樣可以嗎？」斯坎倫不相信抽象思考，他認爲要從人與人之間的關係出發。不過這種方法也可能有風險。我想對很多人來說，將命運交由別人來決定，似乎不是最安全的做法。光是要找出自已日常生活的原則就夠困難了，斯坎倫竟然還說我們的選擇會被鄰居欣蒂（Cindy）和表弟德瑞克（Derrek）給否決！要知道，欣蒂可是一個把松鼠當人來聊天的傢伙，而德瑞克甚至笨到從跳水板上跳到結冰的泳池，最後還把尾椎骨摔斷！或者從一個二〇二二年大家更容易理解的方式來說，我們都很仰賴那些我們非常不同意的人表現出「理性」，例如那些滿嘴陰謀論的臉書鄉民、或有種族歧視的叔公。現在這些人竟然有權力拒絕我們提出的規則？呃……有的，只要他們是根據理性提出反對，而且他們對自身慾望的限制程度也和我們一樣就可以。（要知道，我們也會覺得他們很多極端的思想很不理性。）雖然我們身邊的人可能很討厭、很捉摸不定，但既然他們存在於我們的生活圈，我覺得在設計道德界線時如果能和他們一起合作，通常都比我們自己武斷地決定還好。我更認爲對他們而言，和我們合作是一個更好的辦法。

好，我知道了，請直接告訴我到底要不要把推車歸還原位好嗎？我趕時間。

先前的情境（例如在街邊停車的位置）都屬於「自由」決定情境，我們本來就會做些什麼，所以就算要做到最良善的行爲，對我們來說也沒什麼損失。不過如果遇到有成本的情境，例如需要投入時間、努力、精力、甚至犧牲的情境，情況是否會不同呢？例如我們在本章開頭問的問題：我們到底要不要把推車歸還原位？

加入更多考量因素後，讓整個問題變得……更加複雜。首先，我認爲關於推車歸還的規則，從來就沒有清楚明訂。我們到底是應該歸還推車？還是留在停車場對店家而言也沒差？有些店家有員工專門回收購物推車，似乎就代表我們可以把推車留在停車場……或是店家被迫請這些人來回收推車，因爲很多自私的混蛋會把推車留在停車場。另外，有沒有可能把推車留在停車場其實還比較好？因爲這樣後面的客人停好車以後就直接有推車可以用了。不過當然也可能發生客人停好車以後，開車門時撞到推車，這樣就不太好了。讓我們再次審視這個情境：我們進入賣場以後，從推車區拿了一輛推車去逛街，然後把推車推到停車場以後……就留在那裡了？聽起來好像有點怪怪的。我們是不是要將推車歸位才對？但把推車歸位需要費點功夫，畢竟我們還要在停車場走四十碼的距離、忍受推車輪子發出的噪音、讓剛買好的東西在很熱的車上慢慢壞掉[66]、費力將推車推回原位，然後再走四十碼回到車子、閃躲路上的人車、找到鑰匙、再次打開車門、坐進三分鐘前就能坐進的車裡，而且如果當初不鳥這些道德的事情，我們的心情還會更好。

那斯坎倫會怎麼說呢？我們目前取得共識的規則是：「用完推車以後要歸位，方便下一個人使用。」只要是理性的人應該都不會拒絕這個規則。但如果規則是「用完推車以後要歸位，但如果有專門從停車場回收推車的員工，就可以把推車留在停車場」的話呢？這樣聽起來也很難拒絕。所以是不是……如果看到停車場有一位穿著反光背心的人在到處蒐集推車，我們就可以把推車留在停車場然後直接回家呢？這樣看起來也沒什麼問題。

66 車子不一定會很熱。但我住在洛杉磯，隨時都很熱，我超討厭。

所以……搞定了嗎？

契約主義有一個限制，就是在設立規則的時候，假定我們所有人都想找到彼此都能接受的最低標準。斯坎倫想在一個充滿各種人的世界中，試著建立所有人都會遵守的行爲底線，而他的理論就是爲了阻止我們做一些明顯很糟糕的事情，例如把推車偷走、損毀、或是去完婚禮喝得爛醉的時候，跳進路上的一輛推車，然後叫朋友在人行道推著我們快速前進，且朋友也喝醉了，最後整輛推車失控，我們都摔在街上。67如果有人提倡用以上的辦法來使用推車，有理性的人一定會拒絕。

因此，斯坎倫的規則雖然提供我們在社會中生存的最低要求，我們還是可能會使用其他工具來做出道德選擇。我們要的不只是達到「最低要求」，也不只是通過考試而已！我們想要做得比「大家都同意的規則」更多，並成爲道德界的搖滾明星。若要達到這個目標，我們固然必須遵守大家都同意的契約主義規則，但也許還要做得更多。也許我們可以先從契約主義開始，然後再繼續往前走……

現在讓我們回到先前分享的情境：這間賣場確實有請員工將散落在停車場的推車歸位到前門的架子。我們把買的東西都卸貨以後，決定根據斯坎倫的契約主義來執行我們接下來的行爲。既然任何理性的人都不會反對「如果賣場有請員工來蒐集推車，我們就可以把推車留在停車場」這個規則，我們就眞的把推車留在停車場。但我們接下來又想：「其實把推車歸位也沒有那麼遠」、「我剛剛使用過這台推車，

67 這只是說說而已，我從來沒有在二〇〇五年做過這件事。因爲如果我眞的做了，我就會在我唯一的西裝上弄出一個大洞，然後就必須爲了下個月要參加的婚禮再買一件，這樣非常愚蠢。我當然也沒有在翻車之後馬上爬起來，叫我朋友也坐進推車，接著讓他翻車和把脛骨撞到瘀青。以上這些都沒有發生過。二〇〇五年我都三十歲了欸！三十歲的人做這些事情也太蠢了吧。

爸爸都說用完東西要歸位」、「別人也要用推車，如果所有人逛完街都把推車留在停車場，賣場員工根本蒐集不完，之後的客戶可能會沒有推車可以使用，我們都不會想要遇到這種狀況」68、「讓推車在停車場飄來飄去其實很煩，因爲有時候會撞到別人的車、擋住停車位、或在下車開車門的時候打到推車」、「確實有員工負責將推車歸位，但這個工作又無聊又累人，而且他們都在外面風吹日曬雨淋，領的錢可能也不多。所以雖然這是他們的工作，但我其實也可以讓他們不要那麼累」。我們把推車歸位到四十碼以外的前門，雖然創造出的「良善」相當有限，但非常眞實，也能讓很多人的生活過得更好，例如賣場員工（這樣他們就不用蒐集那麼多推車）、後面的客人（他們在前門就有推車可以用，這樣對他們來說最方便）、以及後面要停車的人（停車的時候不會撞到推車、開關門也不會撞到、推車也不會擋住停車位）。我們只花了一點點功夫，就能爲這麼多人帶來正面的影響！

所以我們眞的必須把推車歸位嗎？不，其實可能不必。

但我們是不是眞的把推車歸位比較好呢？沒錯，我覺得應該會比較好。只要能力所及，我們都應該做得比契約主義的「最低要求」再多一些。69（我雖然這樣講，但我自己常常不會多做，畢竟這不是自找麻煩嗎？）做這些事情只需要相對微不足道的努力和體貼，卻可能爲不少人帶來相當大程度的

68 我們在前一章討論過，這個概念（如果大家都這樣，事情就會一團糟）就是康德理論的精華。康德眞的很會刷存在感，不管你如何分析道德問題，你永遠無法擺脫義務倫理學的糾纏。

69 我們得出這個結論時，顯然會遇到一些新的問題，一些並非出自我們本意的不好結果。如果我們所有人都把推車歸位，賣場員工的工會就會很不爽，因爲他們的員工都沒工作了，這樣怎麼辦？答案是：讓我們先深呼吸，提醒自己這並非我們的本意就好。接著我們就又會回到契約主義無法拒絕的最低要求：如果賣場沒有請員工來蒐集推車，我們就把推車歸位。

快樂、方便、與減壓。多做一些事可以讓他人受惠，而我們都應該以此爲目標。

「幫助他人」是一個很大且模糊的概念，但所有「道德」都或多或少含有「幫助他人」的成分，所以我們在決定超越契約主義最低標準，宣布我們要將「幫助他人」當作目標的時候，最好先搞清楚箇中意義。關於幫助他人，我們都可以想到一些很實際的方法，例如朋友搬家時幫忙把箱子搬上樓、或捐五十元給愛心廚房。但如果是一些更抽象的方法，例如「對別人更好」、「要更體貼」、或「表現得更無私」呢？這樣就很難確定到底要怎麼做，至少在我們平常遇到他人的時候，很難清楚知道我們到底該做什麼。但就算很難描述，我們還是要盡可能試著描述。其實「他人」之所以重要，根本不是一種「解釋」，而是一種世界觀，是來自非洲南部一個叫做烏班圖（ubuntu）的概念。

「我在，因我們同在」

要解釋烏班圖需要花點時間，因爲就我所知，目前並沒有一個很完美的解釋方法。而且由於我不會講祖魯語、科薩語等非洲語言，只能用較爲模糊的英文翻譯來解釋。許多人透過格言、故事、或諺語來解釋烏班圖，南非政治哲學家約翰・布魯德里克（Johann Broodryk）則將烏班圖定義爲：

「一種非常全面的古老非洲世界觀，是各種價值觀的結合，包括濃厚的人情味、照顧、分享、尊重、同情、以及同理，而這些價值觀能夠確保所有人過著快樂且高品質的共同生活。」

布魯德里克也猜到我們會問：「這個概念真的是獨一無二的嗎？畢竟所有文化基本上不都包含這些正面的價值觀嗎？」如果我們把烏班圖想成「人類之間的連結」，其實佛教也有類似的概念，而印度教的「法」也跟它很像。布魯德里克說，烏班圖與這些概念很不一樣，因爲在非洲「人們都以更深的層次實踐這些價值觀。人們在乎的是人性的眞實體現，彷彿人性是生活中最重要的部分。」另一位叫做穆魯樂奇・穆亞卡（Mluleki Mnyaka）的學者進一步將烏班圖視爲一個眞正的道德系統，扮演「一個決定性的因素在……感知的形成……關於非洲社會對於行爲好壞的認知。」好，我們可能會想，烏班圖是非洲哲學的根源，是一種關於人類關係的世界觀，是一種描述價值與良善行爲的人文性格……但「烏班圖」這個字到底是什麼意思？

這個問題很不容易回答：「烏班圖」的意思有很多，而所有的意思都無法直接或輕易翻成別的語言。事實上，烏班圖所體現的道德準則會因不同社群而有所差異，所以這個詞所代表的意思，會隨著你的身分和語言而有所不同。布魯德里克寫道，這個詞本身也有不同的變化，例如在祖魯語叫做 ubuntu、在史瓦希利語叫做 Swahili、在紹納語叫做Shona等等。但是烏班圖的核心概念都一樣，都和人性或「身而爲人的理想」有關。

我第一次聽到烏班圖這個詞，是在一個和學術一點關係都沒有的場合。波士頓賽爾提克（我最愛的籃球隊）在二〇〇八年贏得NBA總冠軍的時候，總教練道格・瑞佛斯（Doc Rivers）說他利用烏班圖這個概念，讓球隊中各個明星球員專注於集體目標（贏得總冠軍），且不要太在意個人榮譽。所以與其執著於烏班圖字面上的「意思」，還不如把重點放在這個概念的本質。我認爲以下這個諺語，將烏班圖的概念說明得相當清楚：

> 人之所以爲人，正是因爲他人（A person is a person through other people）。

烏班圖其實就是加強版的義務主義。根據烏班圖的概念，我們不只必須對別人付出，甚至是因爲別人而存在。別人的健康、快樂、利益，就是我們的健康、快樂、利益；別人受傷或損失的時候，我們也同時受傷或損失。政治學者麥可・安耶布奇・埃茲（Michael Onyebuchi Eze）認爲烏班圖的特色就是「寬容、分享、善良」，非常有亞里斯多德的影子，只不過烏班圖的重點是群體，而不是個人。尼爾森・曼德拉（Nelson Mandela）曾在二〇〇六年如此定義烏班圖：

「過去那段日子，我們還年輕的時候，來我們國家的旅人都會來我們的村莊，他們根本不需要主動跟我們要食物或水。他來的時候，村民就會給他食物並照顧他，這就是烏班圖的一種體現方式。但烏班圖有許多面向，它絕對不表示一個人不用讓自己過得更好。所以最關鍵的問題是：你讓自己過得更好，是不是爲了讓身邊的人也過得更好呢？」**70**

所以我們爲什麼應該把推車歸位呢？因爲這樣可以幫到他人，畢竟我們之所以爲人，正是因爲他人。面對人生那麼多問題和煩惱，我們很容易受限於自己狹隘的想法，只做那些讓自己變得更好、或減輕自己痛苦的事。但是……拜託，這樣不行啦！沒有任何人可以靠自己就過得好。我們只是偌大世界中極其微小的一部分，如同肯亞哲學家與神學家約翰・姆比蒂（John S. Mbiti）所說：

「個體不行且不能獨自存在……人之所以能活著，必然都是因爲有其他的存在，包括過去的人和當代的人。人只不過是整體的一部分……發生在個人身上的事情就會發生在整體，而發生在整體的事情也會發生在個人。因此人只能說：『我之所以爲我，是因爲有我們；而也因爲有了我

70 曼德拉並沒有詳細解釋什麼叫讓身邊的人也過得更好。我認爲這句話應該以非物質的角度來看，所以它的意思應該是：我們讓自己過得更好時，不應以犧牲別人爲前提，更不應讓別人承受痛苦。我們讓自己過得更好時，應以身邊人的整體健康和茁壯爲首要目標。當然，曼德拉的意思也可能很貼近物質現實，他的意思很可能是：「如果其他人都賺錢，我們才可能賺錢。」我們在後續的章節會介紹約翰・羅爾斯（John Rawls），他會用不同的說法來解釋這個概念。羅爾斯認爲，所謂的社會就是「爲了彼此利益而進行合作的場域」。而在資源有限的社會中，羅爾斯的目標不是找出平均分配資源的辦法，而是如果一個人得到更多資源，要如何也能讓資源最少的人同時受益。

們，我才是我』。」

我們虧欠他人的不只是事物，而是我們整個生命過程。如果我們眞的認爲自己虧欠「他人」這麼多，就不會只滿足於做到「虧欠彼此」的最低要求；只要我們認爲可以減輕其他人的負擔，一定會把賣場的推車歸位。我們現在所做的，就是確定每次做決定的時候，都將「所有人的健康與快樂」當作首要考量，而不只是可能帶來的效益而已。

這個概念是南非哲學數百年來的核心概念，不過義務主義這種將道德與他人關係綁得那麼緊密的概念，在西方哲學卻沒那麼主流。我們沒有要深入討論勒內·笛卡兒（René Descartes），但讓我們思考一下他那著名的啟蒙公式，也就是先前提過的「我思故我在」，這個概念當然是西方哲學思想的重要基礎。但如果我們把這句話和烏班圖的公式（我之所以爲我，是因爲有我們）比較，欸天啊，眞的差很多。笛卡兒只憑自己的意識，就證明自己存在；而烏班圖則認爲我們的存在是因爲他人的存在。也許有人可以寫一本有趣的書，討論這兩種思想會孕育出怎樣的文明、法律、和公民。我才不要寫，聽起來太難了，讓別人寫吧。

重點是，目前爲止我都用相當簡明、智慧的方法來討論契約主義理論，就像在董事會上大家嚴肅提出規則然後投票一樣。不過潘蜜拉曾跟我說，可以用一種更溫暖、更模糊的方式來討論契約主義。斯坎倫要我們向身邊的人宣布：「我知道你在乎我，也明白我能夠否決整個系統的規則；而你也知道我也以同樣的方式對待你，且我們彼此都知道彼此有這個想法。」斯坎倫要我們創造一個道德系統，讓「互相知道彼此在互相尊重」。這種新的道德詮釋方式雖然還是沒有烏班圖那麼厲害，但還是有效抑制我們內心的利己主義，並將我們與他人（不管認不認識）的關係擺在我們個人良善量表的中心。如果我們能夠做到這點，要當個混蛋還真的很難。

只做到基本要求：（顯然）還是對某些人太過苛責

新冠肺炎爆發這一年多以來，一直有件很令人擔心的事情：沒人想戴口罩。或者應該說，沒有人真的想戴，但有幾百萬個笨蛋還真的不戴。斯坎倫的書是在一九九八年出版的，但如果他寫書的時間是現在，我猜他對這些笨蛋的批評絕對不會少。戴口罩很煩，但大概就像在賣場停車場將推車歸位一樣，這兩件事都比什麼都不做還費力，但其實也沒費力多少；而如果我們檢視一下戴口罩的好處與壞處，就會發現不戴真的很蠢。我們基本上只需要：花兩塊錢買口罩，在出門的時候戴上。誰會因此受惠呢？全世界的人。怎麼說？社會將更快恢復正常，而且大家都不會生病或死掉。詭異的是，這場全球性的瘟疫竟然是說明契約主義的理想時機，此時我們虧欠彼此的東西非常容易辨認，而且無窮小；益處則是無限大。我曾經說過，我們可以透過契約主義指出那些感覺不合理或自私的行爲，快又有效。每次我在電視上看到有人在塔可貝爾（Taco Bell）餐廳前面大喊戴口罩是一種迫害行爲的時候，我都會馬上想到：「你不理性，我拒絕你的規則。」（當然，對於烏班圖的執行者而言，宣稱我們不必所有人都戴口罩，是一件相當愚蠢的事，畢竟口罩的主要功能不是保護我們，而是在我們生病的時候保護他人，口罩根本就是烏班圖的化身。）

斯坎倫的書也許很難懂，但他的理論卻相當優雅且單純。有一次斯坎倫甚至當面71跟我說，他的老師德里克．帕菲特（Derek Parfit）覺得他的理論太單純，單純到不太有說服力。帕菲特可能是這五十年來最重要的哲學家，他一直催促斯坎倫寫書。等到斯坎倫好不容易把契約主義的初稿拿給帕菲特看的時候，他竟然說：「提姆，你寫的根本不是道德理論，你只是在描述自己的個性吧。」（哲學家也有很像混蛋72的時候。）但我不這麼認爲。在權衡我的決定、以及如何回應他人的時候，我認爲契約主義是一個相當可靠的道德指引。不過我們還是要記得，契約主義只提供我們一個最低標準，來建

71 炫耀自己認識有名的哲學家，會不會比炫耀自己認識好萊塢明星更討厭？我以前不這樣認爲，但現在我覺得好像有可能。但我還是說了，因爲我眞的見過斯坎倫，超爽的。怎樣？告我啊！

72 托德說：帕菲特對道德採取的是客觀主義，他認爲一切都有客觀的對與錯，和我們對事物的反應無關。而斯坎倫則是契約主義者，他認爲一切對與錯的根源都是我們（理性）的判斷。所以從帕菲特的觀點來看，斯坎倫的道德根基太過主觀。好，我還是覺得他是個混蛋。

構一個友善的社會。我們決定這個最低標準是什麼以後，如果眞的要讓自己和他人的生活過得更好，就必須更加努力。

我們的軍火庫裡面已經有相當齊全的裝備了，包括德性倫理學、義務倫理學、功利主義、契約主義、烏班圖等等……我們火力很強大！但目前爲止我們都還在問相當單純的問題：我們可以無緣無故打人嗎？我們應該說謊嗎？我們要把東西放回原位嗎？接下來的問題將會更難、更討厭。我們會需要應用目前學到的重要理論，以及即將學到的新理論才能回答這些問題，但難度還是會越來越高。

但是不管再難，我們還是要試試看，對吧？

PART 2

我們要開始根據所學，問一些困難的問題，同時嘗試回答這些問題；當然還有很多很酷的內容。

CHAPTER 5 我是否應該衝進火場，將所有受困的人救出來呢？

美國參與二戰的時候，傑克．盧卡斯（Jack Lucas）僅僅十三歲。兩年後，他謊報年齡、僞造母親的簽名，加入美國海軍陸戰隊，而他所屬的單位在一九四五年登陸硫磺島作戰。傑克滿十七歲後才不到一個星期，就有兩顆手榴彈掉到他所處的壕溝附近。當時只有他看到這兩顆手榴彈，所以他把同袍都推開，自己跳到一顆手榴彈上面，再把另一顆拉到自己身體的下方。後來手榴彈把傑克炸飛，落地後已然奄奄一息。但即使他全身被兩百五十片手榴彈碎片刺傷，他還是奇蹟似地活下來，最後竟然能夠恢復健康，並因爲英勇的行爲[73]而獲得榮譽勳章。

73 傑克的瘋狂事蹟還不只這樣。一九六一年他參加執行傘兵訓練任務時，兩個降落傘都壞掉了；一九七七年，傑克的老婆花錢找人在傑克的啤酒裡下毒，並計畫用傑克的槍把他殺掉，讓一切看起來像是自殺；但後來有人向警察告密，傑克把被下藥的啤酒調包，揭發了這個陰謀。傑克幸運躲過這兩次劫難，後來在二〇〇八年過世，享壽八十歲。

雖然傑克的事蹟相當精彩且英勇，但這種軍隊英雄故事……對我們的影響有限。在戰場上表現英勇的軍人看起來不像一般人，雖然他們其實也都是一般人，不過他們面對的是我們多數人無法想像的場景。不過，我們可能都聽說過一些更平凡、跟我們更像的人，在日常生活中表現英勇的故事，例如跳到地鐵軌道拯救跌倒的人，或是跑到高速公路的車道拯救迷路的烏龜等等。這些故事對我們的影響可能會更深，因爲更貼近我們的自身經歷。我們會思考自己在同樣的場景下，是否會做出一樣的行爲。我們可能會暗地裡想著：「天啊，還好那位女士挺身而出，我才不要冒著生命危險去救一隻沒方向感的烏龜！」然後我們可能會有點自責，因爲我們發現自己沒那麼勇敢。最後我們會壓根把整件事給忘了，並把精力都花在觀賞 YouTube 影片，看看那個年輕人因爲疫情被隔離時，在家裡建造出很酷的魯布·戈德堡（Rube Goldberg）機械。74

身爲人類，我們有幸能有一種驚奇的體驗，就是可以看到他人做到不可思議的美德。我們都聽過勇敢的倫敦人在一九四〇年遭受轟炸時，還是堅強地走過瓦礫堆來開店的故事；我們都看過天安門廣場上那個男人，獨自站在坦克車前面的影片；我們也看過一些女性甘願冒著生命危險並賠上心理健康來面對殘忍的暴行，只爲了不讓他人受到類似的對待。因此，我們知道有人能夠做到這些事，能夠那麼勇敢、英勇、剛毅、慷慨、同理，就好像有人能夠完成四英里的跑步，或徒手攀爬岩壁一樣。不過幸好，我們多數人都不會面對到這種狀況，甚至連在高速公路上拯救烏龜都不會遇到。但如果我們想當好人，還是需

74 然後我們會再次感到自責，因爲我們根本設計不出那種東西！怎麼會有人設計得出來啦！？

要先瞭解在這些極端的狀況下，應該如何反應；而我們更想知道的是，要當好人是否眞的要做出這些英勇的行爲。瞭解這些美德的限制，可以讓我們更明白怎樣的行爲才恰當。從實務的觀點來看，我們到底要做到多好，才能眞正成爲好人呢？哪些行爲是所謂必要的良善？哪些行爲又屬於「你做的事情很了不起，但就算我不做，我也不算壞人」呢？換句話說，如果我們看到著火的建築物，就算沒衝進去救人，我們也不算壞人，對吧？本書的英文書名確實有提到完美，但當個好人不一定要完美，對吧？

……是嗎？

道德完美：一則警世故事

我們其實大概都知道答案了。如果想奉行康德主義，我們的行爲確實在某種程度上必須「完美」。康德的義務倫理學是所有學派中最非黑即白的一種，因爲康德就是一名絕對主義者。我們甚至不需要考量所謂著火建築物這種極端的假設，就知道我們一定無法通過康德的標準。因爲不管情況多平凡或多瘋狂，如果我們沒有提出普遍準則並遵守這個準則，我們就失敗了，而康德也會繼續對我們搖著他搖不完的頭，但我們還是來看一下著火建築物吧。跟之前介紹義務倫理學的時候一樣，我們如果用不同的方式來敍述準則，可能就會發現遵循康德主義所需的勇敢程度不一樣。舉例來說，如果我們的準則是「如果我們有機會拯救他人，就應該犧牲自己的安全」，那……就把手帕摀在臉上然後衝進火場吧；但如果準則是「爲了拯救他人的性命，我們必須迅速、果斷」的話，我們可能只需要打一一九，請專業人士來處理就好。但如果最近的消防單位距離我們一小時路程怎麼辦？我們的準則是否必須考量消防隊趕來救援的便利性呢？還是有其他因素必須考量呢？

毫無意外，我們現在遇到的，就是先前討論過康德思想遭受批評的地方：他要我們透過純粹理性來建構這些愚蠢的準則，但這件事實在難如登天。對我來說，任何道德系統最重要的地方，就是要能應用於眞實生活。我們當然有時候會有時間和耐心來進行康德式的論述，但也有很多時間沒辦法。如果房子已經著火了，然後我們還要建構恰當的普遍法則來拯救那些可憐的人……我完全可以想像他們會透過窗戶大喊：

「救命！我們被困住了！」

「好，等一下，先等我們釐清是否有道德義務拯救你們！」

「我們完全明白！只要確保你們遵守義務主義準則就好！」

「謝謝你們的體諒！大概三四十分鐘後就會給你們答案！」

既然康德主義者在極端情況和無聊的日常情況下，都會使用一樣的道德論述方法，而且都很難得到結論，不如讓我們用功利主義的角度，來看看會得出什麼結論吧。我們之前討論過，功利主義的行爲很容易在單純的狀況下決定，但如果狀況複雜就會比較困難，而房子著火是比較偏複雜的狀況。這是一個需要救命的狀況，就和列車問題一樣，但更困難的地方在於，我們不知道是否能成功拯救受困者。列車問題的結果很明確，而且也能算得很清楚（殺一人或殺五人），但現在……誰知道會怎樣呢？也許所有人都會得救，或是所有人都死掉，或是有些人會得救但我們自己死掉，或是沒有人得救而且我們自己死掉，這也太糟了吧。但是從嚴格的功利主義角度來看，如果我們有機會拯救多條人命，就應該去做……對吧？能帶來越多的幸福不是越好嗎？就算我們會死，不也是一樣嗎？就算房子著火是一個很可怕的狀況，而且我們對於火場評估一無所知、我們完全不知道該怎麼辦、自己的身體狀況也不好、昨天連美乃滋罐頭都打不開，所以我們看起來根本不可能完成在火場救人這種英雄事蹟，但我們還是應該要衝進去救人，對吧？壞消息：根據最嚴格的功利主義規則，我們應該冒著一條生命的危險（我們自己的生命），盡可能拯救最多人脫離著火的房子。如果眞的是這樣，如果我們眞的想當良善的小小功利主義者，不就應該買一台警用無線電，然後聽聽看哪裡有房子起火，然後立刻衝去拯救那些人嗎？你想想看，我們任何人現在在做的任何事情，應該都不可能比救命產生更多的幸福吧？

現在我們又發現一個可以批評功利主義的地方了：如果我們以無限上綱的方式遵循結果主義，也就是我們所有的行爲只爲了讓所有人得到最多的快樂，這時候我們就陷入一個很大的詭雷，稱爲「快樂幫浦」（happiness pump）。

讓我們舉個例子，說明完全採用結果主義的世界觀，會發生什麼事。某天我們在路上撿到五塊錢，而我們沒有這五塊錢也不會怎樣，所以決定用這些錢讓世界變得更好。我們上網找到一間執行力很強的慈善機構，可以用五塊錢買到一片蚊帳，送到南撒哈拉非洲，讓當地的一名孩童免於感染瘧疾，拯救他的性命。用五塊錢拯救一條人命？太划算了吧！這時我們的成就感爆棚，看了看戶頭，發現裡面還有三千塊。我們已經繳了這個月的房租、目前有穩定工作、也沒有很急迫的健康問題，所以這些錢目前並不是非常重要。三千塊可以買六百片蚊帳，這樣可以多拯救六百條人命！因此我們把所有的錢都捐出去。然後我們在家裡看到一堆不需要的老舊衣服、書籍、和家具，把這些東西都賣掉以後，用得到的錢再買更多的蚊帳。接著我們發現，其實自己好像也不需要車子，可以用走的去上班，也可以搭共享汽車到任何地方。而且，如果有那麼多孩童正受瘧疾所苦，我們怎麼還能開車呢？這樣太不公平了。所以我們把車子也賣了，再把這些錢捐給買蚊帳的慈善機構。後來我們連房子也賣了，把錢都捐出去，然後搬去跟朋友一起住。然後我們又發現：「欸，我有兩顆腎臟，而我只需要一顆……」

概念就是這樣。

經典的功利主義告訴我們當一個好人的簡單規則（盡可能讓快樂和愉悅多於痛苦和折磨），但沒有眞的告訴我們什麼時候要限制這些創造良善的行爲，以維持我們的基本生活品質。我們在《良善之地》中創造一個叫做道格・佛西特（Doug Forcett）的人，他無所不用其極創造出最多的快樂，例如只吃自己種的小扁豆，因爲種植過程幾乎不需要水分。道格甚至對一個年輕惡霸言聽計從，而這個惡霸後來也發現了；而且對道格來說，做這些事情會讓這個惡霸開心，所以道格就一直照做。如果我們對功利主義的世界觀無限上綱，很可能會變成這種「快樂幫浦」，基本上就是一顆為他人創造快樂的電池，但犧牲的是自己的快樂。我們對功利主義行為設下的任何限制，都相當武斷且主觀，而我認為這樣就降低了功利主義作為我們行為準則的實用性。如果發明功利主義的人都沒有告訴我們何時該停止……我們到底什麼時候應該停止？

當代著名哲學家蘇珊．沃爾夫（Susan Wolf）在一篇叫做〈道德聖人〉（*Moral Saint*）的文章中討論功利主義，她對於到底什麼叫做「道德上完美」提出質疑。沃爾夫寫道：

> 「對道德聖人來說，促進他人的福祉和促進自己的福祉一樣，就是依靠物質享樂、參與我們喜歡的智識與身體活動、以及得到我們敬愛、尊敬、欣賞對象的愛、尊敬、與陪伴。這麼一來，道德聖人的快樂就取決於他人的快樂，所以他會相當樂意、全心全意為他人奉獻。」

沃爾夫用另一種方法來說明「快樂幫浦」這個概念：這些人的預設模式並非「保護自己」，而是「保護他人」，也就是把自我和他人整個反轉過來。如果我們從這個角度切入，快樂幫浦的概念就沒那麼糟糕了，甚至和烏班圖有點像。但是如果要達到這種道德聖人的境界，我們必須隨時隨地都不遺餘力保護他人，這樣根本就不可能做到。舉例來說，我們正在和好朋友卡爾吃午餐，剛好看到對街一個女生很苦惱，因爲她遇到故障的停車收費機。這時候我們就必須衝去幫她的忙……除非這樣會讓卡爾難過，因爲他正在抱怨和家人之間相處的問題，此時幫助對街女生處理停車收費機，會對卡爾造成更多的痛苦，甚至多於那個女生接受幫忙所得到的快樂……不過就在我們進行這些計算的時候，剛好聽到別人講到密蘇里州發生了水災，數千人被迫撤離家園，而這些人現在的處境都比卡爾或那個女生還慘，所以我們馬上衝到機場……這種永無止盡的功利主義計算，會讓我們根本無法過正常的生活。

這種人會有什麼結局？如果我們唯一的目標是做到道德聖人的境界，要如何好好當個一般人呢？沃爾夫也很擔心這點。

「如果道德聖人把所有的時間精力，都奉獻於解決飢荒、治療疾病、或幫樂施會募款，那他就一定沒時間讀維多利亞時期小說、練習雙簧管、或增進自己的反拍技巧……但如果一輩子都不做這些事情，這種人生是多麼的貧乏……而道德聖人其實也很難……對烹飪等事物產生興趣。因爲似乎沒有任何理論可以證明，做出脆皮鴨肝所需的自然資源，若用在其他地方不會得到更多的益處。」

道德聖人不能看電影、打網球、學阿拉伯文、或做出脆皮鴨肝（誰知道這是什麼東西），因爲這樣會奪走他寶貴的道德聖人活動時間。而如果沒有這些讓生活更豐富的活動，道德聖人一定會超級無聊。沃爾夫用輕鬆有趣的筆觸寫道：「一名道德聖人必須非常非常善良，而且不能有一絲一毫的攻擊性。所以比較令人擔心的地方，就是他一定非常不聰明、不幽默、不有趣。」說得眞好！一個人如果自我否定到別人認爲不好笑的東西就都不笑、別人不同意就不敢用自己的方法探索世界，就是個廢人。

更不用說根本沒人會想跟只有一種興趣的人當朋友，不管這個人唯一的興趣是讓道德完美，或是游泳、吹奏風笛都一樣。我們每個人都是獨立又多元的個體，應該自由追尋與探索自己所愛；如果我們不花精力去灌溉這個人性的花園，根本就不能算是人。換句話說：不要把所有事情都跟道德綁在一起。（沃爾夫說：「每個人能忍受的道德，似乎都有極限。」）人類的成就很酷、很有價值、很令人讚嘆，而如果我們發現這些珍貴的成就無法和完美道德共存的時候，乾脆就放棄道德聖人這種堅持吧。因爲如果一輩子都堅持要成爲道德聖人，我們就會變成一顆無聊又失去方向的電池，生命唯一的目標就是消耗自己來爲他人提供電力。75

我們現在要回答的問題（我們必須具備的道德上限爲何？）似乎屬於

75 沃爾夫的文筆非常好，她針對這個主題的論述相當優雅。她認爲道德聖人有兩種：理性聖人（採用康德理論）和愛心聖人（採用功利主義），而她明確指出兩種聖人都在自欺欺人。理性聖人不可能將「讓其他人盡可能開心」這個準則普遍化，因爲如果每個人都以此爲目標，那我們所有人就是站在一個大圈圈裡面，等著他人出問題讓我們解決，因此所有人都不會有任何動作。（還記得嗎？康德自己也不認爲有帶來快樂的普遍準則，因爲我提過的「夏威夷披薩與嗆辣紅椒問題」，也就是不同的人會因爲不同的事情而感到快樂。）而如果我們全都變成功利主義的愛心聖人，爲了他人的快樂而否定自己的快樂，自己就會變得不快樂，因而讓全世界的整體快樂減少，這樣反而和我們的目標背道而馳。

德性倫理學的範疇，因爲康德和彌爾想知道的是「我應該怎麼做」，而亞里斯多德問的則是「我應該成爲怎樣的人」。我猜康德和彌爾想讓問題變得實際一些，試圖提供我們眞正的行爲指導原則，讓我們在面對難題時可以套用。但這些以原則爲基礎的理論，有時候也會失靈，甚至讓我們做出瘋狂或詭異的決定。亞里斯多德則認爲，如果我們可以全心全意成爲具有美德的人，自然就會做出好的決定。亞里斯多德「練習成就完美」的方法（更準確來說，應該是「持續練習會讓我們逐漸接近完美」，但這樣聽起來比較不厲害），其實包含一個關鍵的問題：「我到底要變得多好，才能當個好人？」

根據黃金方法，每一種美德都有上限與下限，也就是翹翹板兩端的極端之惡。舉例來說，勇敢過頭的軍人可能變得魯莽而愚蠢，他會往山上猛衝，試圖以一人之力對抗敵軍；而如果軍人太不勇敢，就會在剛開始遇到麻煩時嚇到尿褲子，甚至拋棄同袍。所以各種美德最理想的狀況，就是在過剩與缺乏之間達到平衡。因此現在我們不要把美德當作翹翹板，而是要當作拔河，想像繩子中間有一面旗子，會隨著兩邊的纏鬥而往兩邊反覆移動。兩支拔河隊伍就像是道德的極端之惡（例如懦弱和魯莽），而那面旗子就是勇敢的黃金方法。如果一切完美平衡，旗子就會因爲兩個極端張力相同，留在繩子中間；但如果其中一邊拉得比較大力，旗子就會開始移動，這時候另外一邊就必須更用力拉，才能讓旗子回到中間。所以如果要達到黃金方法，我們必須稍微展現出「類似極端之惡」，才能維持美德的平衡。換句話說，如果有人想追求勇敢的黃金方法，他就必須偶爾加入一些懦弱，否則他就會變得太魯莽。

倫敦國王學院古典學系教授伊迪絲・霍爾（Edith Hall）將亞里斯多德理論的這個面向解釋得淋漓盡致：

「我認為我自己的缺點包括沒耐性、魯莽、太遲鈍、情緒化、愛計較。但是根據亞里斯多德的黃金方法，這些特質只要適量，都不會有問題，畢竟從來沒有失去耐性的人，沒辦法把事情做完；從來不冒險的人，生活經驗肯定有限；從不面對真實情緒、也完全不表達痛苦與喜悅的人，心理和情緒一定都很遲緩或貧乏；而如果從來不對傷害自己的人以眼還眼，就表示在自我欺騙，或太低估自己的價值。」

也就是說，亞里斯多德沒有要我們成為完美的小小道德聖人，隨時都在微笑、從不發脾氣、還要討好師長。其實這種人反而無法達到真正的目標美德，而且一定超討厭、超無聊。會有人想當這種人嗎？每天坐在那邊，所有面向都很完美，顯得一副很威風的樣子，或者，更糟糕，其實他看起來根本一點都不威風，因為他實在太完美了，完美到不會顯現出任何的優越感。他怎麼可以不對我們逞威風？他最討厭了啦！

抱歉囉。重點是，我們需要「不完美」的特質，只要程度適中，不會太多或太少，也不會造成傷害就好。對亞里斯多德來說，這些所有的行為、尋找、和方向，都只有一個目的：達到「茁壯」的狀態。不過對我來說，不完美特質還有一種更實用的好處：就是我們可以（甚至需要）擁有一定程度的極端行爲，讓我們在追求美德的同時減少一些壓力。以另一個日常休閒常見的事物來比喻：德性倫理學就像保齡球道上爲小朋友設置的柵欄，可以避免洗溝；就像我們如果太偏向某個極端，對黃金方法的追求就會把我們推回更適當的路徑。瞭解到我們不需要完全勇敢、完全善良、或完全慷慨後，追求完美的這條道路雖然還是很艱辛，但似乎讓我們看到一道曙光。

不要爲了一個不認識的小提琴家犧牲你的人生

我們現在要討論的思想實驗，是茱迪絲・賈維斯・湯姆遜提出的「小提琴家問題」。湯姆遜（1929-2020）對列車問題的貢獻，相信大家記憶猶新。她曾經提出一個狀況：一個叫做梅格（Meg）的女人，每天起床時身邊都有一位知名小提琴家，叫做阿曼多（Armando）。阿曼多患有腎臟病，情況越來越糟，而剛好只有梅格的腎臟與阿曼多的身體相容，所以音樂愛好者協會（Society of Music Lovers）就綁架了梅格，要用梅格的健康來拯救阿曼多的性命。該協會告訴梅格，她必須無限期與阿曼多保持聯繫，因爲阿曼多是世界級的小提琴家，他的音樂爲相當多人帶來快樂，所以……抱歉囉梅格，妳現在唯一的任務就是當一台血液透析機，讓這位生病的小提琴大師保持健康。**76**這個要求合理嗎？相信多數人都認爲不合理，甚至也會開始注意音樂愛好者協會的其他成員，是否有任何不尋常舉動，畢竟這個協會的人，顯然比協會的名字聽起來更危險。

不過，嚴格的結果主義者可能會認爲，梅格應該接受一輩子當人體血液透析機這個宿命，畢竟阿曼多可是擁有數百萬粉絲的小提琴家！阿曼多的音樂帶給這麼多人快樂，反觀梅格又做了什麼呢？哦，原來梅格是蓋可（Geico）公司的人資代表，好棒棒。但阿曼多曾經和倫敦愛樂樂團（London Philharmonic）一起表演過德弗札克（Dvořák）的〈A小調小提琴協奏曲〉，而且演奏得非常好。梅格妳有這個經驗嗎？還是乖乖當一個人體血液透析機吧。（當然，嚴格的結果主義者還必須考量一件事，就是知道這件事情的人會因此得到多少痛苦……諸如此類。）

康德主義者則會對這整件事情嗤之以鼻。你現在是不是把一個人當作達成目的的方法，而不是當成目的本身？阿曼多之所以能夠活著，根本就是利用梅格整個人的存在；或是說梅格根本就是阿曼多的人體拐杖，這樣不行，眞的不行。康德主義者會有話想對音樂愛好者協會說，也有話想對執行手術的醫師、醫院清潔人員、以及幫醫院自動販賣機補貨的人說。康德主義者對所有人都有些話要說。

亞里斯多德的看法會跟康德一樣，認爲不能強迫梅格在非自願的情況下，永遠把她的腎臟奉獻給阿曼多，但兩者的理由不同。亞里斯多德可能會說，自我犧牲也要有限度，因

76 湯姆遜沒有說明阿曼多如何在醫院洗腎時，還能繼續演奏小提琴。不過我們就先別管了。

爲如果爲了茁壯而太傾向幫助他人（變成一個快樂幫浦），可能就無法眞正讓自己茁壯。一定程度的「自私」77，對我們來說可能很不錯，甚至可能很必要，因爲如果不自私，就表示我們並沒有妥善珍惜自己的生命。如果人類最終的目標是茁壯，我們就必須稍微保護自己，不要讓自己受苦。任何人都應該展現出適當程度的「自私」，例如：「我沒有義務在犧牲生活與快樂的情況下，將我的泌尿系統借給一個我不認識的小提琴家。」

在我們變得更好的這段旅途之中，我看起來好像比較傾向選擇亞里斯多德當我們的嚮導，但其實不是。我認爲所有學派都有可取之處（亞里斯多德也有自己的問題，例如他非常認同奴隸制度。我知道他是兩千四百年前的人，但……拜託你不要那麼喜歡奴隸制度好嗎？）。衝進火場試著拯救所有人，確實非常勇敢，但不管是哪個學派，都不會認爲我們在道德上必須這麼做，尤其是在生存機率（你和受困者）無法計算的情況下。78我們不可能將以下這種準則普遍化：「我們應該隨時冒生命危險來拯救他人」，因爲這樣會導致我們一直介入他人存活機率其實很低的狀況。而我們如果爲了成功而冒很大的風險，其實也不能說我們正在「將利益極大化」，畢竟我們根本不夠格評估火場的危險性，所以也不能眞正在這種狀況下救

77 湯姆遜設計出這個思想實驗，目的是要討論意外懷孕的墮胎議題，毫不畏懼這個棘手的政治議題，而她的結論應該不難猜。福特也在一篇一九六七年的文章中率先討論這個議題，標題是〈墮胎的問題與雙重效應原則〉（*The Problem of Abortion and the Doctrine of Double Effect*）。

78 就像所有與道德相關的討論一樣，這裡的計算其實也要看情況。我們是否是正在值勤的專業消防隊員？如果是，那我們就該衝進去，因爲這就是我們的工作。就像列車問題一樣，我們要嘛是職業列車駕駛，要嘛就是旁觀者。我們在特定狀況中扮演的角色非常關鍵。

人。而且就像亞里斯多德提過的那位過度勇敢、試著一人單挑對方所有人的軍人一樣，如果我們就這樣不顧一切衝進火場，一定會被貼上一個勇敢過度的標籤，根本已經是魯莽。美德其實和任何事情都一樣，是一種權衡：勇敢很好，但愚蠢就不好了。

所以到頭來，我們必須做的事情還是有極限的；道德完美根本不可行，也絕非合理的目標。但如果我們眞的衝進火場，成功拯救所有受困者呢？我們可能是在極短時間內就找出一個普遍準則，然後立刻遵守；我們也可能非常想爲社會帶來最大的快樂，讓我們決定冒險救人；我們也可能覺得救人並不表示我們過度勇敢……反正我們就是做到了！大家都跑來拍拍我們的背，讚嘆我們的勇敢（或許也讚嘆我們找出普遍準則並遵守的速度）。有人拍下我們從火場中跑出來的畫面，我們看起來超狂，根本就是現代版的超級英雄，冒著生命危險拯救他人。我們看著照片，臉色因爲英勇行爲分泌腦內啡而脹紅的同時，我們的IG帳號開始呼喚我們……

「貼文吧……你太帥了……快貼文……」

CHAPTER 6 我完成了一件無私的事情，但我能得到什麼好處？

幾年前，我發現自己有一個行爲相當尷尬。我家附近有間星巴克，我每次去都會買一杯中杯咖啡，價錢是一．七三美元。我都會付現，而我每次都會把找的零錢投進收銀台旁邊的小費箱。不過……我並不只是純粹把錢投進去而已。店員把找零交給我以後，都會轉身去拿咖啡；我都會等到他轉回來的時候，再讓他看到我很慷慨地把二十七分錢投進小費箱。

在我大概做了一百次以後，我突然發現自己有這個行爲，然後我的腦海中就浮現一堆問題：爲什麼我在做這個微不足道的善行時，會需要別人看到？我是否渴望這二十七分錢的小費，可以讓我變得更有道德？還是我害怕如果他沒看到，他會覺得我都不給小費？捐獻給慈善機構（意義不太一樣，但有關聯）是否有類似的概念？匿名捐獻能帶來更高的道德價值嗎？如果是，不是很討厭嗎？你想想看，如果你不讓這些機構把你的名字放在捐獻名單上，就沒人知道你是個好人了！

不管原因爲何，至少我確定一件事情：我眞的很瞎。小費給二十七分已經夠瞎了，只在別人看到的時候才給小費，又更瞎了。（整件事情唯一可取的地方，就是我對這件事情的思考，直接造成《良善之地》的誕生。）這件事情又讓我再次思考我到底在做什麼、以及我爲什麼要這樣做。我四處尋找我會這麼瞎的原因，最後我想出了一個概念，叫做道德沙漠。79

人類對金色星星永無止盡的慾望

在哲學中領域中，所謂「沙漠」就是找出人們在不同狀況下所做的不同行爲，能爲他們帶來什麼，或他們應該得到什麼。道德沙漠的意思就是，如果我們做了好事，就應該得到獎賞，而獎賞可能以很酷的精神層次呈現，例如我們爲整個世界創造出的正向氛圍，因此靈魂得到滋養；有時候也可能是「金光閃

79 要先搞清楚的是，這裡所謂的沙漠，指的不是有駱駝出沒、又乾又沙的地方；也不是冰淇淋之類的甜點（和沙漠的發音一樣）。我所謂的沙漠，在語源學上的概念是「應得」某件事情，例如我做了 X，所以我應該得到 Y。其實要用冰淇淋來解釋也不是不行，例如「如果你吃完四季豆，就可以吃甜點」。不過道德沙漠這個哲學術語，當然不是來自甜點這個字。謝利・卡根（Shelly Kagan）的名著《The Geometry of Desert》就有探討這個主題，而這本書聽起來就像一名很酷的數學老師寫的書，說不定會用一疊 OREO 來教你圓柱體的概念。

閃的大獎盃」。關於人們在道德上應該獲得什麼、以及我們是否有責任給他們應得的東西（或至少讓他們更接近他們應得的東西），其實已經有很多人討論過。不過有時候很複雜、很難理解，甚至常常牽扯到數學，包含一堆圖表甚至邏輯矩陣。不過，我們要跳過這些複雜的東西，直接問一個最基本的問題：如果我們做出具有美德的行爲，我們是否「應該得到」獎賞呢？舉例來說，我在星巴克給小費的時候，有時候會覺得店員看到我那麼慷慨，他應該要對我表達感激才對。不過這樣一來，我就完全扭曲了給小費的概念，因爲我的目的變成自己得到獎賞，而不是把他人應得的獎賞給他。如果用這種心態來給小費……應該不太對吧？

我後來發現其實很多人都有類似的感覺，讓我還滿感動的。希望他人看到我們的良善，是一個數百年來都有人在討論的話題，而我針對朋友和同事進行的非正式調查也發現，許多人有和我一樣的怪癖：我們做好事的時候，都渴望別人的認可。我們就是想得到金色星星，我們想讓人家看到我們好的一面，而且是眞的看到。這件事情我完全可以理解，卻也同時覺得非常尷尬。（補充說明：有很多哲學理論都在討論尷尬的人類行爲和傾向。人類眞的是很奇怪的生物。）我們爲什麼會那麼渴望自己做的好事被看到？卽使這些好事如此微不足道？

除了從傳統「道德」的角度出發外，我們還可以從很多角度來看這件事，至少能夠比西方哲學中的道德看得更廣。我發現自己在做這件愚蠢、近乎可悲的事情（渴望得到值二十七分錢的道德沙漠）時，我問了自己一個在本書中一開始提到的問題：「我在做什麼？」至少在當時以前，我從來沒有這樣質問過自己，特別是在買咖啡這種再平凡不過的場合。不過在那次經驗之後，我開始相信我們必須常常質問自己，才能在日常生活中做出更好的決定。也因爲這個信念，讓我開始接觸釋一行禪師（Thich Nhat Hanh）的理論。

釋一行禪師（1926-）是一位越南僧侶，曾在一九六七年受到馬丁路德・金恩（Martin Luther King Jr.）博士提名諾貝爾和平獎。請再看一次這個句子：「受到馬丁路德・金恩博士提名諾貝爾和平獎。」你有聽過更厲害的事蹟嗎？如果是其他人，大概就會穿著一件衣服，上面寫著「我被馬丁路德・金恩博士提名諾貝爾和平獎」，然後站在路邊揮著一面旗子，上面寫著「我被馬丁路德・金恩博士提名諾貝爾和平獎」；但釋一行禪師只專注在越南繼續倡導和平，並試著幫助需要的人。他就是這麼棒的一個人。釋一行禪師在他數一數二有名的著作《The Heart of the Buddha's Teaching》中，分享這個故事：

「達摩祖師是中國禪宗的開山祖師。有一次漢武帝問他，如果在全國建立佛寺，能爲他賺得多少美德。達摩祖師告訴他：『完全沒有。』但如果你能夠帶著正念來洗碗、如果你建造佛寺時能完全專注在當下（不要去想其他事情，也不要管名

80 在《良善之地》的完結篇，奇迪對艾莉諾說了一段關於死亡的隱喻，就是受到釋一行禪師的啟發。釋一行禪師認爲人生就像海浪的生成，不管有怎樣的面向與特質，最後終將回歸海洋。水永遠都是水，而海浪只不過是有時候以不同形式呈現的水而已。所以海浪最終回到海洋的時候，我們不應該難過，反而應該高興才對。這個概念眞的非常漂亮且和平，我每次想到都會默默流眼淚。

聲或他人的認可），你的行爲就會爲你帶來無盡的美德，你也會感到非常快樂。」

正念是佛教哲學的核心，而釋一行禪師將正念定義爲「把我們帶回當下的能量」。這個概念似乎和信仰比較有關，但如果從我用很瞎的方式追尋道德沙漠的角度來看，正念的道德面向就顯現出來了。我之所以會做出這樣的行爲（確定我的「良善」行爲會被看到，才去執行），其實是因爲我想讓這個行爲產生其他功能。換句話說，我會在乎別人對我行爲的反應、以及我會得到什麼好處。這樣一來，給小費這個行爲已經不只是給小費那麼簡單，而是變成達到目的的手段，而這個目的相當自私。佛教哲學認爲，眞正的快樂來自對所做事情的專注，而且眞的是爲了做這些事情而做。

正念是個相當優雅且漂亮的概念，對西方哲學有非常深遠的影響。**80**

舉例來說，如果我們做事情的目的，是因爲想被別人認爲是好人，因而得到稱讚或其他道德沙漠，我們的行爲其實也不會讓康德這個斯多葛學派**81**的普魯士看門狗認同。康德會斥責我們，因爲我們的行爲並沒有遵循普遍準則，而且他也會認爲我們把接受我們行爲的人當作達成目的的手段，一個讓我們自我感覺良好、以及接受稱讚、認可的手段。

81 斯多葛學派是由一群古希臘、古羅馬、以及敍利亞的哲學家組成，他們很崇拜蘇格拉底，並試著讓人們脫離羅素所謂的「世俗慾望」（例如物質享樂），來達到更大的自由。我在這裡使用的斯多葛，純粹是取用字典上的意思，也就是「不在乎享樂或痛苦」；但有些很懂哲學的人讀到這個地方，看到我把「斯多葛」這三個字放在康德前面，就會馬上開始用長篇大論批評這本書，認爲我不瞭解眞正的斯多葛學派。雖然我重讀了羅素關於斯多葛學派的論述，我看到他說康德「跟他們很像」，我還是收回我的說法好了。我這邊用的斯多葛，只不過是一個精巧的哲學譬喻而已，因爲我超級聰明，而且對這個主題瞭若指掌。

不過，功利主義者可能會認爲，讓兩個人快樂比讓一個人快樂好，所以確保咖啡店店員看到我給他小費，反而是比較理想的做法，因爲這樣他會感到開心，我也會因爲我的慷慨（價值二十七分錢）被認可而感到開心。功利主義者可能也會認爲，店員最終還是會計算並注意到我們給的小費，所以店員不管有沒有看到我們給小費，他最後的快樂都是一樣的**82**，所以我最後所感受到的快樂，其實也和向我道謝的當下差不多。不過我還是可以從「看到店員看到我給小費」上面得到額外的快樂，所以整體算下來，讓店員看到我給小費，還是會增加整體的快樂。

至於亞里斯多德呢？其實我也不確定他會怎麼想。我這個行爲似乎不能完全用「美德」來說明，也許是驕傲有點過度？或是謙遜有點缺乏？（我可以確定的是，亞里斯多德主義者絕對會說二十七分錢的小費也太小氣了，應該至少也要給一塊，才比較接近慷慨的黃金方法吧！**83**）亞里斯多德可能也會說我又犯了我的老毛病：過度盡責。我的結論是，雖然我眞的想從店員身上得到讚美或脫帽致敬，但我更害怕他覺得我沒有給他小費，畢竟給小費這件事情在美國的餐廳是一項「規則」（或不成文規定）。我之所以會得到這個結論，是因爲我太太J. J.提醒我說，我們去巴黎度蜜月時，即使早就知道在歐洲的餐廳用餐不需要給小費（因爲服務費已經算在餐費裡面），我不管去哪裡還是都會給小費。當時我擔心的其實有兩件事：首先是我怕被認爲是很小氣、很自私的美國人；再來是我很怕破壞規則，即使我非

82 話又說回來，邊沁認爲「接近」這個概念很重要，所以店員越快看到小費越好。這點我們馬上就會繼續探討……

83 這種時候要注意脈絡的重要性。我是一位收入不錯的電視喜劇編劇，我老婆也很我一樣。所以二十七分錢的小費對我來說，實在是低了一些；但對於社經地位較低的人來說，可能就算很慷慨了。我們會在第十二章繼續討論這個話題。

常清楚我沒有破壞任何規則。（我給小費給到我們回到美國下飛機的時候，我太太還問我有沒有記得給機長小費。眞是太幽默了。）我給星巴克店員小費也是一樣，我希望他能把我的名字放在「優質客戶」的名單上。還記得我之前說過，我的過度盡責有時候會很討人厭嗎？你現在看到了。

不過，讓我們回到這個（相當有道理的）功利主義相反論述。我剛剛提到，店員看到我給他小費，會帶來「額外的好處」，他也會因爲自己的工作被肯定，而感到很開心。當然，他下班後計算小費的總數後，也會發現有人給他小費，但看到我給他小費，會讓他實際看到別人對他的讚許，這件事也會成爲我和他在這一天中的亮點，因此對我們都帶來價値。這個論點是來自我一位朋友，他在我們討論這件事情時告訴我的；我也因此開始思考更大規模的單向金錢交易，例如捐錢給慈善機構。捐錢和給小費顯然很不一樣，但兩者都與道德沙漠有關。在這兩種情況下，我們都把錢給了某人（或某機構），也都想要得到獎賞。我們都覺得自己做了一件很有道德的事，因此別人欠我們一個鼓勵或認可。雖然承認起來有些羞恥，但這種感覺相當眞實。我們就是想要別人認可！

猶太學者邁蒙尼德所著的《The Mishneh Torah》是一本十二世紀的巨著，裡面列出慈善捐獻的八個層級。其中最高的層級，是以匿名的方式把錢捐給你不認識的人（假設他們需要錢，也確實有資格接受善意）。稍微低一點的層級，包括以匿名方式把錢捐給你認識的人、以及在別人要求之前把錢捐給他們。而最低階的捐獻方式，就是邊翻白眼邊說

「呃，好啦」，然後丟二十五美分給一個挨餓的孩子。我當時給了二十七美分小費，其實只比這個狀況高一級而已，也就是「給得不多，但給得很樂意，還面帶微笑。」（當然，在星巴克給小費並不是捐錢，但這裡的重點不是行爲的細節，而是對於他人認可的渴望。）

如果慈善的最高層級是「以匿名的方式把錢捐給你不認識的人」，就代表如果我們捐一大筆錢給一群正在努力脫貧的阿肯色州鄉村居民，就不能讓他們知道是誰捐的錢。但是這個匿名行爲（讓我們更有道德，或許吧）也會影響其他人，因爲他們在捐款名單上只會看到「無名氏」。也許這樣很不錯，可以傳遞出一個訊息，就是這次的捐獻行爲符合釋一行禪師所謂的正念，而大家都會受到這個爲捐獻而捐獻的行爲啟發，不會在乎認可或榮譽。但還有很多人（當然也包括我）如果看到「無名氏」，就不禁會想：到底是誰！？洛杉磯有一個博物館，每次我們家小孩讓我們快發瘋的時候，我們就會帶他們去，目的完全就是要讓他們有事做。博物館牆上有一個清單，上面列出金額高達數千萬的禮物，其中有些是來自於無名氏。我每次看都會忍不住想知道到底是誰捐的！我眞的不知道爲什麼，也許一部分是出自懷疑，會不會捐禮物的人，其實是逛博物館的洛杉磯民衆不喜歡的人……一部分是出自於世俗的八卦心態，單純想知道這些錢是誰捐的……一部分則是出自於道德上的好奇心：是誰做了這等好事？

針對匿名捐獻的相反論述，最重要的地方就是：如果捐獻者是喬治·克隆尼、歐普拉、或勒布朗·詹姆斯之類的名人，而且他們也公開宣布自己是捐獻者，這樣會帶來多少的額外好處？以及名人公開捐獻，會帶來多少的關注？這兩個問題的答案都很明顯，其實非常多。甚至不需要是名人：如果我們捐了一千元給阿肯色州鄉村居民來幫助他們脫貧，而我們的朋友、同事、家人看到了我們的行爲，也許他們也會受到啟發然後捐錢。我們一定能找到黃金方法，在「完全匿名」與「上傳自拍照，照片中的自己拿著一張大大的支票，還寫著**#我眞棒**、**#比你棒**、**#慷慨到你會怕**」之間，找到平衡。

功利主義者得一分！

匿名捐獻固然有良善、純粹、以及正念的成分。在這個情況下，重點在於捐獻本身，其他事情都不重要。老實說，關於匿名性的好處，比起康德的「規則與規範」理論，我更喜歡佛教的人道解釋。但在思考很長一段時間後，我內心功利主義的部分還是贏了。（看吧？早就跟你說我不是只喜歡亞里斯多德！）慈善捐獻的目的，是將金錢轉移所帶來的快樂發揮到最大。需要捐獻的情況常常很危急，例如錢可能會用在緊急救災時提供食物、住處、或醫療。如果這時候還要求動機的純正，似乎就是爲限制而限制了。換句話說，我才不在乎你爲什麼要捐錢，重點是你有捐錢。（當然也要合理，我們稍後會討論。）對我來說，嘗試帶來最大好處的功利主義，在這邊似乎較令人信服。

讓我舉個例子：我曾經參加過一個奢華的慈善盛會，每年都會致敬一位好萊塢大亨。致敬這些大亨的目的並非獎勵他們的奉獻（畢竟他們在接受致敬以前，根本就和這個慈善盛會一點關係都沒有），而是要讓他們發揮自己的影響力，讓其他好萊塢的人捐錢。如果一位叫做史考特的政治掮客打電話跟人家說：「我正在接受一場慈善晚宴的致敬，你有沒有興趣幫我買張桌子？」大家都會說好，因爲史考特這個政治掮客竟然打電話給他們，讓他們受寵若驚；他們也會跟朋友炫耀，說史考特是他們的老朋友。（他們會說：「我們認識很久了啦，其實這週末本來就打算在一場慈善宴會跟他見面。」）我參加盛會的那年，致敬的對象就是一位厲害的掮客，我們先叫他喬許（Josh）。我找了一位與慈善基金會關係密切的朋友，問他爲什麼要致敬喬許，他跟我說前一年他們曾經致敬喬許的競爭對手格雷（Greg），而格雷幫他們募得史上最高的金額。他們認爲如果致敬喬許，會激發他蜥蜴腦中的競爭本能，迫使他比競爭對手募得更多的錢。然後我就問：「眞的有效嗎？」我朋友笑著跟我說，他們打電話給喬許的時候，甚至連慈善募款都還沒提到，就聽到喬許大喊：「格雷去年募了多少錢？」然後他馬上就接受我們的致敬，承諾我們會募到更多錢。他還眞的做到了。

如果是爲了慈善募款，「超越對手，並建立好萊塢中的阿爾法男性優越感」似乎不太理想。這種動機可能在邁蒙尼德的淸單中敬陪末座、一定不會通過康德的測試、而且也距離佛家的正念非常遙遠。但我同時也認爲：這很重要嗎？喬許確實爲了做善事募得了很多錢，如果他因此自尊心爆棚，也不會怎樣吧。現代世界的慈善捐款是一場數字遊戲：數十億人都需要他人捐獻，但錢只集中在極少數人手上。既然這是一場數字遊戲，功利主義就比其他道德理論更有參考價值。如果在合理範圍內忽略一切、只在乎結果（總共募得的錢），能讓世界變得更平等，我覺得這樣也很棒。

很多倫理學家一定很不屑這個論點，他們認爲道德的重點就是區分好與不好的行爲，如果你忽略人們做事的原因，你根本也沒資格談論道德。那我們就來區分一下吧：從慈善的角度來看，我根本不在乎人們捐錢的動機，我在乎的是我們如何評價這些人。針對不屑這個論點的倫理學家，我也要提供支持我論點的哲學理論：威廉．詹姆士（William James）的理論。

哲學大鍋炒

詹姆士（1842-1910）可說是十九世紀的亞里斯多德，他的守備範圍包括心理學、哲學、教育、宗教等各種主題。有人稱呼他爲「現代心理學之父」，這是一個很不簡單的稱號；哈佛大學甚至有一棟大樓以詹姆士來命名，而他甚至連一毛錢都沒有捐。你知道你要多厲害、要有多大的學術影響力，才能在不捐很多錢的情況下，讓哈佛大學以你的名字來命名大樓嗎？84詹姆士在哲學方面的主要貢獻，是所謂的實用主義，而他在一九〇六年以來的一系列講座中，將實用主義描述爲「形而上學爭論的一種解決方法，否則這些爭論常常沒完沒了」。天啊，好像眞的很實用。

詹姆士在講座開始前，都會講一個他朋友爭論的小故事。樹上有一隻松鼠，而有一個人在樹的另一邊，這個人一直繞圈圈想看到松鼠，但松鼠速度太快，一直往同個方向衝，所以這棵樹就一直擋在松鼠和那個人中間。問題來了：這個人是否有「繞著」松鼠走呢？85詹姆士的回答是：要看你如何定義「繞著走」。如果你的定義是「這個人一直處在松鼠的北方、東方、南方、西方」，那當然他確實有「繞著松鼠走」；但如果你的定義是「這個人跑到松鼠前面、然後旁邊、然後後面、然後旁邊」，那這個人就沒有「繞著松鼠走」，因爲松鼠的肚子一直朝著這個人（樹擋在松鼠和人中間）。詹姆士問的一個更重要的問題是：這兩者有什麼差別嗎？我們既然可以精準描述整件事，而不管是哪種解釋，發生的事情都不會改變，所以其實都只是在玩文字遊戲而已。實用主義會問的問題是：

「到底哪一個概念才正確，眞的會給任何人帶來任何差異嗎？如果找不到實際差異，就表示兩個概念根本一樣，那所有的爭論都是徒然。如果是一場有意義的爭論，我們應該要能夠清楚區分兩個概念的差別，並明確決定該採用哪個概念。」

詹姆士的實用主義不考量「直覺、原則、『類別』、以及公認的必然」，反而重視「最

84 非常非常大。

後的結果、成果、後果、事實。」實用主義在乎的是眞理，而且會竭盡所能找到眞理。詹姆士用房間很多的「旅館走廊」來說明實用主義。其中一道門後有一位虔誠的男人、另一道門後有一位無神論女人、然後有化學家、數學家、倫理學家等等，每一位都提供發掘眞理可能的方法；而實用主義者隨時打開任何一道門，都可以找到眞理。這就是所謂的哲學大鍋炒。

這樣講應該很清楚了吧？還記得剛才那個動機有爭議的慈善捐獻者嗎？如果我們沿著走廊往下走，一定會聽到很多人在門後大喊：「他用來募款的方法並沒

85 小小岔出來講一下也許只有我會有興趣的話題：詹姆士在這裡描述的狀況，剛好就是地球與月球之間的關係。月球繞著地球轉的同時緩慢自轉，因此月球面對我們的永遠是同一面，所以我們永遠不會看到「月球的黑暗面」。我有點意外，詹姆士竟然捨棄地球與月亮，使用松鼠和樹，因爲詹姆士的哲學從頭到尾都與科學與科學理論的重大變化有關。這裡有一個很酷的歷史轉折，因爲詹姆士提出這個理論的時間點，剛好是全世界對宇宙認識大轉變之後。有人會將這些講座開始的前一年，也就是一九〇五年，稱爲愛因斯坦「奇蹟年」，因爲他發表了狹義相對論與粒子理論，顚覆了整個物理學界，也讓世界各地的科學家幾乎都必須砍掉重練。想想看，你整個世界觀都奠基於一組看似可證明的理論，然後有一天你發現這些理論都是錯的，在智識上和情緒上會讓你受到多大的打擊！試想你是一位在一九〇六年已經六十八歲的物理學家，突然間必須要推翻你過去四十年來所講過的一切。好想寫個慘字。所以威廉・詹姆士出現了，他是一位哲學家兼（我覺得也很有關係）心理學家，明確設計出一套理論，可以幫人們擺脫陳舊且不理想的思考模式，以更新、更理想的方式來思考。他寫過我們建構新想法的過程，說明「新的經驗會顚覆這些想法」，造成一種「內心的煩惱……而人們會想藉由修正先前的想法，來逃離這種煩惱」。如果搭配當時的科學突破，詹姆士的意思是，我們要有接受全新事實的彈性，不要根據以前相信、卻不再正確或準確的事實，來抗拒新事實。（之後的章節會詳細說明。）我講這些的重點，只是我希望他用的是月球自轉同時繞地球公轉的例子，而不是松鼠的例子，因爲我覺得使用與科學相關的類比，比較貼近他想講的主題。不過反過來說，松鼠的例子也很可愛，你想想看松鼠繞著樹一直跑的畫面。好吧，好像兩種方法都可以。

有根據普遍準則！」、「他的方法不是慷慨的黃金方法！」、「他的方法不符合邁蒙尼德的理想！」、以及「他的方法不符合正念！」86我們在聽到這些抗議之後，想了一想……然後聽到功利主義者說：「可是……他小小的自傲，最後卻募得最大的金額，而且還沒有造成任何實質傷害。」對於實用主義者來說，這個毫無爭議的事實，比其他任何說法都更有說服力。也就是說，雖然實用主義本身不屬於功利主義，但可以運用功利主義的理論，來得到看起來最好的答案；當然實用主義有時候也會比較偏向康德或亞里斯多德的理論。

不過，現在有一個我們必須認識且小心的陷阱。還記得我先前說過，只要結果是好的（得到最多的捐獻），我可以忽略任何「合理」的事情嗎？所謂「合理」的背後其實大有文章。我們很容易就可以想到令人難以忽略的捐獻動機，這時候實用主義者就會認為，這兩種捐款有實質的差異。也許有人捐款的原因，是因為他是一名罪犯，想利用慈善基金會來洗錢，或是提升自己的社會地位，來掩飾自己的犯罪行為。例如傑佛瑞．艾普斯汀（Jeffrey Epstein）這個惡名昭彰的性犯罪者、戀童癖、這個行為令人髮指的壞蛋。他曾經用很多理由捐了一大堆錢，目的是和一些大人物維持關係，並把自己的名聲洗白。所以如果我們討論的是傑佛瑞．艾普斯汀這種人，他的捐獻和其他正常人的捐獻，就有非常「實質的差異」。但是先前提到那位自尊心爆棚的好萊塢大亨，他並沒有犯罪（至少我們沒發現），也沒有傷害任何人……所以他的捐獻和其他人的捐獻就沒有實質差異。用之前做過的比方來說，就是人和松鼠都繞著樹跑，怎麼描述有很重要嗎？

86 我很喜歡想像極度平和的釋一行禪師，躲在門後扯開嗓子大吼的樣子。

詹姆士認爲實用主義是「讓所有理論『更有彈性』的協調者」，我很喜歡這個說法。確實，實用主義「對於什麼才能算是證據，完全沒有偏見、教條、或硬性規定。實用主義非常和善，對於所有假設和證據都保持開放」，只要能夠帶來好的事實就好。以捐款的例子來說：一個人雖然自尊心爆棚到了自負的程度，但最後的事實就是募得了最多的金錢，而且也沒有人受到明顯的傷害，那就這樣吧。

值得注意的是，釋一行禪師可能會不同意詹姆士（和我）的觀點，因爲他比較在乎做事情的人本身，而非他所帶來的影響。從佛家的觀點來看，正確的快樂才是眞正的快樂。所謂正確的快樂，是來自尊奉佛祖教誨所帶來的正念快樂。釋一行禪師說：

「所有人都想要快樂，而我們體內都有一股很強的能量，把我們推向看似能讓我們快樂的事物。不過，我們也可能因此受苦。我們必須瞭解的是，權位、復仇、財富、名譽等東西常常是快樂的阻礙。」

目前爲止我們大部分的討論都聚焦於慈善捐款（或給小費），而我們最後得到的結論較接近實用主義或功利主義，也就是只要能帶來最大的益處，捐獻者的動機就沒那麼重要。不過釋一行禪師和康德一樣，希望我們思考行爲本身。如果我們是爲了自己的快樂而捐獻（如果目標是得到獎賞與崇拜），我們既違反康德的普遍準則，也違反釋一行禪師（或佛祖）對於眞正快樂的看法。正念的行爲（只爲了做而做，沒有其他目的）能帶來更多冷靜與快樂。釋一行禪師如果看到那位好萊塢募款者的行爲，他一定不會滿意；因爲釋一行禪師認爲，即使他募得很多錢給需要的人，內心深處也一定是個不快樂的人。再加上募款餐會的主菜是側腹牛排，而釋一行禪師吃素，所以這點也會讓他很失望。

或許實用主義者根本不會在乎我們做了善事以後，是否會拍自己的背鼓勵自己，畢竟自我擴張不太算是道德議題，反而比較像是品味問題。但是康德和釋一行禪師可能就會在乎（雖然原因不同），而且如果良好行爲的背後是不良動機，就不難想像我們可能會遇到眞正的道德難題。我們可能會開始認爲，善事的外部「獎賞」比起善事本身更吸引人，這樣一來我們就會爲了別人的點閱、按讚、最愛、和奉承而做善事。《良善之地》劇中的塔哈尼．阿爾賈米爾（Tahani Al-Jamil）遇到的就是這個問題。對名聲和關注的渴望完全支配了她，因此最後遭遇不好的結局。（她非常忌妒妹妹卡米拉，因爲卡米拉比她更有名、更成功，所以她把卡米拉的雕像給弄倒，最後自己被壓死。）雖然我稍微在幫實用主義講話，但我們或許不該過度偏離良善與純眞意圖的正念人生。至於光譜的另一端，遠遠超過「捐獻後我們就可以在推特上吹噓」的程度，我們也看到有些眞正有害的假利他行爲，是出自不良的動機。舉例來說，有些有錢人會捐錢給大學，只爲了幫自己程度不足的小孩鋪路；或是賽克勒家族（Sackler Family）捐錢給博物館，只是爲了將自己可恥的過去洗白，試圖掩蓋販毒的黑歷史。對任何人而言，這些都不會是有道德的行爲。

實用主義希望我們當道德裁判，觀察各個行爲後續的影響，並決定各種結果之間是否有任何差異，然後就會知道大家的爭論究竟有沒有意義。而如果我們扮演裁判，當然就會遇到一個新的問題：我們什麼時候該吹哨？如果有人做了不好的事情，一件我們認爲會對世界產生負面影響的事，我們應該說不嗎？在怎樣的條件下，我們不只應該認爲他人的行爲不道德，更應該實際出手制止呢？

現在我來告訴你一個故事，有一次我太太以一英里的時速撞到別人的車，徹底改變了我們的人生。

CHAPTER 7 我是撞到你的車沒錯，但你不是更應該關注卡崔娜颶風嗎？

二〇〇五年的時候，J. J.（當時還是我的未婚妻）在一個移動非常緩慢的車陣中，撞到前面的車。附近一位警察過來檢查，說他沒有看到任何損傷，不過J. J.還是跟那個人交換聯絡資訊，就各自離開。幾天後，我們收到一張賠償請求，要我們賠八百三十六美元。那個人說他整片後保險桿都要換掉。

必須讓各位讀者知道的是，這件事情發生在卡崔娜颶風來襲的時候。紐澳良幾乎全部被水淹沒，而我和所有人一樣，看著颶風摧毀數千人的家園、幾乎毀掉整座城市，感到非常驚恐。我有一個朋友老家在紐奧良，他父親不幸在這場災難中喪生，後來當然也舉辦了葬禮，大家都很難過，而且他們的家園也嚴重受創[87]，一切都非常糟糕。在這一團亂的情況下，我去檢查那輛被J. J.撞到的車，而我要很用力看，才能勉強看到他後保險桿上的那條刮傷，整條刮傷不過只有六英吋，而且跟鉛筆畫出來的一樣細。我一怒之下就跟他說，這場車禍讓你紳寶轎車的後保險桿扭曲變形，我很抱歉，但這一點小傷就要我們賠八百三十六元，我實在難以接受。我告訴他，洛杉磯的汽車保險之所以那麼貴，就是因爲這樣。後來我跟他提了一個解決方法：我用他的名義，捐款八百三十六元給紅十字基金會，讓他們用來救災，然後麻煩他不要在意後保險桿那個必須用高倍率顯微鏡才看得到的小傷。他說他要考慮看看。

當時我很確信自己站在道德的高處，所以我很氣憤地跟朋友和同事分享這個故事，而整件事情就如同滾雪球一般越演越烈。我身邊許多人都加入我的行列，他們紛紛跟我保證說，如果那個人同意不修後保險桿，就加碼捐出更多錢。（當然，那個人不知道這件事。）當時網路已經算是普及，所以才過了不到四十八小時，捐款數字很快就來到兩千……五千……數百人一起把這個數字推高到兩萬。我隨即開了一個部落格，詳細記錄事情發展，並定期發布更新；我甚至還收到幾間主流媒體的關注。當時我有一個夢想，就是靠我一己之力拯救紐奧良，而我所憑藉的，不過就是鍵盤和道德論述的神來一筆。

後來我開始覺得噁心。

J. J.也和我同時感到噁心。我們當時正激動討論事情的最新發展、大家的捐款保證、

87 這位朋友要我特別補充，還有很多人的家比他家受損更嚴重。（因爲他是一位好人，很在乎其他人。）

以及媒體關注，然後在我們彼此對望的時候，都從對方臉上看出一種噁心的感覺：整件事情都非常不對勁……雖然我們也說不出爲什麼。我們的腦海中一直有一個聲音，後來我們終於開始傾聽。如果要追溯我個人的道德哲學旅途，我會把那天晚上發生在我們洛杉磯租屋處門前的對話，視爲一切的起點。

在不知道怎麼辦的情況下，我開始閱讀有關倫理學的文章和書籍。我後來也冒昧致電我不認識的哲學教授請教，很多人都很善良，願意和我討論。（看來哲學家眞的很喜歡討論哲學。）關於我的行爲是否符合道德，我眞的很想得到明確的答案；但哲學議題通常沒有一定的結論，而他們給我的各種答案也印證了這點：公開譴責那個人可能是好的，因爲可以讓大家更關注重要的議題、做出實質改變；公開譴責那個人可能很糟，因爲強迫他在自己的財產和無關的社會議題間做選擇，對他很不公平。有一位教授甚至嗤之以鼻，認爲整件事情跟道德根本扯不上邊。他說那個人一定覺得我是混蛋，而你不需要道德哲學來證明你不是混蛋。說得好。

這些對話的結論雖然都有爭議，卻給了我一個眞正的哲學解釋，讓我明白爲什麼我們會感到噁心：我其實是在羞辱那個人。指出我行爲中的問題，既會讓我覺得坦然些，也會帶來新的痛苦；感覺就像是肚子痛的時候，醫生說你有闌尾炎一樣，確實是個好消息（你猜對了！）與壞消息（你得去醫院！）參半的狀況。整件事情背後的道德反思很複雜，也不容易分析清楚。不過簡單來說，J. J. 確實有撞到他，而雖然更換後保險桿要八百三十六元美金實在很扯，畢竟價格也不是那個人定的，所以他其實也沒有做錯任何事。整件事情之中固然還有很多細微且複雜的地方，但我還是爲自己設下了道德底線：羞辱一個沒做錯任何事的人（或至少羞辱的程度遠大於他曾做過的行爲），感覺是一件很不好的事。

所以我最後還是硬著頭皮打電話給他，把所有的事情都告訴他、並跟他道歉。我也跟他說我已經寄出一份支票給他，應該很快就會收到。他聽了之後很開心，也很能夠諒解，並說他會考慮捐一些錢給紅十字會。後來我又傳了訊息給曾經承諾會捐款的人，並懇請他們眞的捐款，畢竟捐錢給卡崔娜颶風的受災戶，確實也是一件好事。多數人（當然也不是所有人）都覺得這是很棒的結果，最後這整件事情爲受災戶募得了兩萬七千元。

不過先別太早爲功利主義的勝利慶祝。就像那些搞不清楚狀況的老師跟他們那些愚蠢的棉花糖實驗，這件事情給人一種很獨特的感覺，就是不好的行爲也能得到好的結果。

好，我搞砸了。但你以前不都一直搞砸嗎！？

在我太太撞到那個人的後保險桿之前，我從來沒有想過羞恥和罪惡之間的差別。基本上，罪惡就是我們做錯事時內心的感受，是我們自己對失敗的噁心感受；而羞辱則是針對我們本身，是別人從他們的角度來批評我們。（《冰與火之歌》中有一幕很令人印象深刻。

瑟曦（Cersei）是個惡魔般的角色，她一輩子都保有中世紀般的忠誠，一直過得很不快樂，最後甚至被迫裸體走在街上，還得忍受別人對她大喊「羞恥！羞恥！」觀衆可以從她許多自我對話之中，看出她對於自己曾做過的許多逾越行爲，完全不感到罪惡。在她終於不再受人羞辱後，她就開始摧毀所有曾經對不起她的人。）我當時所做的事情，就是羞辱那名紳寶轎車的駕駛，因爲我認爲他的價値觀有問題，畢竟紐澳良都快被水淹沒了，你怎麼還在關心後保險桿上面的刮傷！？而且我還請所有人一起關注他，並評論他的選擇。讓我和J. J.感到噁心的地方，是我們行爲（其實主要是我的行爲）所產生的罪惡感：因爲我們做錯事，而一直覺得很不安，雖然我們也說不出到底哪裡做錯了。

我們一定都可以想到一些活該被人羞辱的情境。只要每天細讀美國的報紙，就能看到一大堆羞恥的行爲：貪汙、僞善、濫用權力、瀆職、種族歧視、欺騙，這些不就是在說泰德．克魯茲（Ted Cruz）[88]嗎！我們本能上會認爲，因爲他人的錯誤行爲而羞辱他們，有一個很重要的目的，就是讓壞人爲了自己做的壞事感到抱歉，或至少讓好人瞭解做壞事的人眞的很壞。但如果要讓羞辱變成一種道德上的威嚇，就必須讓他們感受到，他們所受到的羞辱，是直接肇因於他們做錯的事。但是在紳

88 看起來也許有點不講武德，但我寫到這邊的時候，剛好發生參議員克魯茲二〇二一年的「我之所以在這場致命的暴風雪中飛去坎昆，只是爲了送我女兒過去，我隔天早上就要飛回來了。請直接忽略我打包的大行李箱，也請直接忽略有人洩漏我太太傳的群組訊息，說要邀請人到坎昆的麗思卡爾頓酒店度假一星期，這些都不重要。我可以保證的是，我常常快閃坎昆一個晚上，只爲了送我的小孩過去（所以老實說，都是他們的錯）。我早就計畫好要飛回來幫助我受災的選民們，而我現在就在做了，有看到鏡頭拍到我把瓶裝水放到別人的車上嗎？我有在做事！」醜聞。本書出版的時候，可能大家都忘了這件事了，但這件事情絕對是現在美國政治史上，最典型的自取其辱事件。

寶轎車的事件中……他受到的羞辱和他做的事情並沒有因果關係。他的後保險桿刮傷，和卡崔娜颶風一點關係都沒有，只是兩件事情同時發生而已。城市的毀滅是否比保險桿刮傷還嚴重？當然，世界上沒有人會反[89]對[90]。但我的行爲有一個問題（好啦其實有很多問題），就是這樣隨機發起道德攻擊，實在很不公平。不管兩個人之間爲了什麼事情爭執，世界上一定有更重要的事。假設我們跟妹妹借五十元，然後說好一週以後還錢。她一週後要我們還錢的時候，我們只要看著新聞，找一個正在發生的災難，然後跟她說：「南蘇丹的小孩都沒飯吃了，妳怎麼還好意思來跟我要錢！？」如果某人關注X，但不關注更嚴重但與X毫無關聯的Y，我們根本沒有理由羞辱他。用現代的術語來說，就是所謂的「那又怎麼說」理論（whataboutism）。

「那又怎麼說」理論是很多人最常用的防衛策略。如果有人做錯事（不管是真的犯了罪，或是在網路上冒犯他人）被抓到，他可能不會勇於認錯，反而會說：「那『隨便舉某件更壞的事』又怎麼說呢？」或「你自己就沒做錯事情嗎？」[91]或「你沒看到我也做了『隨便舉某件好事』嗎？」這是一種障眼法，暫時蒙蔽指控者，讓被指控的人有機會脫罪。不過幾乎所有的「那又怎麼說」都站不住腳，因爲這種理論沒辦法爲不良行爲帶來的道德缺陷開脫。舉例來說，提姆講了一個厭女主義的笑話。提姆的朋友喬打

89 托德補充道：奇怪的是，蘇格蘭哲學家大衛・修謨（David Hume）會提出質疑。他認爲沒有所謂的不理性慾望，所以就算認爲修指甲比維持世界和平更重要，也不能說不理性。

90 麥可補充道：難怪所有人都討厭道德哲學教授。

91 你各位拉丁文宅宅，可能會想到「訴諸人身」（argumentum ad hominem）：攻擊發表言論的人，而非針對言論本身。

電話給他，跟提姆說他應該好好檢討自己，然後提姆回應說：「哦？你都不會犯錯的嗎？你曾經從愛畜動物園偷了一隻羊駝欸！」就算真的是這樣，也和提姆的行爲無關。提姆用指控者所犯過的道德錯誤，來暗示他的指控站不住腳或有缺陷，這個作法很蠢。我們可以確定兩件事情：喬當時不該偷羊駝，還有提姆講的話確實很厭女。但最重要的是，就算喬曾經偷過羊駝，也不代表他沒資格指控提姆的冒犯言論。

還有另一個例子：911事件之後，有一件頗具爭議的事件，就是有人在討論是否要在紐約事發地點的附近蓋一棟清眞寺。一般來說，反對者會認爲：「如果他們願意在沙烏地阿拉伯蓋一棟猶太教堂，我們就在事發地點附近蓋清眞寺！」這樣就不免讓人困惑，美國人怎麼會根據沙烏地阿拉伯的行爲來做決定呢？畢竟他們在人權上的表現似乎……沒那麼理想。在宗教自由的層面上，美國的眼界不是應該比沙烏地阿拉伯高很多才對嗎？換句話說，毫無理由就把兩個國家的行爲綁在一起，這種說法根本就是口是心非。所有父母應該都能看出這種伎倆：我們叫孩子不要看電視，他們就頂嘴說麥迪遜的爸媽每天都會讓他看十五個小時！然後我們跟孩子說，麥迪遜不是個好孩子，而且他爸媽在學校的募款餐會喝到爛醉，最後甚至還得讓人扛到Uber上才能回家。（雖然我們很想這樣講，但還是不會眞的說出來。我們只會說：「你不是麥迪遜，我們也不是他的父母。」）「別人做壞事，所以我們也可以做壞事」是個非常站不住腳的道德論述。

我們把事情搞砸的時候，將注意力轉移到完全無關的事物上，就劃錯重點了，因爲重點就是我們把事情搞砸了。雖然我們討論過的各種哲學理論之間有很大的差異，但它們都同意（程度大概是「這不是很明顯嗎？還需要說嗎！」）我們都必須爲自己的行爲負責。這些理論對於我們行爲的道德計算可能不盡相同，但所有理論都認爲，不能以他人完全與我們無關的行爲，來判斷我們自身的行爲。這個論點再清楚不過，但身處二〇二二年的我們，身邊還是有一堆人用與自己毫無關係的事情，來爲自己的行爲開脫。現在我們應該更能瞭解發生在我身上的「那又怎麼說」理論，也就是利用颶風來羞辱一個只想把車修好的人。

有人要幫我辯護嗎？

公開羞辱的概念，至少可以追溯回聖經的年代，當時的人會被迫戴上枷鎖或足枷，遭受儀式的虐待、吼叫、甚至搔癢[92]等等，目的是懲罰他們的原罪，或純粹爲了發洩宗教上的怨氣。足枷在一九世紀時漸漸失去舞台，但取而代之的是一種全新的懲罰形式：我們每天都會在社群媒體上看到所謂的「公審」，甚至是人氣不怎麼樣的人做了冒犯他人的行爲，都會被公審。我們應該先瞭解的是，遭受公審的人通常都罪有應得，因爲他說錯或做錯某些事情，別人把他的錯揪了出來，而他現在正在付出代價。毫無疑問的是，這種做法能爲大眾帶來好處，因爲有些很糟糕的人必須就自己的糟糕行爲踹共，而這是以前沒發生過的

92 沒錯，搔癢。很奇怪吧？

狀況。我認爲，現在這種激進的揭露方式，其實是利大於弊。但更重要的問題是，這種羞辱的行爲，到底能否有效達到符合道德的結果。畢竟人在遭受羞辱後，可能更不想改變自己的行爲，反而可能更會自我防衛、堅持己見，讓我們最後只會得到反效果。**93**至少在表面功夫上，我們不僅希望他們不要因爲自己做過的事情而受苦，也希望能夠改變他們的行爲，讓他們變好。但如果他們已經因爲別人的公審而立場搖擺，甚至像拳擊的梨球一樣遭受大衆攻擊，他們其實也很難改正自己的行爲。

在我太太車禍事件的初期，我做過一些好的決定，例如我沒有公布紳寶駕駛的姓名、車牌號碼。當時我想得很清楚，我們不能做這些事情，當時我內心的聲音一直若有似無地提醒我，我其實也做了不少好事，（如果我們眞的公布他的資訊，不知道他會怎麼想。也許會是憤怒參雜著羞恥？無論如何，這樣對整件事情不會有好處。）但是我也做了很多糟糕的決定。現在讓我們用三大道德學派的角度，來分析這場保險桿之恥（或說是紳寶故事？）。

如果我要用哲學論述來爲自己辯護，最好的選擇是結果主義。畢竟我把後保險桿上的一個小傷，變成一個大規模的財富重新分配，讓很多需要幫助的人受益。所以不管那個人因爲我的羞辱而得到多少痛苦，我讓大家保證捐款所帶來的快樂絕對更多。不過，結果主義者也必須考量我的行爲對社會造成的傷害：現在這個社會，所有人的行爲不管重要性如何，都必須接受公審，這樣的社會看起來好像不太幸福。還記得先

93 看來我們已經默默來到心理學的領域，但心理學有一個很酷的研究，是針對所謂的「逆火效應」。根據逆火效應，人遇到與自己核心概念衝突的資訊時，不管這個資訊的證據再確切、再豐富，通常還是會加深自己原本的信念，反而不會接受新的想法。看來人類不想受到羞辱的本能，實在非常強烈。

前提過那位叫史提夫的 ESPN 變電箱維修員嗎?如果大家都知道這件事情會發生在自己身上,一定會帶來更多額外的痛苦。而我們嘗試重新計算並加入這些額外的痛苦時,會覺得痛苦應該不會有那麼多才對,因爲多數人都知道自己不會是史提夫,不需要眞正面對這樣的狀況。但現在的情況可不一樣,現在多數人都知道,發生在自己身上的小小爭議,最後都會因爲一些較大的議題而遭受誤解甚至扭曲,畢竟所有人多少都會與他人產生小小爭議,同時這個世界上一定會有更大的事情正在發生。這種功利主義的「重新計算」其實沒有很難執行,只要在最後的總分加上一大堆 dolors 就好。

至於康德主義者會從哪些角度來斥責我呢?讓我們來看看。我很確定「我們應該強迫遇到小型交通事故的人,在修車的重要性與國家級災難的救災需求之間權衡一下,然後再考慮要不要修車」違反了定言令式。我們可以強迫所有人都執行這個規則嗎?當然不行,這樣根本就是瘋了。而且康德主義者一定也會認爲,我違反了定言令式的第二守則,因爲我把紳寶駕駛當作達成許多目的的手段,包括幫助那些與車禍完全無關的人、緩解我對於紐奧良颶風災民處置方法的憤怒、以及聲明我認爲洛杉磯汽車保險有多荒謬。換句話說,如果你是康德主義者,然後你想要批評我的行爲,你會有無限的發揮空間。(我甚至不想思考契約主義者會有怎樣的反應。斯坎倫如果知道這件事,一定會對我非常失望。不准告訴他。)

亞里斯多德可能會用安靜的「高爾夫鼓掌」，來鼓勵我一開始做決定所造成的後果，也就是我爲自己的行爲感到罪惡的部分。如果一個人過度缺乏罪惡感，他可能永遠不會改變自身行爲，因此毫不在乎自身行爲所造成的影響；但如果一個人的罪惡感過量，可能就會有很低的自尊心，或是因爲害怕傷害別人，選擇不跟他人接觸；而適量的罪惡感就是所謂的黃金方法，我們稱爲「自我意識」。所以……我在感到罪惡的這個部分做得很好，因爲有足夠的罪惡感將我帶離罪惡感不足，讓我更接近黃金方法。至於我因爲那個人的行爲而羞辱他呢？亞里斯多德是否也會鼓勵這個行爲呢？會吧？

不可能。

當然，如果別人做了不好的事，我們也許應該讓他感到一定程度的羞恥。在一個健康的世界，羞恥其實很重要，因爲可以讓我們對抗不良的行爲。如果人們無法感到羞恥，他們就會肆無忌憚爲所欲爲，毫不在乎名聲變臭。因此，如果我們身邊的人有一些不道德的行爲或想法，稍微羞辱他們是沒問題的。這可不是我自己說的，亞里斯多德確實有說過，雖然羞恥本身不是一種美德：

「但如果太容易感到羞恥，也就是對一切都感到羞恥，就屬於過度羞恥；而如果一個人缺乏羞恥，或完全不會感到羞恥，就屬於沒有羞恥心。」

但是大家還記得我們如何描述亞里斯多德那溫和的黃金方法嗎？就是要有適量的憤怒，並只針對那些應得的人，而這就是我在紳寶駕駛事件上犯的最大錯誤：他與我試圖羞辱他的內容根本無關。我或許可以指出他太過於在乎他的車，但如果我把卡崔娜颶風也扯進來（與車禍完全不成比例也毫無相關，而且還牽扯到大規模受災的事件），就枉費了彼此想處理好車禍事件的努力。我的行爲對他非常不公平，所以在事情越演越烈之後，我才會突然產生罪惡感。如果亞里斯多德還在世，並目睹整件事情，他應該會說：「小子，你全盤皆輸。」**94**

如果具備一定程度的罪惡感會對我們有幫助，或一定程度地羞辱他人會對他人有幫助，我敢說罪惡感的程度肯定比羞辱他人高很多。罪惡感來自我們的自省，而比起他人的聲音，我們也更可能專心聆聽（並用更好的方式面對）自己的內心聲音。有時候我會想，如果最後我們不是自己發現自己把事情搞砸，而是因爲別人的斥責才發現，結果會怎樣？換句話說，如果我們因爲羞辱別人而被羞辱，會發生什麼事？我們還能夠冷靜應對並檢討自己的行爲嗎？還是我們會堅持己見並反擊，強調我們捐了多少錢給慈善機構、以及用八百三十六元來修保險桿的損傷很無謂嗎？如果我們遭受斥責，並啟動防衛機制，我現在可能就在寫另一本很不一樣的書，書名可能叫做「如何成爲他人行爲的終極裁判」。

當然，問題在於我們不可能永遠倚靠內心深處的罪惡感，來讓我和J. J.做出如此顯著的修正，尤其整個事件是如此細微、複雜、混亂。回顧整起事件，我發現對我們幫助最大

94 想像哲學家模仿我朋友講話，可以讓我更瞭解哲學。

的事情與哲學或理論都沒有關係，我和J.J.之所以會發現自己做錯事，純粹是因爲我們彼此討論。光是講出來，就讓我們發現自己的行爲有問題[95]。當然，當時我們並沒有眞正瞭解道德計算。用一句聽起來很像芭樂愛情喜劇的電影台詞來說，就是「我們心中只有彼此」[96]。如果我們想讓自己變成更好的人，就要知道對話這個行爲雖然簡單，卻非常有效，可以引領我們度過重重難關。

重新審視整起事件後，我更能深刻體會茱莉亞・安納斯（Julia Annas）講過的一句話：「（練習某件事物的）結果就是反應會又快又直接，而不僅僅出自於習慣；除此之外，過程中學到的一切，讓你的素養全面提升，變得既靈活又創新。」現在是否更豁然開朗了呢？我誤打誤撞邂逅了一個我非常陌生的情境，一來是因爲我以前從沒學過哲學，二來則是這個情境實在很詭異。轉眼間，我們就在處理一堆棘手的議題，例如法律道德、汽車保險費、責任歸屬、颶風、羞恥、罪惡、以及最新紳寶轎車保險桿的修理費是否划算。面對這樣的情況，誰可能完全知道該怎麼做才對呢？嗯……也許有人對於各種美德都非常熟練，有辦法以冷靜且全面的方式來面對全新的棘手狀況。如果我和J.J.有花時間培養美德，達到既彈性又創新的程度，我們也許就能避免許多罪惡感，也能大幅減少對別人的羞辱。（當然我們

95 對話療法基本上就是這麼回事，所以我強烈推薦可以做的人都去嘗試。

96 潘蜜拉曾經講過彌爾的一件趣事，就是他認爲自己之所以能夠擺脫憂鬱，不僅是因爲閱讀浪漫主義的詩詞，更要歸功於他一生的摯愛：哈莉特・泰勒（Harriet Taylor）。彌爾和哈莉特初次見面時，她已經結婚，並育有兩個小孩，不過他們彼此漸漸熟識，二十年後哈莉特的丈夫過世之後，她馬上就和彌爾結婚，彌爾也認爲哈莉特對他的寫作有很大的幫助（哈莉特也是作家）。我要說的是，我和 J.J. 就像現代的彌爾和哈莉特，不過差別就在於，顯然我們對哲學的貢獻會比他們重要得多。

還是可能搞砸，但做好的機率會更高。）

後來想想，這場小車禍其實讓我獲益良多。首先，它讓我開始對道德哲學產生興趣、也爲慈善募得不少錢，功利主義者肯定會大聲叫好。再者，它也迫使我正視自己的行爲並道歉，其實我們都有很多向別人道歉的理由。（這點將在第十三章詳述。）我當時有一種感覺，就是我的人生正在朝向一個更廣、更混亂的方向……進步，整件事情告一段落後，我變成一個更好的人。

今天的我們比昨天更好，這種感覺很棒。試想，現在對自己相當滿意的我們，決定要暫時放下手邊的工作，跑去逛大賣場，然後在停好車走進大賣場的過程中，把幾輛手推車歸還原位（沒錯，我們現在就是那麼好，甚至會幫別人把推車歸位）。接著我們在店裡看到免費起司試吃，上面的標示寫著每人限吃一份。哇靠，是我們最喜歡的煙燻高達起司耶！所以就算標示明確寫著每人限吃一份，我們突然產生一個想法：

「我可是個好人，我現在在道德銀行的餘額，可比上星期高多了。我已經賺得打破這項小規則的權利，所以我才不要只吃一塊起司，我要吃三塊。」

這樣應該沒問題吧？

CHAPTER 8

超級市場裡面免費起司試吃的攤位，旁邊清楚寫著「每人限吃一份」。不過，我們做了那麼多好事、捐那麼多錢給慈善機構，而且我們真的是好人、道德也相當正直，那我們能不能從五塊裡面拿走三塊呢？

我爸曾經有一個理論。在我父母離婚以後，我爸突然很喜歡聽現場音樂演奏（典型的四十多歲單身男子），並開始瘋狂購買一大堆CD。他每週會去買二到四次，每次都買二到四張，而且其實他也不算有錢。後來我提醒他是否花太多錢在音樂上的時候，他就會說：「你可以這樣想：我不喜歡U2這個團體，而他們大概有十張專輯。只要我不買他們的任何一張專輯，就代表我省了一百五十元，所以我用這一百五十元來買其他人的CD，其實就代表我一毛錢都沒花！」

他當然是在開玩笑，但這個理論總讓我覺得，很多人的理財觀念都有漏洞：很多人會因爲某些自己「沒有買」的東西，而覺得自己金錢的「庫存」增加，因此可以恣意花用這些錢。**97**有些人在道德責任上也有類似的看法，他們覺得做一堆好事，可以讓他們在道德銀行存一些錢，而如果事後他們要做一些……不太好的事，就可以從這個銀行帳戶提款並花用。舉例來說：「我知道牛肉產業對環境不好，所以我不該吃牛肉。但我才不管，畢竟我都已經開電動車了，牛肉烤起來！」

我們的人生充滿各種規則（學校、工作、交通、社會、家庭都有），有時候我們覺得自己應該可以違規一次，可能因爲我們覺得規則很蠢或過時，也可能因爲我們覺得自己是好人，我們做過的好事應該能避免我們遭受責罰。沒有任何人（包括我這個極度遵守規則的笨蛋）有辦法遵守所有規則，不可能。但如果我們想當好人，就應該知道我們主動選擇當壞人的時候，該有怎樣的行爲。

97 這個愚蠢的例子，只比眞實世界的企業金融行爲糟糕一點而已，而企業金融是我們文化中最缺乏道德的領域。舉例來說，有些公司爲了衝高自己的股價，會使用所謂的「按市值計價」會計，彷彿他們能夠完全預測公司未來的收入或資產價值。如果你想知道運作機制，可以去搜尋「安隆」（Enron）。

道德疲勞：本書最重要的術語

把以前做過的好事當作偶爾違規（或做出違反道德價值的決定）的藉口，其實可以理解。我常常有這種想法，不過我就是一個死守規則的人。最近我發現，我其實對自己使用帳戶的銀行一無所知，於是好奇的我就開始到處找資料，看看創辦人、現任執行長、以及董事會成員有誰。我得到一個驚人的結論：他們都是禽獸。（至少我覺得他們是禽獸。）他們的社會政治立場都極度冷酷無情，捐了好幾百萬給我覺得很令人反感的政治人物。他們甚至還主動資助二〇二一年一月六日一堆人衝進國會大廈的暴亂行爲；他們公開發表過的言論，如果出自我的孩子，一定會讓我們家感恩節大餐的氣氛瞬間降至冰點。然後我就想，好吧，好像該換間銀行了。

然後我才一步步發現事情的眞相。

首先：所有跨國銀行都充滿禽獸（以我的標準來看）。稍微研究一下各家銀行的高層，就會發現這些帥哥（基本上都是男性）都半斤八兩。任何一位美國的銀行執行長，針對金融改革的看法，有可能跟我一樣嗎？而且錢如果不放銀行，要放在哪裡呢？現代社會，「有破洞就換床墊」基本上已經很難了。此外，要換一家銀行實在很麻煩，畢竟我在這間銀行有支票、每月繳款自動轉帳、以及提款卡之類的。如果要把這些東西全部轉到其他銀行，聽起來很困難也很煩，我完全不會想這樣做。

那……我就繼續使用現在這家銀行的服務？畢竟我應該也算個好人，我是不是……就不必那麼計較呢？

這個情況就是我所謂的「道德疲[98]勞[99]」。隨時隨地都要做對的事，實在是（請見諒，我要用一個相當瘋狂、專業的哲學術語）討厭死了。我們每天都要做很多與道德相關的決定，包括要買什麼產品、用什麼產品、支持哪位候選人、如何在世界上生活和移動等等，所有的行爲當然有好有壞。舉例來說，這世界上肯定有對環境「最好」的牙膏、我們洗澡時的用水肯定有「最理想」的時間長度、一定有「最符合道德」的汽車、會有比開車「更好」的選擇、逛街購物有「最負責任」的選擇、我們絕對不該使用「最糟」的社群媒體、絕對不要支持「最惡劣」的職業運動隊伍老闆、應該支持「對勞工最友善」的成衣公司。我們「應該」要在屋頂上裝設昂貴的太陽能板、「應該」要在家裡裝設省水馬桶、而且「不應該」支持拖欠記者薪水的媒體公司。

更累人的是（抱歉，我要再次使用非常學術的用語），我們都有自己的鳥事要處理，例如家庭雜事、感情關係、學校上課、朋友之間的祕密、以及待修的車子、吐司機、和門鉸鍊等等（爲什麼東西那麼容易壞掉啦！），而且永遠不會停止。更糟的是，有時候我們

98 我如此強調這個概念，是因爲我希望人們可以記得這個概念是我提出來的。所有偉大的哲學家都曾經提出一些聽起來很酷的術語，例如康德的定言令式、亞里斯多德的黃金方法等等。我覺得現在是我唯一的機會，可以讓全世界知道我這個酷炫、簡明的哲學概念。請大家支持我吧！

99 托德馬上就跟我說，早就有一個術語叫做「同情疲勞」。根據美國心理學會的定義，同情疲勞「發生於病患經歷過極大的壓力或創傷，而心理學家或相關專業人員也承載了他們的情緒」，因此「可能導致憂鬱和焦慮」。我跟托德說：「拜託啦，這個術語讓給我啦！」

會遇到更嚴重的問題，例如生病、失業、家庭危機、吐司機修不好而且還著火，這些隨時都會發生的爛事。這些日常鳥事加上更大更困難的問題，讓人生變得非常困難，就算是最幸運的人也難以倖免，更不用說窮人或其他沒那麼幸運的人。所以我們處理完生活中的鳥事，最後決定嘗試當個好人的時候，我們的心力電池大概只剩下五%的電力。（這也是我們平常要處理的事情，因爲幾乎我們使用的每一台機器都很容易沒電[100]。）除此之外，比起做懶惰或糟糕的事，做「對」的事情常常很不容易，而且需要更多的勇氣和毅力（當然還有金錢！）。如果我們把人生視爲一份壞掉的聖代，那麼在這份聖代最上面的那顆腐爛的櫻桃，其實就是我們在本書開頭討論過的話題：就算我們我們克服了每天的苦惱、嚴重的問題、還有各種突發狀況，並用我們只剩五%的電力試著做到更好、更困難的事，我們還是常常一敗塗地。

眞、的、很、累、人。

所以……偶爾不做「對」的事情，感覺就像我們偶爾給自己的小禮物，讓我們省下一些時間和精力，拿來做進一步的研究、行爲、改變、與進步；而偶爾不做「對」的事情，感覺也很像我們做了其他好事，爲自己贏得的特權。在知道臉書協助散布這麼多假訊息以後，我們應該繼續使用臉書嗎？也許不應該，但誰理他啊？用臉書和家人聯繫很方便，而且朋友爲腸激躁症的治療辦了一場五公里的路跑，我們才剛捐了一百塊給他耶！所以拜託，我們可是好人！

100 最近有一天我在凌晨三點被吵醒，兇手是一直發出「電力不足」警示聲的防煙偵測器。我爬起來把它從牆上拆下來，然後丟進垃圾桶。就算這個行爲以後導致我家失火，我還是會覺得我把它丟掉是對的。

而且有時候我們會很想違反規則，因爲有些規則眞的很爛。兩年前，我們家收養了一隻非常可愛、但身體很差的流浪狗，我們把他取名叫亨瑞。亨瑞是一隻很可愛的米克斯，體重大約有二十磅；雖然他以前的日子過得不是很好，但他很親人，跟我們的感情很好。我們把他養得健健康康以後，就開始帶他在家附近散步，然後我們發現只要繫上牽繩，他就會變成一隻野獸，不斷吠叫、咆哮、怒吼，也會試圖掙脫他的牽繩。沒繫牽繩的時候，亨瑞是一隻討喜的夢幻寵物；但繫牽繩的時候，根本就是《終極戰士：掠奪者》（*Predator*）裡面的掠奪者。**101**

所以每次我們要帶亨瑞去散步的時候，都很糾結到底要不要繫牽繩；但在我們家這邊遛狗的規則就是要繫牽繩。身爲一個食古不化嚴守規則的人，我始終選擇繫牽繩；但是我必須承認，遵守這個規則讓我很苦惱，也讓其他人和亨瑞都很苦惱，因爲他會嚇到其他小孩。所以在這種情況下……我們眞的不能打破規則嗎？

有兩種打破規則的可能。首先，我們可能有某種道德沙漠的哈哈鏡，也就是我們不會做好事並感覺自己應該得到獎賞，而是會覺得可以做壞事，因爲我們已經做過其他好事。這種想法並沒有可靠的邏輯或道德基礎，卻非常吸引人，畢竟人生很難，而且也許我們偶爾也有資格暫時不管道德計算。至於第二種情況，就是我們看到一條我們覺得很蠢、錯誤、甚至有害的規則，所以我們合理認爲應該

101 一定有人會認爲：「哦這就是很典型的牽繩引發攻擊行爲啦」、「讓亨瑞試試這個啦」、或是「我認識一個人可以用某個方法治好亨瑞啦」。謝謝你們，但眞的沒辦法。我們所有的方法都試過了，包括請訓練師、治療師、寵物溝通師（對你沒看錯），通通都沒用。亨瑞很可愛，但就是教不會。然後我女兒艾葳剛剛發現我在這本書中提到亨瑞，卻沒提到另一隻狗狗路易莎，她覺得很不公平。所以我現在在這個注解多寫幾個字，就是爲了向各位正式提及路易莎的存在。

打破這個規則。但就算我們很想因此打破規則，還是會感受到康德冷漠無情的怒視，他好像隨時隨地都在監視我們。康德認爲規則就是規則，他的風格就是那麼平穩且不帶感情[102]，康德也認爲錯就是錯，畢竟如果每個人都只遵守自己想遵守的規則，這個世界就會變得一團亂！沒有理由（Keine Ausreden）！[103]

道德版的亂穿馬路

這裡我要斗膽挑戰康德的理論，而我的根據是所謂的大熱天亂穿馬路規則。假設我們今天需要過馬路到對街的商店，而行人穿越道還要往南走一整個街區。今天的氣溫高達華氏一百〇三度，而我們才剛從一輛室內溫度高達兩百度的車下車，這時候路上的車也不多……所以我們就亂穿馬路。嚴格來說我們犯了法，但其實亂穿馬路也不太算是犯法，甚至其實是完全可以理解的行爲，也能讓我們不要那麼難受。那康德會允許我們亂穿馬路嗎？當然不會，畢竟有定言令式和普遍準則那些有的沒的。但是康德，請你閉嘴，外面很熱，我們只是要去藥局拿藥，只要兩秒就好，然後我們已經滿頭大汗了，所以請閉嘴。我們就是不完美，不爽就去告我們啊！在我們很疲累的時候，如果我們所做「壞」事的影響根本微不足道，甚至連「壞」事都稱不上（或是情況模糊、複雜），我覺得打破這些小小規

102 我當然不知道康德的聲音聽起來如何，但我敢肯定一定很平穩、很不帶感情。

103 根據Google翻譯，這個德文詞彙的意思是「沒有理由」。我猜康德的墓碑上應該有刻這個詞。

則，不會有問題。

也許你會覺得都給我講就好啦，也許我爲道德版的亂穿馬路（在對的情況下）辯護，只是爲了合理化我遛狗不繫牽繩、以及我不換銀行的行爲（又來了，不覺得聽起來很煩嗎？）而已。但我覺得不是這樣。首先，我們從蘇珊・沃爾夫的「道德聖人」，和那個瘋狂遵守規則的神經病（也就是我）身上，都學到一件事：盲目遵守每一條規則不一定是好事。事實上，政治學者詹姆士・斯科特（James C. Scott）認爲，偶爾打破規則甚至是必要的道德行爲：

「總有一天，你會因爲正義和理性，被迫違反一條很大的法令。到時候你生活中的一切都會受影響……面對這天的到來，你要怎麼準備？你必須隨時保持警戒，才能在這天做好準備。你需要所謂的『無政府體能訓練』，也就是要常常違反一些沒道理的小法令，例如亂穿馬路。你要認眞思考一條法令是否正義或合理，這樣你才能眞正做好準備，迎接那個大日子的到來。」

斯科特認爲，這些小小的逾矩行爲，能夠訓練我們的道德肌肉，讓我們準備好面對更重要的道德挑戰。我也認爲，有些規則實在很粗糙也很沒意義，例如「所有的狗都必須繫牽繩」，或「行人禁止亂穿馬路。」我想進一步提出，如果我們眞的想當好人，在人生已經那麼困難的情況下，偶爾脫離道德疲勞喘息一下完全沒問題（甚至是必要的），只要我們知道自己在做什麼就好。我認爲我們可以允許自己偶爾打破規則，只要滿足以下兩個條件：

首先：我們打破規則不會對他人造成明顯傷害。假設你很愛動物，你也會捐錢給美國愛護動物協會，然後有一天你把車停在路邊，把一隻走在馬路上的烏龜移到路邊，（沒錯，你就是那麼愛動物），你也非常支持領養代替購買。有一天，你朋友說她從繁殖場買了一隻黃色的小拉拉，牠的名字叫做胡桃，但現在你朋友要搬家，無法繼續飼養胡桃。沒錯，這時候領養胡桃，嚴格來說就打破了你領養代替購買的規則，但有一個強而有力的反駁論點，就是「看看胡桃的耳朵，眞的好可愛！」不如就別再堅持了，把胡桃帶回家吧。畢竟亂穿馬路不會讓你想當好人的偉大計畫泡湯，收養胡桃也不會讓你多年來提倡領養的努力白費。不過，如果你想打破的規則是「不要肇事逃逸」或「不要隨便找藉口攻打中東國家」之類的話，你道德銀行中的「好事」餘額絕對不夠，絕對不足以支持你打破這些規則。

第二：我們必須承認自己的行爲不理想。如果我們假裝自己沒有做這個小小的不良行爲，則我們原本只會帶來的小小傷害，會變得更爲複雜。因爲如果自我欺騙，我們可能會改變對自我的認知，最後甚至改變我們的本質。

公共政策領域有一個概念叫做奧弗頓之窗（Overton window），提出這個概念的人就叫做約瑟夫・奧弗頓之窗（Joseph Overton-Window）[104]。奧弗頓之窗的內容，

104 開玩笑的。他叫約瑟夫・奧弗頓（Joseph Overton）。

是說明一個政策在任一特定時間的「接受度」範圍。有些事情（例如同性婚姻）一開始很難令人接受，或甚至難以想像；但風土民情會漸漸改變，例如大家更能接受性少數族群、電視節目上也有更多同性戀的角色，此時奧弗頓之窗就會稍微打開，表示更多人可以接受同性婚姻。隨著文化價值持續演進（年輕人開始登上政治舞台、贊成的人開始大力提倡、人們發現自己身邊都有性少數的朋友），奧弗頓之窗也會隨之改變，最後代表同性婚姻接受度的這扇窗會打開到一定程度，讓大家接受並立法承認。簡單來說，有些曾經難以想像的事情變成可能，最後甚至變成事實。

看到我們小小違規行爲的潛在問題了嗎？奧弗頓之窗可以代表任何範圍，包括我們覺得自己的行爲是否可接受。所以，我們知道亂穿馬路不好，但我們還是做了……因此我們就變成「偶爾會亂穿馬路的人」，沒什麼大不了。但這件事情成眞以後，我們一個不小心就會變成「常常會亂穿馬路的人」。然後有一天如果我們找不到垃圾桶，我們就會想：「我覺得，把口香糖包起來丟在地上，好像也沒有比亂穿馬路壞多少嘛！」所以我們就眞的丟了……然後我們很快就會一直亂丟垃圾。我們可以接受亂丟垃圾以後，就會開始違規停車，接著我們的窗口就會越打越開，開始拖欠承包商薪水、逃漏稅、盜用公款、婚外情、把瀕危的犀牛運出印度、還有透過黑市把武器賣給國際恐怖分子。

眞的有可能這樣嗎？當然不可能。這是一個非常詭異的推論，就像一九八〇年代的反毒標語警告小孩如果他們抽一根菸，很快就會對海洛因成癮一樣。但有一個很嚴肅的議題：奧弗頓之窗的轉變都是漸漸發生，而我們會很快適應它的新範圍 105，所以如果我們只因爲想做壞事而允許自己做壞事，其實非常危險。其實，就算我們的意圖良善、頭腦淸楚，如果我們太常輕易屈服於本能，雖然不至於成爲「黑市軍火交易商」，但我們很可能變自私。我們會開始相信自己有爲所欲爲的「權利」，而這個權利比什麼都重要，最後我們的道德觀會變得很狹隘，只關心自己的快樂或痛苦。我們就會變成……艾茵．蘭德（Ayn Rand）。

糟糕的作家、更糟的哲學家

蘭德（1905-1982）是一位小說家、哲學家，曾經提供讀者能夠一輩子奉行的準則。她以十九世紀的概念，即「理性利己」或「理性自私」爲基礎，提出如果要達到

105 我在寫《辦公室》（*The Office*）的時候，我的節目製作人（也是我的良師益友）格雷格．丹尼爾斯（Greg Daniels）警告過我們講笑話要小心，不要讓麥可．斯柯特（Michael Scott）感覺太像愚蠢的卡通人物。他都會引用《辛普森家庭》（*The Simpsons*）的例子（他也是該卡通的編劇之一），說節目剛開始的時候，編劇都會寫「笨蛋笑話」來取笑荷馬（Homer），這個笑話讓荷馬顯得更愚蠢。經過一陣猶豫之後，他們就會在新的一集加入這個笑話的內容。後來他們又編了另一個笑話，讓荷馬顯得更蠢，然後他們就想……「嗯，既然他上次說了那一件蠢事，今天這件事也沒有比較蠢多少啦。」就這樣過了幾季之後，荷馬從原本一位有點愚鈍的父親，變成了一個十足的笨蛋，蠢到曾經被同一台販賣機夾到手兩次。當然，《辛普森家庭》是卡通（所以擁有卡通人物般的滑稽角色，會讓整部卡通更好看），而且荷馬又笨又固執的個性，就是整部卡通的賣點；但格雷格要表達的是，電視人物特質的奧弗頓之窗看似微不足道，我們還是要非常注意，否則事情到最後可能會一發不可收拾。

眞正的道德或社會進步，所有人都必須只在乎自己。她把她的理論稱爲「客觀主義」（objectivism），基本上與功利主義大相逕庭。功利主義的訴求是讓所有人得到最多的快樂與最少的痛苦，客觀主義則是讓自己得到最多的快樂與最少的痛苦。她曾經在《阿特拉斯聳聳肩》（*Atlas Shrugged*）的後記裡寫道：

「基本上，我的哲學觀認爲人類是最偉大的物種，人類的快樂就是生命的道德目的，人類的生產成就就是最高尚的活動，而理性是唯一的方法。」

這個哲學觀眞的很了不起，但其實很有問題。如果我們人生中的道德目的，就是讓自己獲得最多快樂，我們就必須因此犧牲別人，當然也要犧牲別人的快樂。在艾茵．蘭德的世界中，可能會有一千個史提夫困在ESPN的變電箱，而我是唯一在電視前面看世界盃的人，但我還是會放任這些史提夫觸電，因爲我的快樂最重要，而且如果拯救他們，會影響我的快樂。以下這段艾茵．蘭德的引文是我最喜歡的一段，她採取一個很大膽的立場，阻止我們「做好人」：

「請不要把利他主義當成善良、善意、或尊重他人的權益……利他主義的本質是自我犧牲（包括自我毀滅、自我否定、自我放逐、自我毀滅）。換句話說，所謂的自我就是邪惡的標準，而無私才是良善的標準。是否應該給乞丐錢這個問題，實在非常膚淺，你不應該爲這件事情煩惱，因爲根本不是重點。重點是你如果不給乞丐錢，你是否還有權利活在世界上。你要思考的點，是你要不要從這些可能會找到你的乞丐身上，花錢購買你的人生……任何有自尊心的人都會拒絕；但利他主義者卻會同意。」

用比較白話的方式來說，就是：「你們都去死吧。」

這個女人如此激進提倡自私，並認爲完全不需爲他人著想，竟然還沒有被世人唾棄，實在讓人很沮喪。更慘的是，蘭德的支持者還不少，尤其是那些自稱自由主義者的人。（美國國會中有不少蘭德的信徒，例如前衆議院議長保羅．萊恩〔Paul Ryan〕說他要求所有幕僚都要讀蘭德的書。但蘭德的書實在又長又難讀，這個要求很可能根本就違反了日內瓦公約。）有那麼多人支持蘭德，某種程度上好像也不意外。基本上蘭德想傳遞給讀者的訊息，就是他們如果要達到最高的道德標準，只需要很自私的保護自身利益就好。如果有任何一本飲食書，告訴你吃胡桃派和喝汽水可以減重，肯定會賣得不錯。蘭德之所以一直那麼受歡迎，根本就不是因爲她眞正的才能，而是她的理論非常吸引想得到和維持權力的人；畢竟蘭德的小說內容非常醜惡，她的文字又非常冗長無趣，根本比麻藥還適合在手術前使用。一位知名的學者曾說過：「艾茵．蘭德只有兩個問題：她不會思考、也不會寫作。」106

106 這是托德說的。

只需要很粗略理解我們先前討論過的任何道德理論，就能把客觀主義送進歷史洪流中的垃圾桶裡燒掉。客觀主義完全與功利主義相反，所以……客觀主義已經輸了。我也無法想像康德辛苦讀完一千一百七十二頁的《阿特拉斯聳聳肩》107，然後宣布「無限自私」可以當作普遍準則。斯坎倫似乎已經是相當冷靜且頭腦清楚的人，但如果他讀了蘭德的著作，不難想像他會用拳頭去揍牆壁；而尋找黃金方法的亞里斯多德主義者，如果看到一種理論，宣稱黃金方法的概念不過就是跳進湖裡，肯定會氣得怒髮衝冠。不過，在這個世界上，「盡可能自私」似乎是主流道德理論。這種理論無所不在，告訴我們可以爲所欲爲、完全不管他人生命的價值、把其他人都當作我們達到目的的方法，也宣稱我們完全沒有虧欠他人108。我們小小的道德逾矩，不管帶來的傷害再小，還是會讓我們的奧弗頓之窗稍微轉移，變得跟艾茵・蘭德的理想世界越來越近，讓「理性自私」這種糟糕的概念變得越來越可接受。不過，解決方法很簡單：我們要定期「審視」自己的行爲。只要我們出現道德逾矩的行爲，就要記錄下來。我們還是可以從「良善行爲」的餘額提款，但一定要把「收據」留下來，時時提醒自己。

107 我之前大概讀了兩百二十頁，試著更理解她的理論，但我還是放棄了。我還寧願讀康德探討風的論文。

108 蘭德自封爲個人主義和完全資本主義的女皇。但我要提醒各位，在她過世前幾年，她還是申請了美國醫療保險（Medicare）與退休金，而且也有領到錢。

搭便車的忍者：個案研究

第八章：超級市場裡面免費起司試吃的攤位，旁邊清楚寫著「每人限吃一份」。不過，我們做了那麼多好事、捐那麼多錢給慈善機構，而且我們眞的是好人、道德也相當正直，那我們能不能從五塊裡面拿走三塊呢？

我們在較小、較不重要的場合下，也會進行道德計算。而在思考這些道德計算的長期影響時，我們可以探討一個哲學界非常有名的實驗：搭便車問題（Free Rider Problem）。假如有一輛滿載乘客的列車[109]，裡面有家長與小孩、騎士與自行車、老夫妻與一大堆購物袋，典型的巔峰時刻駢肩雜遝。列車內所有乘客都付了該付的費用，而且今天很神奇，乘客數量剛好就是列車搭載的上限。（哲學思想實驗常常發生這種神奇的事。）列車開始移動時，突然有一位叫做黛柏（Deb）的女人衝過來跳到列車上，整個人掛在車廂裡的柱子上。她沒有付車錢，純粹想搭便車，但她並沒有占用其他人的空間。這樣她到底有沒有錯？

我們的直覺會告訴我們：她當然有錯。康德的狂粉會立刻暴跳如雷，用德文對我們怒吼[110]，因爲黛柏很明顯違反了定言令式，也就是她這種行爲絕對不可能成爲普遍準則。如果所有人都跟黛柏一樣（等列車滿載的時候跑進去搭便車），整個交通運輸系統就會崩潰，因爲所有人都想搭便車，都不會付錢。如果從康德的角度來看，搭便車這件事情完全「錯誤」。不過其實從康德的角度來看，大部分的事情都是錯的。人會一直犯錯，似乎是康德的執念。

但是……列車上沒有任何人因此受到任何影響。就算黛柏沒有搭便車，列車上所有乘客到達目的地的時間也不會改變。也就是說，從功利主義的觀點來看，搭便

110 托德說他們不會眞的怒吼，而是會「喃喃自語」，因爲「他們不是生氣，而是失望。」至於一位德國義務主義者到底是怒吼還是喃喃自語比較有趣，就讓各位讀者當作問題與討論了。（我就是喜歡這種「問題與討論」。）

109 從表面上來看，這輛列車與那輛煞車壞掉撞死工人的列車不一樣。

車似乎還是一件好事，因爲黛柏搭便車會增加世人的整體快樂（有更多人可以搭車到達目的地），而且不會帶來額外的痛苦。當然，有付車錢的乘客可能會對黛柏的行爲感到憤怒，所以我們必須重新計算大家的快樂與痛苦（其他乘客的整體憤怒可能會超過黛柏搭便車所帶來的快樂）。那如果沒有人看到黛柏搭便車的話呢？如果她用迅雷不及掩耳的速度爬上車側，最後躺在車頂，沒有人看到她的話呢？（原來黛柏是一名忍者！先別管合不合理，就讓我們這樣假設吧。）

現在的問題是：沒人看到忍者黛柏這個小小的違規行爲，因此沒人的權益受到影響，也沒有人因爲只有忍者可以搭便車而感到生氣。如果是這樣，我們要怎麼看待黛柏的行爲呢？她的行爲是好是壞呢？我們可以一直調整黛柏的行爲，然後看看各版本的行爲會帶來怎樣的影響。就像列車問題一樣，搭便車問題有非常多種版本，甚至在日常生活中的用處更廣。只要你知道有這個狀況，你就會隨時隨地看到這個狀況。舉例來說，有人自己不打疫苗，但依賴其他有打疫苗的人來保護自己的健康；有人不老實繳稅，卻仍然使用公共資源；有人在乾旱肆虐的城市用太多水來灌溉草坪；有人自己不投票，卻不停抱怨政府。這些都是搭便車問題的範例。但是爲了避免奧弗頓窗口的改變，也避免我們掉入艾茵・蘭德的極端自私，現在我們先不要由外而內，而是要由內而外來看這個問題：讓我們想想，黛柏自己如何看待自己的行爲。黛柏具有非凡的跑酷實力和忍者般的敏捷，所以世界上知道黛柏搭便車的人，只有黛柏本人。她可以接受自己的行爲嗎？瞭解黛柏是否會對自己的行爲感到罪惡，可以讓我們更明白從道德銀行提款的時候，自己會產生怎樣的感覺。

黛柏對於自己行爲的感想，與她自己發生的事情息息相關，而我們很可能不知道事情的來龍去脈。也許黛柏這位搭便車的忍者才剛打退一群搶劫老人的壞人，接著她必須趕到市區去幫她生病的父親送飯，而她的忍者服裝沒有口袋，無法攜帶搭車的費用，然後她對自己說：「我才剛做了一件超級好事，而且現在我也沒有傷害任何人，所以我要搭便車。」如果是這樣，就表示黛柏大概也知道自己的行爲不太好，但還是允許自己這樣做。如果未來發生類似狀況，她應該會和其他人一樣付錢搭車，而描述她道德範圍的奧弗頓之窗，應該不會有太大的變化。

又或者黛柏其實是一個壞忍者，每天利用忍術來偷小朋友的棒棒糖，然後只要看到有搭便車的機會，就會直接跳進車廂。如果是這樣，黛柏可能就有逐漸沉淪的風險，她的奧弗頓之窗可能已經稍微轉變。以前黛柏最糟的行爲只不過是偷糖果，但現在她搭地鐵都不付錢，而且還覺得無所謂。黛柏完全不會感到罪惡，會使她越來越自私。

不過，本書的其中一個目標，就是幫助我們接受失敗，畢竟如果我們在乎道德，而且想變成更好的人，難免會遇到失敗。我始終沒有要追求完美生活或變成道德聖人之類的，因爲這兩件事情不僅不可能，也不一定是很好的目標。我追求的，不過是在我們失敗的時候，不管遇到的是大事還是小事，都可以花點時間對自己承認失敗，然後下次必須做決定時，要記得上次失敗的感覺。所以即使是亂穿馬路或搭便車這種小事，我們也必須用心思考。不管我們覺得黛柏的行爲是否合理，也不管我們是否有注意到黛柏的行爲，我們只能希望黛柏心理的聲音夠大，能避免她養成不好的習慣，或至少警告她最近做了許多不好的事，盡量不要再犯錯。

小小犧牲、大大獎勵

我們打破規則的行爲到底是無傷大雅，抑或是讓我們的奧弗頓之窗打開，因而漸漸沉淪，通常很不容易判斷。很多優質的電視節目和電影中，都有人在一開始做了小小的壞事，然後一輩子都得繼續做壞事來彌補第一個壞事，最後變成無可救藥的野獸。舉例來說，我們大概很難像《絕命毒師》(*Breaking Bad*) 裡面的沃特・懷特 (Walter White) 一樣，從一開始的製作冰毒，到最後管理整個新墨西哥州的毒品帝國。不過如果罪惡感是用來警告我們的工具，我們就要讓自己感受到罪惡感，也必須在罪惡感出現阻止我們的時候，傾聽它的聲音。我們多數人在引導自身行爲時所遇到的最大阻礙，就是沒有將這些譴責我們的字條(也就是罪惡感)貼在牆上，所以罪惡感在我們做壞事的時候，就沒辦法跳出來提醒我們。這裡我不得不提到疫情期間的「口罩問題」。拒絕戴口罩的人都會自以爲不需要或不想要遵守這個新規則。現在其他人都已經戴上口罩，有人要求他們不要「搭便車」不戴口罩的時候，他們都會暴怒地說：「你怎麼可以強迫我戴口罩？這裡是美國欸！我享有自由的權利，想做什麼就可以做什麼，憲法保障我們臉部自由，然後……不要踩我！喬治．華盛頓！白頭海鵰！」111就是因爲這種態度（當然更可惡的是那些被媒體影響的人，還有一直帶風向的政治人物），我們只能無助地看著病毒一波又一波地肆虐我們的國家。更糟的是，有些州的政府甚至也不強制要求戴口罩，也許是因爲這些政府跟那些人有類似的想法，也許是因爲政府害怕激怒有這種想法的人，也許兩者都有，也許兩者都有然後再加上無知與愚蠢。

這些不戴口罩的人幾乎都不感到罪惡，對我來說就像是在我的肚子上狠狠揍一拳。畢竟戴口罩根本就是舉手之勞，犧牲的程度大概跟「不要亂穿馬路」差不多而已。還記得稍早提到的大熱天亂穿馬路嗎？氣溫高達華氏一百〇三度，而行人穿越道還要走一段路，所以我們決定亂穿馬路。如果這時候有人跳出來說：「我知道很煩，但如果我們都同意走行人穿越道，不要亂穿馬路，就能避免一千人死於車禍。」這樣是不是就很容易決定了！好我知道很熱而且很不方便……那如果可以拯救十萬人呢？這個決定應該再簡單不過了吧。但是我只能坐在這裡寫書，眼睜睜看著國內確診數字飆升，只因爲太多人覺得艾茵．蘭德所謂的無限制自私很重要，比其他人的快樂與安全總和更重要。

這也是斯坎倫的《我們虧欠彼此的東西》（*What We Owe to Each Other*）讓我有共鳴的其中一個原因，這本書的標題本身就給了我們一定的方向。他沒有把這本書命名

111 這也算不上什麼戲謔，畢竟這些人的論述，也沒有比這一串精神分裂似的愛國口號有道理。

爲《我們是否有虧欠彼此什麼？》（*Do We Owe Things to Each Other?*），而是開宗明義告訴我們，我們一定有虧欠彼此，而我們的目標就是找出到底虧欠什麼。現在國家正因爲壓力與痛苦、不公與不義、道德疲勞與耗竭而撕裂，這時候我們如果沒辦法變得像自己想像中那麼好，應該要饒過自己。不過我們必須記得一個簡單的事實：我們都有虧欠彼此。這個事實也許很小、很簡單，但它千眞萬確、非常重要、不得忽略。

我又想到一件事：我寫完本書初稿並交給編輯以後，就開始煩惱一件事：如果我要找到一間讓我更甘願把錢存進去的銀行，到底會有多困難？我剛剛才說所有的銀行執行長都是怪獸……不過也許我只關注了五間最大的銀行，有點忽略要做更完善的研究，所以我開始調查，然後發現一些（我覺得）比之前更好的銀行。他們沒有投資化石燃料、積極支持慈善事業、也會用道德約束員工的行爲等等。然後我就想：「哇靠還用考慮嗎？我要換銀行」。

所以我眞的換了。我一直抱怨這整件事情很麻煩、很惱人對吧？我告訴你，這一切眞的跟我想的一樣惱人，甚至有過之而無不及。過程中我要處理很多文件、奇怪的電話、錯誤的分機號碼、新的提款卡之類的雜事，最後花了好幾個月才搞定。我當然很開心我換了銀行，但我沒有要掩飾我在過程中多次感到惱怒。不過，我的經驗提醒我們兩件事情。第一：做更好決定的過程通常很惱人，我們必須逆來順受；第二：只要我們想要、而且願意投入時間精力，我們一定做得到。

我們討論過失敗，也討論過在我們的道德生活中要如何學習接受失敗；而我們現在可以更明確地指出什麼是好的失敗、什麼是不好的失敗。好的失敗來自我們想要做好事，但後來錯估形勢或做出錯誤的決定。如果是這樣，我們一〇〇%會失敗，而且一〇〇%情有可原；而且這個結果是來自於良善的本意，我們可以從中學習，讓我們未來有更大的成功機會。我當時不想換銀行的那次失敗，有部分原因是出自於無感，或所謂的「道德懶散」。我當時沒有做到會比現況更理想的事情，因爲過程既困難又惱人。我們才剛花了一整章的篇幅，說明要達到完美根本不可能，而我們絕對有權利偶爾做出亂穿馬路之類的行爲，來讓我們稍微脫離道德的束縛來放鬆一下。我認爲這種自我原諒，是讓我們順利過日子的必要過程。但老實說，我當時有點太早放棄我的支票存款帳戶。（我很幸運能擁有一個支票存款帳戶，也有時間和精力來思考，這個帳戶所屬銀行會給我帶來哪些好處和壞處，而且也有資源來做出改變。畢竟我們待會就會談到，很多情況跟我類似的人都有責任更努力一點，來把事情做對。）就算當初我沒有換銀行，我也不認爲自己是個「壞」人；但換了銀行以後，我覺得自己變得更好一些，我也發現一開始讓我差點佇足不前的原因無他，只不過就是懶惰而已。

各位，好消息，我們已經完成三分之二的旅程了！但壞消息是，接下來的議題會相當棘手。我們馬上就要探討道德哲學中相當複雜且痛苦的應用，並與日常生活中讓我們困擾的事情搏鬥，而這些事情會讓我們焦慮、痛苦、甚至導致我們與親朋好友大聲爭吵。

但過程會相當有趣！

PART 3

內容開始越來越硬，但我們要強渡關山，讓自己具備完美的美德和茁壯，同時成為義務倫理學上帶來快樂的超人。其中一章有咒罵的內容，但有充分理由。

CHAPTER 9

哇，你買了一支新的iPhone，真好！但你知道南亞地區還有很多人在餓肚子嗎？

二〇一八年十月，我最愛的波士頓紅襪在世界大賽第五戰擊敗洛杉磯道奇隊，贏得冠軍。紅襪封王的那場比賽是在洛杉磯舉行，當時我和好朋友奈特、戴夫、以及我兒子威廉去看比賽。我之前從不認爲運動能帶給我太多情緒上的滿足，但是紅襪奪冠的那一刻實在非常美妙且魔幻，我覺得我整個人都要飛起來了。戴夫也馬上把威廉高高舉起，我們彼此擁抱、大喊、大笑、慶祝。以下這張照片是威廉，當時我們剛衝到球場裡面：

我在十二月的時候打算買耶誕節禮物送給威廉，然後我逛到一支簽名球棒，上面有紅襪隊四位最佳球員的簽名。對一名十歲的兒童來說，這個耶誕禮物還滿貴的，它的價錢是八百元。哇靠，跟二〇〇五年紳寶轎車的後保險桿差不多貴耶[112]！但我後來回去看看威廉那張臉上充滿喜悅的照片，我就想說：管他的勒，這是我們永遠都會記得的珍貴時刻，所以我就買了那支球棒。然後有好一陣子我都感覺很糟糕，一切都是哲學的錯。

其實，應該是某位哲學家的錯。

我們每天做的一大堆決定，不僅會帶來道德疲勞（所有人都在討論的最新

112 抱歉，我就是忍不住。

看看他充滿喜悅的臉！（作者私人收藏）

哲學術語），也會迫使我們計算道德機會成本。「機會成本」是一個經濟學的術語，指的是我們花費手上資源時所放棄掉的東西。舉例來說，一間公司如果投入更多錢在研發，機會成本就是無法雇用更多的員工；如果公司花更多錢在廣告上，機會成本就是沒那麼多錢採購。同理，道德機會成本的意思，就是我們選擇做某件事情的時候，會因此無法做到的好事。要討論道德機會成本，就必須認識破壞偶像主義的澳洲功利主義哲學家，也是那個在二〇一八年讓大家非常掃興的人：彼得．辛格（Peter Singer）。

辛格（出生於一九四六年）於二〇〇六年十二月在紐約時報上寫了一篇文章，標題是「億萬富翁應該給予什麼？你又應該給予什麼？」（What Should a Billionaire Give—and What Should You?）當時比爾．蓋茲（Bill Gates）捐了將近三百億美元給他的慈善基金會，讓他成為史上最佳（以捐款數字來衡量）的慈善家之一。辛格相當讚許蓋茲的努力，因爲他努力消除在南撒哈拉地區肆虐已久的瘧疾。不過辛格隨後說道：

「蓋茲確實捐了將近三百億美元，但他還是在富比世最富有美國人的名單中名列前茅，身家大約五百三十億美元。他在西雅圖附近擁有六萬六千平方英呎的高科技湖邊別墅，價值超過一億美元……蓋茲也擁有〈萊斯特手稿〉（*Leicester Codex*），是目前唯一私有的李奧納多．達文西手稿，蓋茲於一九九四年花了三千零八十萬美元買下。所以比爾．

蓋茲爲世界的付出眞的足夠嗎？你甚至可以問：如果蓋茲眞的認爲每個人生命的價值都一樣，他爲什麼還要住在這麼昂貴的房子？爲什麼還要擁有李奧納多的手稿？如果他過著更簡樸的生活，捐更多錢給慈善機構，不就能拯救更多條人命了嗎？」

辛格要我們用不同的角度來看待蓋茲：蓋茲不是一個捐了三百億美元給慈善機構的人，而是一個擁有五百三十億[113]美元，卻都沒捐給慈善機構的人。我們會怎麼看待一個擁有五百三十億美元卻沒把它捐出來的人？我們第一時間可能會覺得他「太摳了吧」，而這個想法之後大概也不會有太大變化。但這樣對蓋茲公平嗎？畢竟他都已經捐了三百億給慈善機構了！[114]

我們在第五章討論過美德的上限，並發現所有道德系統都認爲我們的美德應該要有天花板。但就算我們（很合理）想避免成爲「快樂幫浦」，辛格還是不放過我們。他要我們一直思考是否可以做得更多（不管我們做了多少）來幫助其他人。所以現在我們要問一個新的問題：在做一些世俗、日常的決定時，我們到底什麼時候可以不管這些決定的道德機會成本？

113 辛格在《紐約時報》的那篇文章刊出時，這個數字是正確的。不過我在寫這本書的時候，蓋茲的總資產竟然暴增到一千兩百七十九億，而且別忘了他甚至已經離婚了，也捐了那麼多錢出去。（看來離婚對他個人財務的影響，仍是個未解之謎。）

114 在四年後的二〇一〇年，蓋茲和華倫．巴菲特（Warren Buffett）宣示了「捐贈宣言」（The Giving Pledge），承諾至少將財產的五〇%捐給慈善機構，並致力邀請其他億萬富翁簽署這個宣言。巴菲特甚至承諾，要將九九%的財產捐出。

每雙平底鞋都是一條人命：彼得・辛格的故事

站在人類食物鏈頂端的人，基本上都是外星人，因爲他們過著我們無法想像的生活。（沒錯，這句話是我說的，我是一個收入極佳的喜劇編劇。）電信業鉅子約翰・馬龍（John Malone）在美國擁有超過兩百二十萬英畝的土地，比德拉瓦州、紐約市、以及休士頓加起來還大。甲骨文公司的創辦人賴瑞・艾利森（Larry Ellison）幾年前在感到無聊之下，就把夏威夷的一整個島買了下來。在「瘋狂富有」鐘形曲線另一端的人，和你我根本居住在不一樣的星球；所以他們在極少數有機會出來和眞實世界的人互動時，所做的行爲總是會引起大家密切關注。亞馬遜執行長傑夫・貝佐斯（Jeff Bezos）是全球首富，他在二〇一九年野火肆虐澳洲的時候，宣布亞馬遜會捐出一百萬澳幣（六十九萬美元）來救災。隨後他不意外地受到各界批評，有人指出貝佐斯當年根本每五分鐘就能賺到一百萬澳幣。然後人們也毫不意外地開始檢視貝佐斯最近都把錢花在哪裡。舉例來說，他曾經狂撒四千兩百萬美元，在德州一座中空的山裡面建造一個時鐘，這個時鐘將持續運轉一萬年。也就是說，貝佐斯花了四千兩百萬打造一個詭異的未來外星人超級時鐘……但只花了六十九萬來拯救澳洲大陸？大約一個月後，貝佐斯宣布將在未來十年捐出一百億美金來對抗氣候變遷。貝佐斯成爲眾矢之的，與他突然做出大規模利他主義行爲之間的關係，應該顯而易見。（看到了嗎？羞恥也能帶來好處的！）

我們要求可以做最多的人真的做到最多，是相當自然且正確的心態。但什麼叫做「最多」？在不同的情況下，他們到底需要負多少責任？我們什麼時候才應該覺得他們完成了自己的使命？辛格對比爾．蓋茲慈善捐款的批評讓我相當震撼，所以我去讀了辛格寫的其他東西。然後……哇靠，如果你想知道自己的道德感不夠是什麼感覺，去讀一堆他的書就對了。辛格完美純粹、一塵不染的功利主義，可能會往很詭異的地方發展，例如否定三百億美元的慈善捐款。不過，辛格在所有的著作中，都維持一貫的單純思想：不管在什麼地方，人命的根本價值都不會改變。辛格提出一個相當有說服力的思想實驗來證明他的論點，我會試著簡短說明。

想像我們經過一個水很淺的池塘時，看到一個溺水的小孩。多數人都會同意，我們有立即行動的道德責任：我們應該衝進水深只有膝蓋高的池塘，把小孩救出來，避免他溺斃，這些你大概都知道。但是，如果我們看到這個小孩溺水的時候，心理想著：「嗯……我是應該救他沒錯，但我才剛買了這雙新的義大利平底鞋，我可不想把鞋子弄壞。所以……孩子，祝你好運！」然後我們若無其事地走開，也許還因爲我們的新鞋很軟、皮革品質很好，哼著快樂的小曲。這樣一來，別人當然會覺得我們是很糟糕的人，比一個擁有五百三十億卻一毛都不捐給慈善機構的人還糟，因爲我們當時只要做一件很基本的事情就能拯救一條人命，而我們不做的理由非常冷酷無情。爲了不讓平底鞋壞掉而犧牲掉一條人命，代表我們可能是虐待狂、反社會者、或是艾茵・蘭德的追隨者，或三者皆是。別人會公開發文指責我們的糟糕行爲，合情合理。

不過當然，多數人都沒那麼糟糕，而是會立刻算出人命的價值高於一雙義大利平底鞋，然後涉水進入池塘拯救那個孩子。但辛格的重點是：我們都知道現在全世界都有溺水的孩子（可能是眞的溺水，也可能是遇到一樣麻煩的困境）。我們都看過要我們每天捐贈三十分錢來幫助葉門飢餓孩童的廣告，或收過某組織寄來的電子郵件，告訴我們只要每週一塊錢，就能拯救敍利亞的人命。我們常常忽略這些廣告或郵件，甚至覺得它們很煩。但每週一塊錢，比我們腳上的平底鞋便宜多了。我們爲什麼會覺得那邊的人命，比這邊的人命還要沒有價值呢？爲什麼非得要發生在我們面前，我們才願意拯救這條人命呢？

辛格在課堂上引導這個思想實驗時，學生常常針對這個狀況提出合理論述：我們把錢捐給我們認爲有在救人的組織，但是因爲組織官僚系統，有些錢可能不會花在刀口上，這樣一來，這些錢的實際影響就有點模糊了。這時候辛格就會指出，我們要付出的實在非常少（根本就是幾分錢而已），所以就算我們捐出的錢只發揮了二五％的影響，難道不算有幫助到別人嗎？沒錯，這點很難反駁對吧？最後，辛格要我們做出很合理的下一步：把我們要拿來買義大利平底鞋、新牛仔褲、或新 iPhone 等奢侈品的錢都拿出來，把這些錢全部送給世界上某個角落的某人，讓他能夠過上更好的生活（或讓他有辦法生存下去）。辛格要我們做出最徹底的功利主義奉獻：放棄我們從生活中小東西所得到的少許愉悅，試著幫助那些面對我們無法想像挑戰的人，讓他們的痛苦大幅減少。

辛格很淸楚自己的理論站得住腳。我們很多人都會買一堆不需要的東西，光是想想可以用這些錢來做多少其他事情，就凸顯了我們多會亂花錢。其實只要我們看看家裡有多少用不到的東西（不必要的抱枕、永遠不會穿的衣服、要價八百美元的簽名球棒等等），我們就會發現，辛格的理論可以幫助我們幹大事：我們都可以是英雄！我們都可以當奧斯卡．辛德勒（Oskar Schindler）。當然，辛德勒是在納粹政權的嚴密監控下，冒著生命危險救人；而我們坐在家裡看著《侏儸紀公園》，吃著蜂蜜口味的花生……但我們也可以像辛德勒一樣救人！只要我們不要買那些用不到的東西，把省下來的三十元拿去買蚊帳捐到非洲，然後就可以坐等史蒂芬．史匹柏（Steven Spielberg）製作一部奧斯卡獎等級的電影，歌頌我們的犧牲與勇敢。

但這時候我們又想起快樂幫浦的警示，然後糾結到底這些行爲要持續到何時，難道眞的要到我們家徒四壁，手中只剩下一罐蜂蜜花生爲止嗎？我們突然又回到灰色地帶，納悶到底什麼時候可以放心購買自己想要的蠢東西，而不會因爲沒把錢花在更重要的事情上，感受到功利主義的罪惡，我們根本不可能知道！

但是辛格在與內心的邊沁討論過後，告訴我們其實可以透過計算來得知。

辛格認爲，我們只需要一定數量的錢，就可以過上基本的生活，也就是有得吃、有得住、以及普通的休閒娛樂等等。確切的金額要看情況，例如我們有幾個小孩、以及我們住在哪裡等等，但最終都可以計算。我們可以算出自己眞正需要的錢有多少，並把一些錢拿來儲蓄與應對突發狀況，剩下來的錢就可以捐給弱勢族群。辛格於一九九九年在《紐約時報雜誌》的文章中寫道：「其實公式很簡單：只要是花在奢侈品而非必需品的錢，都應該捐出去。」辛格根本是康德的結果主義解答，有夠硬派。他對道德義務的看法非常極端，我曾經想像他應該看起來像《瘋狂麥斯：憤怒道》(*Mad Max: Fury Road*) 裡面的湯姆・哈迪 (Tom Hardy)，是一名後龐克、留著灰髮、孤狼式的功利主義勇者，在沙漠中遊蕩，而引導他前進的，是無可妥協的正義感。不過其實辛格長這樣：（見下圖）

比想像中溫和許多。©Keith Morris_Hay Ffotos_Alamy Stock

現在我們已經更瞭解辛格對蓋茲的批評。捐贈三百億元很棒，但如果他還擁有五百三十億元，就應該將幾乎所有錢都捐出去。難道比爾．蓋茲還有缺什麼東西嗎？應該沒有吧；而非洲的飢餓孩童有缺什麼東西？床、房子、食物、飲用水、瘧疾藥物、維生素、教育、肥皂、疫苗。有哪些東西是比爾．蓋茲不需要的？大概是五百二十億九千九百九十九萬吧。以辛格的角度來看，這個問題根本不需要思考。我們這些可計算的「必需品」總共可能值一塊錢，也可能值五百三十億元；但行爲都是一樣的：只要不需要，就應該把錢捐給需要的人。

現在我們不免俗要針對辛格的指示提出合理的反對。首先，對多數人而言，如果賺來的錢只能拿來買必需品、加上一點點的娛樂、以及存一點錢以備不時之需，感覺並不是非常安全。我們都有可能遇到災難性的「黑天鵝」型事件，例如車禍、生病、生意失敗、親朋好友急需救助等等。如果可以，我們也會想存些退休金，或留些錢給後代子孫。如果我們把所有錢都捐出去，然後突然間因爲個人因素急需用錢，這時候就算我們知道自己的錢用在改善馬拉威某條河流周遭的衛生，改善當地數千名孩童的健康，我們或許也不會感到欣慰。

雖然很顯然有些人會因此感到欣慰。辛格在《你能拯救的生命》（*The Life You Can Save*）與《你能做的最大善事》（*The Most Good You Can Do*）這兩本著作中，都有提到有人參與一個叫做「積極功利主義」的活動，把腎臟捐出去的故事。而且要知道，他們不是把腎臟捐給特定人，而是給「任何需要的人」。（辛格的腦粉真的跟他一樣硬派。）這些人捐贈腎臟時的計算邏輯是：自己只有一顆腎臟的死亡率是四千分之一，大概就和騎腳踏車時被車撞死的機率一樣。換句話說，對這些人而言，如果不把其中一顆腎臟捐出去，就代表他們覺得自己生命的價值，是需要腎臟的陌生人的四千倍。先不論這個計算是否合理，我們多數人在想到要捐一顆腎臟給別人的時候……大概都會猶豫。對多數人而言，如果親朋好友需要腎臟，應該都會需要我們捐贈。如果我們的孩子幾年後需要腎臟移植，但我們幫不了她，因為我們為了滿足一位素未謀面的澳洲倫理學家，早就把一顆腎臟捐出去了，這樣該怎麼辦？或是如果我們僅存的一顆腎臟出問題了，使得我們必須要求家人捐一顆腎臟給我們，這樣該怎麼辦？就算發生這些情況的機率很小，也不代表我們就能心甘情願捐贈一顆腎臟給別人，只要想到這些情況，我們就會感到不寒而慄。115

針對辛格世界觀的第二個批評，就是他非常不支持所謂的「文化」慈善。辛格認為，孩子都要活不下去了，如果還忽略他們的痛苦，把你每年的慈善禮物送給美術館或交響樂團，實在沒有道理。我們很難指出這種說法的邏輯問題，但是交響樂團很好啊！對有些人來說，交響樂團非常有意義，甚至是人生中最重要的事情。如果我們因為這些人捐錢給交響樂團而批評他們，用其實可以預防的孩童死亡來攻擊他們，實在是有點殘忍。辛格的理論很重要而且有道理：客觀來說，有些慈善事業就是比較有意義，而積極功利

115 辛格也承認這些反對理由有道理。他曾經寫道：「我們多半都會把家人放在第一順位，尤其是孩子。家庭至上是很自然的反應，而且在大部分的情況下都沒問題。」

主義運動應該受到大家的推崇，因爲它讓我們知道我們的錢到底有多少價值。[116]但這種說法其實就跟我的紳寶汽車後保險桿事件一樣：你不應該這麼在乎「這件事」，因爲「那件事」嚴重多了。哦，你要捐一百元給美術館？很好啊，但你可以用這些錢拯救二十條人命耶！好啦沒關係，你就去吧，也許盯著一座布朗庫西（Brancusi）的雕像也很重要吧。

辛格的論述絲毫不留通融的空間，可能很令人挫折。他的基本邏輯沒什麼破綻，就算我們覺得不公平，還是一直會受這個邏輯影響。所以我在紅襪贏得世界大賽後，買了那支很貴但完全「沒必要」的簽名球棒時，突然覺得很沮喪。我可以感覺到辛格的幻影正在對我怒目而視：花八百塊買一支球棒？你的錢不能花在更有意義的地方嗎？我用一個希望不要太大聲，但也不確定是否眞的大聲的聲音回覆：「彼得．辛格，你閉嘴。這支球棒對我來說很重要！我就是要買！」辛格的幻影不爲所動，只是淡淡地說：好吧，畢竟是你的錢。但讓我很快再說一下，你爲什麼不去樂施會（Oxfam）的網站，看看那些赤貧者的悲慘故事呢？

還記得伯納德．威廉斯和他對功利主義的批評嗎？他說功利主義否認了我們的完整性（我們身爲一個完整、未分化個體的感覺），也犧牲了我們個人的核心價值，只爲了達到大規模「快樂」這種模糊的概念。功利主義有時候會否認我們之所以爲「我們」的事情。以威廉斯的角度來看，我因爲想跟兒子一起慶祝而買禮物，並透過這件事情連結我們的感情，在道德上根本沒有瑕疵。而我個人的意見也和威廉斯與蘇珊．沃爾夫一樣，他們

116 若想取得進一步資訊，可以上 givewell.org 參考他們的最積極慈善名單，每年都會更新。

都警告我們不要想成爲道德聖人。人生是我們自己的，而我們在經歷各種事物，讓人生變得立體與精彩的同時，完全不需要感到罪惡。如果依照辛格的邏輯，我根本連世界大賽都不應該去，因爲門票很貴；也許也不應該幫我兒子買玉米片和熱狗，我們根本不該花錢停車……甚至我根本也不該購買MLB的電視套餐來看紅襪隊的比賽。再推論下去就顯得愚蠢了。

但令人生氣的是，辛格的論述其實還是有點道理的。我們都會做很多不需要做的蠢事，而我們做蠢事的時候，很少思考道德機會成本，也就是我們本來可以做的那些更好的事情。辛格的理論雖然很令人挫折，但他毫不保留地強調道德機會成本，是我很喜歡他的原因。辛格在二〇一九年出版了《你能拯救的生命》一書，並邀請我撰寫序言。[117]考慮過讀者讀完此書後可能覺得反感的地方後，我[118]在序言中寫道：

> 「閱讀本書時，比起你所感覺到的東西，更重要的是你感覺不到的東西：自滿。你不會再覺得其他人不重要，你也不會再用毫不在乎的心態去看國內外災難的相關報導，而是會在意那些受影響的人（哪怕只有一下下也好）。你會一直思考，也許可以做些簡單、又不會影響你和家庭的事情，來幫忙這些災民。」

117 我在《良善之地》的其中一集有提到這本書，絕對不是無緣無故在炫耀我認識厲害的哲學家。畢竟如果我眞的在炫耀，我的好朋友斯坎倫一定會很生氣。

118 天啊，我把炫耀名人發揮到一個極致：我炫耀的是自己的名字！這可是炫耀方法的一大突破。

對我來說，這就是辛格帶給我們的禮物：卽使是生活品質中等的現代人，也很容易感到自滿，忘記世界上多數人或多或少都在與貧窮和苦難奮鬥，而且每天都要面對我們無法想像的問題和危險。冷氣、暖氣、食物、飲用水、洗衣機、冰箱、電力、醫療、和平與治安，我們都覺得這些事情理所當然，但世界上多數人卻不是這樣。辛格就像是一個自滿警報系統，119 隨時發出嗶嗶聲來提醒我們自己有多幸福，並隨時問我們有沒有考慮要多做一些事情，來幫助更多的人。

辛格在學術界有不少反對者，他的提醒不會給我們太好的感覺，其實我們也不該有好的感覺。沒有人喜歡一直搞砸的感覺，所以一個拿著霰彈槍的凶狠澳洲殺手（我很抱歉，他在我腦海中還是這個形象）指出我們隨時都可以做出不同決定，來幫助更多人（我們每次看電影或買牛仔褲的時候，這個人也都會跳出來質疑我們的決定）的時候，感覺實在很差。這個人甚至還跟我們說，購買這些牛仔褲的機會成本，就是犧牲掉十條人命，聽了實在很痛苦也很討厭。不過，我們當然也會想要關懷別人，並嘗試多做些什麼，這時候辛格的提醒就很有用了。還記得嗎？我們討論的重點是實際參與，也就是簡單地問自己：我在做什麼？我是否能做得更好？挑戰自已的行爲可能很痛苦也很惱人，但可以改善我們對事物的無感，畢竟無感是進步的最大阻力。如果我們對自己沒做的行爲完全無感，根本也不可能達到公民參與的黃金方法。

新冠肺炎的疫情帶來很多激勵人心的故事，例如房東幫房客減租、以及民衆合作

119 值得一提的是，辛格也有遭受批評的地方，例如他對殘障的看法，以及針對重症人士的資本分配問題（會有這些批評，也是因爲他太嚴格堅持功利主義，而讀者也許可以在閱讀時自行理出一些頭緒。）但我們曾經討論過，不管是慈善、或個人資源使用等議題，如果完全依照功利主義的邏輯，也許不是一個理想的做法。

爲老人與病人送食物；但也有很多糟糕的故事，例如房東無情地驅逐房客，以及有些人被迫在保護措施不足的情況下工作120。在這波疫情中，有人爲前線的醫護人員募款，也有人預測窮人和生活水準較低的人，會受到很嚴重的影響。無論如何，很多人都在想同一個問題：我的責任是什麼？我要怎麼幫助他人？我認爲答案（針對疫情與類似的狀況）會先從斯坎倫開始，再慢慢轉移至辛格。公衛危機席捲全世界的時候，我們所有人的基本要求（有理性的人都不會抗拒的規則，同時也是我們虧欠彼此的基本事物）其實很容易決定，也沒什麼好爭論的：我們要盡量減少旅遊、維持社交距離、戴口罩等等。做到這些以後（這時候就輪到辛格出場了），我們的責任會反映在我們的社經地位上。舉例來說，假設我們有雇用一些人爲我們工作（例如幫我們遛狗、顧小孩等等），而我們也還有能力付薪水（不管是全部或部分薪水），那麼就算他們在疫情警戒時沒有主動幫我們工作，我們還是應該付薪水。面對危機的時候，有幸還有閒錢的人，就應該分給眞正需要的人。

傑夫．貝佐斯和億萬富翁媒體經理人大衛．葛芬（David Geffen）等人屬於社會頂層，而正因爲他們非常有錢，（我認爲）他們最應負起幫助他人的責任。不過從疫情開始以來，他們多半都沒有做到。疫情剛開始時，亞馬遜設立了一個叫做 GoFundMe 的平台，來爲自己的員工募款121，而這件事情的成效，大概就和貝佐斯在澳洲森林大火時捐出六十九萬元差不多。只要簡單計算一下，就會發

120 我在企業界聽過最糟糕的事情，就是泰森食品（Tyson Foods）在愛荷華州的一間工廠，主管甚至互相打賭多少員工會確診。

121 關於亞馬遜是否有公開向大眾要求捐款，還是有一些疑問：他們在這次的募款中得到兩千五百萬，但其中一名發言人後來否認他們要社會大眾捐款。既然如此，一開始到底爲什麼要設立 GoFundMe 這個活動呢？

現貝佐斯本人可以將整年的薪水，支付給二十五萬名領基本時薪的員工，然後他還會剩下一千七百五十億。如果你身爲世界首富，而你數十萬名員工的生計受到影響時，你的責任就遠遠不只有「付錢給幫你遛狗的人」。而葛芬似乎也不想輸給貝佐斯，他發了一則 Instagram 貼文，是他價值五億九千萬的遊艇在格瑞那丁群島悠遊的照片，他甚至還在文中強調社交距離的重要，眞的非常實際。想知道事情後來怎麼發展嗎？葛芬後來火速把帳號改爲私人帳號，而在我寫到這裡之前，都沒有進一步消息。

我對葛芬的批評倒也沒有辛格那麼嚴厲，畢竟我不會說他有把遊艇賣掉、並把得來的錢捐出去的道德義務。但我必須說，身爲一名億萬富翁，在面對這次肆虐全球的疫情時，他有責任做得比一般人多很多。我也建議葛芬可以花點錢在社群媒體顧問上，因爲葛芬竟然在美國失業率創新高的那週，還放上自己價值五億九千萬遊艇的照片。如果他有社群媒體顧問，至少還有人可以把他的手機丟到海裡。

現代生活中最令人惱怒的錯誤：出於好意最後卻搞砸

辛格的道德提醒，非常有助於告訴我們該把錢和時間花在更好的地方，但有時候我們還是會遇到別的麻煩。有時候，問題不一定在於我們花錢時沒有考慮是否可以爲世界做得更多；有時候我們眞的想做點好事（眞的有聽辛格的話！），但就像本書一開始討論的，就算我們出於好意想做好事，這個世界就是會打臉我們。

二〇〇四年我搬到洛杉磯，當時必須取得我人生的第一輛車。我選了一輛有點貴的中型轎車，但它很好看，而且安全評分很高，但大概三個月以後，我就開始討厭我的車。原因不是開起來不好玩（雖然確實不好玩），也不是因爲在洛杉磯不管開什麼車都很麻煩，而是它實在太耗油了。身爲一個很常講內燃機對環境會造成負面影響的人，我自己卻開著一輛一加侖汽油只能跑十七英里的車，實在覺得自己很虛僞。

所以我在車子租約到期以後，就立刻換了一輛 Toyota Prius，是當時油耗表現最佳的車款之一，平均每加侖可以跑三十八到五十英里，省油多了！我感覺自己沒那麼虛僞了！直到後來有一個朋友告訴我，Prius 電池的製造過程，對環境的傷害其實比一般汽油車還要大，而原因我現在忘記了。（好像是電池裡面的化學什麼的，然後什麼地下水滲漏什麼的。）我在研究這個說法到底是眞是假的時候，又讀到一篇文章，說全電動車已經開始在市場上出現，並發誓下一輛車要換電動車……直到後來我又讀到一篇非常令人難過的文章，在討論全電動車其實更糟，因爲加州目前的電力，多半都還是來自燃煤發電廠[122]。也就是說，除非你用太陽能板幫車子發電，否則開全電動車對環境造成的傷害其實更大，傻子。得知這件事情以後，我整個恐慌症發作，必須躺在地上冰敷我的額頭。

122 這其實是二〇〇〇——一〇之間的狀況。加州現在的電力大概有三分之一來自可更新能源，並預計在二〇四五年達到一〇〇%乾淨能源的目標。

所以，我們又回到道德疲勞了[123]，但現在我們遇到的，是一個傳染力更強的道德疲勞新品種[124]，現在就算我們想做得比以前更好，還是會因爲各種原因遭受懲罰，更糟的是，我們也會常常遇到批評我們搞砸的人。例如：你怎麼會支持這個人參選國會議員？你不知道他支持伊拉克戰爭嗎？你怎麼可以買這些紙巾？它的母公司製造很多河川汙染耶！你怎麼可以看這部電影、吃這個東西、去那個國家旅行、吹奏這個品牌的風笛呢？[125]好像每次我們都已經做過功課，做出當下覺得最好的決定，都會有人寫文章指出我們根本就是問題的一部分。然後更討厭的是，有些朋友、家人、還有熱心的網友，都非常樂於指出我們的錯誤：哦你喜歡吃花生果醬三明治？很好啊，我想你應該完全不關心世界上有一千一百萬名兒童對花生過敏吧？你也不在乎他們可能會因爲你自私的午餐決定而死掉吧？**#你怎麼可以這樣#花生正義要落實#挑剔媽媽會選擇活下去**

似乎在我們這個世代才會有這種道德兩難：資訊取得非常容易，我們知道自己無意間做出不好的決定時，要怎麼樣才能不感到罪惡或羞愧呢？公元前三四〇年時，沒有人知道個人選擇對生態系會造成負面影響，但現在我們知道的比以前多很多，而就算我們不知道，也有很多人知道（或自以爲知道），並非常喜歡跟我們解釋我們哪裡做錯。現在我們面對的是更高一層的道德兩難：嘗試解決道德難題時無心造成的道德難題，我們到底該如何面對？這個問題眞的很複雜，感覺應該透過亞里斯多德和他「我應該成爲怎樣的人」方法來尋找答案。所以亞里斯多德，我就問，對於我們已經盡可能做到最高標準，卻還是被

123 我早就感覺到它又要出現了。

124 看到了嗎？到處都有新的變種！

125 這句話如果要成立，就必須有某間風笛廠商比其他廠商製造出更多社會問題。

事實打臉的可能性，我們到底應該付出多少關注？

德性倫理學者可能會說，如果我們太擔心無法預測的負面影響，可能就會陷入某種泥淖，一直在思考和重新思考自己的行為可能帶來什麼影響。我們會非常害怕簡單決定可能帶來不好的結果，連選擇水蜜桃罐頭的時候都會猶豫不決。但如果我們完全不在乎任何意外的結果，可能會讓我們對事情變得無感：做事情時完全不管可能出現的意外錯誤，會讓我們很容易變成完全不在乎後果的人。我們必須找到某種黃金方法，既能盡可能考慮到所有面向，又能在出於好意的行為帶來負面影響時原諒自己。

我不想自己開著一輛油耗表現很差的車，同時還要求別人減少使用化石燃料，這樣我會覺得很糟糕也很尷尬，因為實在太偽善了，而偽善是最令人厭惡的特質之一。（我們的老朋友茱迪絲．施克萊花了一整章的篇幅討論偽善，而你大概也能想像，她根本不在乎。）但是，刻意偽善（明明知道自己開的車對環境不好）與意外偽善（開的車比原本那輛車對環境更好，但會對環境產生意外的傷害）還是不一樣。如果亞里斯多德可以幫我們度過一開始充滿困惑與罪惡的亂流，接下來我們就能仰賴類似康德的方法（加上我的良善意圖）來繼續前進。

在前一章的討論中，我們希望搭便車的忍者黛柏承認自己的缺失，避免讓自己的奧弗頓之窗越開越大，我們也一樣，必須判斷自己的行為是否恰當。假設我們捐了五十元給拯救美國鵜鶘基金會（Save the American Pelicans Fund），它的任務是保護鵜鶘棲息的溼地。然後我們的朋友南西知道了這件事情，對我們怒吼：「你白癡嗎？拯救美國鵜鶘基金會是很糟的慈善組織欸！你應該捐錢給美國鵜鶘拯救基金會（American Fund to Save the Pelicans）才對吧！大家都知道它們才是唯一優良的鵜鶘慈善組織！」首先，南西，請妳冷靜一下，妳的口水噴到我們了。第二，我們這是出於善意的無心之過，畢竟我們的本意確實是要幫助鵜鶘。聽到南西的斥責以後，我們可能會立刻雙手一攤，表示自己怎麼可能知道自己犯了錯？畢竟我們可不像南西，有一整個月的空閒時間來研究一百萬間名稱類似的慈善機構啊！126 但如果犯錯所帶來的惱怒感或羞恥感影響我們太多，我們最後可能會認爲幫助別人根本沒有意義，畢竟誰想要因爲幫助別人而讓自己那麼困擾啊？所以就算最後的結果不理想，我們還是要把重點放在良善的本意（捐錢給慈善機構）。這時康德的世界觀就很吸引人了，因爲購買 Prius 或捐錢給慈善機構，都代表我們正在積極遵循康德的準則，是因爲出於遵循準則的責任感所做的好事，包括盡可能幫助別人、讓世界變得更好、盡本分解決複雜的問題。如果最後的結果不理想，就連康德（這個傲慢又討人厭的道德勢利小人）也必須承認，我們沒有「做錯」任何事。我們努力過，雖然失敗了，但下次會盡量做到更好。我們可能也會少花點時間跟南西相處，因爲她有點過分了。

曾經嘗試，曾經失敗。沒關係，再試一次。再失敗一次，一個更漂亮的失敗 127。我們最多也只能做到這樣，而且就算我們眞的相信這個論述，用這種方法過日子的感

126 我知道南西也是出於好意，但是她好討厭，我要跟她絕交。

127 這句出自薩繆爾・貝克特的名言，也許沒有我們想像中那麼激勵人心。這句話的出處是《Worstward Ho》，是一部非常黑暗、恐怖、噁心的作品，畢竟作者是貝克特。但連我都能從他這些陰沉到可笑的文字中，發現很詭異的樂觀面向，所以我選擇這些文字來讓我們看到一絲希望。

覺也不會太好。我們越小心檢視自己的決定，似乎就會越想忽略生命中必然出現的道德難題。這些難題太複雜、太惱人，我們最後可能還是會認爲，不改變自己的行爲還比較容易（甚至不會比較沒道德）。

……是說，眞的可以這樣嗎？可以嗎？

CHAPTER 10

這個三明治在道德上有問題但它眞的很好吃。我到底該不該吃？

二〇一二年夏天，連鎖速食餐廳福來雞的執行長丹．凱西（Dan T. Cathy）上廣播聯賣節目《The Ken Coleman Show》，公開反對同性婚姻。之所以會邀請他上節目，很明顯是因爲這場辯論需要「雞肉三明治業者」的觀點。丹．凱西在節目上說：

「我認爲，我們對上帝搖手說道：『我們比你更懂婚姻』的時候，就是擺明在邀請上帝來評斷我們的國家。我祈禱上帝能寬恕我們這代人，因爲太多人既驕傲且傲慢，認爲我們有能力定義婚姻是什麼。」

如果你忘記他講這句話之後發生什麼事，其實也不會太難猜。LGBTQ+團體自然立刻發起抵制；反同婚的政治人物與倡議者則放上自己大啖福來雞三明治的照片。大家都義憤塡膺。

當時我正在製作《公園與遊憩》（*Parks and Recreation*）這部劇，編劇室裡的大家都相當生氣。128 我其實從來沒吃過福來雞，當時我也用不太正式的方式，宣稱我以後不會吃，因爲我不想支持一個不認同婚姻自由的企業，而婚姻自由本應是一種人身（與憲法保障的）自由。後來我得知幾位編劇毫不猶豫表示，他們會繼續吃福來雞的時候，天曉得我有多訝異！我問他們爲什麼，以下是他們的理由：

——抵制福來雞根本沒用，因爲一個人的消費金額對整間企業的營收不過是杯水車薪。

——福來雞的雞肉三明治眞的好吃。

——抵制福來雞，反而會傷害到它們的員工，因爲如果生意不好，有些員工可能會丟掉飯碗。

——它們的雞肉三明治是眞的非常好吃！眞心不騙！

——其他連鎖速食餐廳的執行長，對於政治和社會議題的看法說不定和福來雞的執行

128 大部分（當然不是所有）喜劇編劇室裡面，都充滿政治激進份子。

長也差不多。你要抵制到什麼時候？

——你知道它們在三明治上放的醃黃瓜有多好吃嗎！？

我實在嚇壞了。提出這些理由的人不乏我的好朋友，而我一直知道他們都非常關注LGBTQ+團體的權益，但他們竟然不願意抵制福來雞……只因爲雞肉三明治很好吃？

我們吵了好幾個小時，但還是沒有結論。讓我非常挫折的是，選擇不抵制福來雞的人其實認同我的論點，但他們還是若無其事地聳聳肩，說他們還是會繼續吃福來雞。他們也用「那又怎麼說」不斷轟炸我，一直攻擊我支持過的藝術家或消費過的店家，只爲了指出我還不是一樣會犯錯。其實他們說的也不無道理，我後來開始思考：「也許他們是對的，也許就算現在繼續吃福來雞也沒什麼不對，也許是我反應過度？」

以上這個爭論議題，體現了當代最棘手的道德議題之一：我們有辦法把喜歡的產品和它們的製造商分開討論嗎？我們是否應該這麼做呢？

有趣的小小道德驚喜：我們所愛的一切事物其實都很糟！

我們所有人至少都有十來個有問題的個人喜好，例如我們很多人支持堪薩斯城酋長隊、亞特蘭大勇士隊、佛羅里達州立大學賽米諾爾美式足球隊等隊伍，而這些隊伍的特色，就是球衣上的吉祥物都對美國原住民相當冒犯。我們支持的運動員中，很多人都曾經是家暴的加害人、有著令人反感的政治觀點、服用禁藥、或用其他方法作弊。我們喜歡看伍迪·艾倫（Woody Allen）、羅曼·波蘭斯基（Roman Polanski）、或布萊特·拉特納（Brett Ratner）的作品；而這些作品的製作人可能是萊斯·莫文維斯（Les Moonves）、史考特·魯丁（Scott Rudin）、或哈維·溫斯坦（Harvey Weinstein）；主要卡司可能是西恩·潘（Sean Penn）、詹姆士·伍茲（James Woods）、梅爾·吉勃遜（James Woods）、或查理·辛（Charlie Sheen）。我們也會聽麥可·傑克森（Michael Jackson）、艾瑞克·克萊普頓（Eric Clapton）、勞·凱利（R. Kelly）、或普拉西多·多明哥（Placido Domingo）的音樂。如果有人宣稱自己支持或喜歡的名人中，沒有一個人的行爲有問題的話，表示這個人根本隱居深山，二十年沒有使用網路**129**。我們又和老朋友道德疲勞**130**見面了，只不過這次有

129 自古以來，多少名人或成功人士其實都有不可告人的祕密，讓我非常震驚。我在編輯本書的時候，比爾·蓋茲這位偉大的慈善家，遭指控職場性騷擾，而且他與傑佛瑞·艾普斯汀（Jeffrey Epstein）相處的時間，明顯比先前報導長很多。而今天我才跟我太太聽了一集關於葛楚·史坦（Gertrude Stein）的播客節目。她是畢卡索與海明威的早期支持者、二十世紀早期巴黎藝術界的教母、也是小說家、詩人、女性主義者、以及同志偶像。但是我們發現她在當年納粹佔領法國的時候，與維琪法國政府關係密切，甚至把法國元帥貝當（Marshal Pétain）反猶太演講的一部分翻譯成英文。我的天啊，這眞的是葛楚·史坦嗎？

130 又來了！好像很多人都在用這個術語了。也許有人該來寫篇文章，討論這個術語在我們的文化中有多麼普遍了。

一個有趣的新挑戰。要知道平常遇到事情該怎麼做，已經夠難了；現在我們竟然還要爲我們喜歡的人事物負責？

我們都爲這個問題困擾許久，但最近才眞正開始關注。近年來關於社會正義的文化討論越來越多，加上社群媒體的廣泛使用，以及更多人意識到應該尊重女性，或不該在萬聖節的服裝中使用某些文化，都代表人們所做的不良行爲比以前更容易暴露，因此我們可能更有責任來監控、聆聽、以及表達自己的支持或反對。但問題是，很多我們愛的人，都曾創造偉大的藝術品、唱過偉大的歌、或在世界大賽擊出關鍵全壘打。這些人有道德上的問題就算了，重點是他們是我們愛的人，而他們的藝術或成就都曾經幫助我們形塑自己的認同、與親朋好友建立連結、甚至影響我們的童年。我們眞的很愛這些人。我們有些人在聽到某個怪人上廣播節目大談恐同言論後，甚至連雞肉三明治都沒辦法放棄。那如果我們知道自己最愛的歌手、演員、或超級英雄做了很糟糕的事情，又會做何反應呢？這些人都是形塑我們身分認同的文化關鍵，與我們的情感有非常強烈的連結，所以要把他們從生命中移除實在很痛苦。這個過程根本不只是把體內的碎片拔出來，更像是截肢。如果用先前提過的例子來譬喻，就是雞肉三明治不僅很好吃，甚至主廚就是我們最好的朋友。

這個難題其實還有兩個小分類，第一種是所謂的「我們很愛，本身又會改變的壞東西」。我們會使用以前一支足球隊的悲慘、可怕故事，叫做華盛頓紅皮（Washington Redskins）。（我會完整引用相關的誹謗文字，所以請小心閱讀。）

景場一：這隻豹可以改變斑點，但不願意改變。

丹尼爾・施耐德（Daniel Snyder）在一九九九年買下這支球隊，而在我寫到這邊以前，他們球隊的戰績是一百四十九勝、兩千零二十一敗。他們的戰績和名聲都不好，很重要的原因是施耐德根本就是（我不會隨便用這個字）白痴。施耐德買下球隊以來做了無數蠢事，一位叫做戴夫・麥肯納（Dave McKenna）的記者在二〇一〇年特地在《華盛頓城市報》（*Washington City Paper*）寫了一篇文章，叫做〈怪怪紅皮粉的施耐德指南〉（*The Cranky Redskin Fan's Guide to Dan Snyder*），依照所有英文字母的順序，列出施耐德做過的那些愚蠢、冒犯、或無知的行爲。這份清單很犀利也很完整，但施耐德不僅沒有檢視或改正自己的行爲，甚至還控告該報誹謗，並求償兩百萬元的名譽損失。眞是個經典的白痴行爲。**131**

131 施耐德還是繼續做他那些愚蠢、冒犯、無知的行爲。如果那篇文章是今天寫的，每個字母大概至少會有五個條目。

132 施耐德經常宣稱隊名並非種族歧視，而是某種對於傳統文化的「慶祝」。用邊沁的話來說，這就是所謂「毫無根據的廢話」（nonsense upon stilts）。華盛頓郵報中有一則關於這個詞的條目：「一八六三：明尼蘇達州的《威諾那共和日報》（*Winona Daily Republican*）中有一則聲明，指出『紅皮』一詞句有貶義：『本州針對殺死印地安人的獎勵，已經增加到每一個紅皮死亡可得到兩百元。這個數字比紅河東邊所有印地安人屍體的總價值還高。』」

華盛頓紅皮這支球隊的隊名很明顯是種族歧視[132]，早在施耐德掌管球隊前就是爭論焦點。針對這項爭論，施耐德這個白痴當然也有超過二十年的經驗，但你大概也能想像他是否處理得宜。有一個原住民團體會在二〇一三年發表極爲合理的呼籲，要求施耐德承認球隊隊名是種族歧視，而施耐德的回應是：

「我們絕對不會更換隊名。我這輩子都是紅皮隊的球迷，我相信紅皮迷都瞭解球隊名稱的優良傳統與意義。我們現在相當期待下一個球季，正在努力準備。我們絕對不會更換隊名，就這樣。再說一次，絕對不會[133]。」

對我來說，這段話有一些地方讓人很不爽。一部分是他糟糕的文法和句法，但更重要的是他道歉的內容，因爲他的意思基本上就是：這是傳統啊！一直都是這樣，所以我們不能改變。眞正無知的人，都會用「一直都是這樣」當作最後的辯護說法。一件事情做了多久，與要不要改變這件事情沒有什麼關係。如果我們只仰賴先例，而且不用批判的方法檢視先例可能帶來的麻煩，我們基本上就在阻礙自己進步，也不讓自己成爲更好的人[134]。換句話說，我們就是在主動避免成爲更好的人，甚至把不努力嘗試當作美德。這樣不會

133 施耐德也在二〇一三年寫了一封信給紅皮隊的粉絲，信中引用一堆讓他深信隊名沒有種族歧視的調查和故事：「過了八十一年，紅皮這個名字仍然承載我們的記憶與意義，也提醒著我們來自哪裡、我們是誰、以及我們未來的樣子。」換句話說，施耐德對於隊名的想法，就像我們待會要討論的議題一樣：「一直都是這樣」。

134 還記得嗎？這就是威廉・詹姆士提出實用主義的原因，讓大家有能力把先前的想法，與更新、更好、更有證據支持的想法連在一起，這樣所有人都會受益。

有人得到好處。

施耐德當然可以改變想法，但他就是不願意。如果他的權勢和影響力不大，倒也沒什麼關係，畢竟這樣他就只是一個在客廳對電視大吼的白痴而已。但施耐德的權勢和影響力都不小，所以對於認爲紅皮隊隊名有問題的人來說，他就是一個很大的阻礙；施耐德的立場讓想更改隊名的球迷很痛苦，因爲這些球迷被迫在對球隊的熱愛與自己的價值觀之間掙扎。球迷們很喜歡這份雞肉三明治，但它跟他們對於正義與道德世界的理解互相衝突，而施耐德是唯一可以改善情況的人。施耐德大聲宣布絕對不會更改隊名（因爲一直都是這樣）的時候，他自己的問題就成爲所有人的問題。

我從《An African Explains Apartheid》一書的作者喬丹．恩古班（Jordan K. Ngubane）身上，找到了爲什麼很多人會有施耐德那種想法的良好解釋。恩古班在南非寫作該書的時候，大部分有權勢的人都不太能接受針對種族隔離政權的批評。在該書的前言中，恩古班感謝協助他寫書的朋友與同事，但並沒有把名字列出來，因爲害怕他們遭到報復。（書上的日期是一九六一年八月十八日，不到一年，曼德拉就被逮捕入獄將近三十年。）南非阿非利卡民族主義者（Afrikaner nationalist）在明知道種族隔離有很大的道德缺陷下，還想永遠持續種族隔離政策的原因，都在恩古班的這段話中說明：

「這些人覺得種族隔離就是既定的生活方式，也是一種人生觀，讓他們藉此用自己的意志創造社會秩序……對他們而言，歷史不過就是一連串經驗的揭露，眞正的價值不在引導未來，而在提供理由……如果被迫改變，他們會很困惑。對他們來說，改變就等於宣稱必須放棄自己創造的世界。」

說「這個世界有問題」，就等於說「幫助創造這個世界的我有問題」。對那些深深活在「一直都是這樣」的人來說，任何改變都會挑戰他們的既定決定，讓眼前的麻煩持續下去，或創造出更多麻煩。而且所謂的改變，也不一定是像種族隔離這種足以影響整個社會的事。最近LGBTQ+社群裡有很多人要求大家用不一樣的代名詞稱呼他們，可能是因爲有些人的生理性別與自己認同的社會性別衝突，也可能純粹爲了避開指涉特定性別的代名詞。結果其實也很好預測：有些人很快就配合調整，畢竟這是一個很不麻煩的請求；但有些人……就是不願意。他們固執堅持己見，畢竟既定方法已經行之有年，也形塑了他們對整個世界的「認識」，這時候他們世界中發生的任何改變，都會讓他們更加固執，或陷入恐慌。

但是我們多數人該如何面對採取這種立場的人呢？如果有人提出某個道德議題，此時掌權者大聲宣布，他絕對不會浪費精力反思這件事情，因爲他一定是對的，這時候提出問題的人除了義憤塡膺以外，也沒什麼其他選擇。我們不需要成爲華盛頓的足球迷，也能瞭解問題所在，因爲我們可能都有一些愛好，如果這些愛好能夠……稍微改變一點點，會讓我們更愛。「再等一段時間，慢慢適應。」這句話很像是一名年長的男演員，在採訪中對於女性共同演員的消極態度；或現在操場中還有邦聯軍（Confederate general）將軍雕像的大學、或來自你的阿姨康妮，她人很好，每年生日都會給你卡片，但每次在感恩節吃飯的時候，都會大聲講出她對墨西哥人的種種偏見。發現造成道德困擾的豹不會改變自己身上斑點的時候，我們就必須思考：我們要繼續支持他們嗎？還是要切斷與他們的感情和金錢關係？要回答這個問題，我們可以用上先前討論過的道德理論，看看施耐德的行爲是否站得住腳，也看看我們支持他的球隊是否算是有道德的行爲。（爲了方便說明，我們會用華盛頓的足球隊，來代表所有「我們很愛，但有改變空間的事物」。）

我們先快速使用契約主義的論述來探討。我們能否以理性的方式，避免遭受種族歧視迫害的人被用來當作球隊的吉祥物呢？當然可以，我們很容易就能避免。其實如果施耐德膽敢在我們先前討論契約主義的章節中講出他的論述，他一定會被大肆取笑，因爲他的辯護理由基本上就是：「我從小就是這支球隊的球迷，而我現在變成了老闆，所以我可以爲所欲爲。」我們先前討論過「我們是否虧欠彼此？」這個問題，而不管是「你關注某件事情多久」或「你多有錢有權」，也還是有虧欠別人。施耐德的行爲其實和第四章出現的老朋友（藍寶堅尼駕駛韋恩）一樣，都因爲自己的財富與權勢，而爲自己（和類似的人）量身訂做規則。另外，我們也討論過你越有錢有權，你就欠別人越多，因爲我們在討論該用什麼規則來定義彼此互相虧欠什麼的時候，較有權的人可以輕易負擔更多的犧牲。契約主義者會反對施耐德的規則，所以我們也許不應繼續支持他的球隊。

義務倫理學也不會對施耐德比較寬容。根據施耐德的論述，他認爲只要一個人得到足夠的財富或影響力，就可以不必考量弱勢者的感受或需求。這和小說《動物農莊》（*Animal Farm*）中那些豬所創造的世界一樣，而我也不認爲喬治・歐威爾（George Orwell）寫動物農莊的目的，是要讓社會按照小說的內容運作。此外，把美國原住民的形象當作球隊的隊徽，根本就符合「把別人當作達成目的的方法」。康德肯定會反對施耐德的行爲，且因爲我們支持的球隊，根本就公然違反定言令式的左右兩個組成**135**，康德會反對我們繼續支持這支球隊，要用別的方法來度過週末。

接下來是德性倫理學：我們問的問題，基本上就是在會造成他人痛苦的事情上，我們應該多有同情心。如果同情心過度，可能會讓我們缺乏正直或風骨之類的（我們的文化中幾乎一切事物都很難一〇〇%確定，所以我們會一直改變自己的行爲，並努力尋找完全沒有道德牽絆的事情。不過在二〇二二年，要做到這點根本就是天方夜譚。）另一方面，如果同情心太少，就會讓我們變成……施耐德：拒絕溝通、叛逆、故步自封、食古不化、而且對他人的情緒健康毫不關心。我們要找到的，是在這兩個極端中間的同情心黃金方法。施耐德球隊的隊名，會爲某些人帶來相當極端卻又沒必要的痛苦，而且更改隊名其實也不用花什麼功夫，所

135（心很累）有些很有學問但心眼很小的教授，會在本書一開始或最後的 QA 階段提出對本書的質疑。爲了不要冒犯他們的專業，我還是得指出，定言令式其實還有第三個組成，只不過我們當初在討論康德時沒有提到。讓我心更累的是，康德其實也寫過一個叫做「目的王國」（Kingdom of Ends）的概念，而有些學者會認爲這是第四個組成，有些則不認爲這個概念有什麼特別。這一切也解釋了康德的著作有多困難，因爲就連專家也無法同意這該死的定言令式到底有幾種組成。

以我認為施耐德不夠為他人著想，他的道德翹翹板出了問題。也正因為他靠一己之力就能輕易更改隊名，但他選擇不改，所以我們也許不該支持他的球隊。

功利主義就比較麻煩些。施耐德拒絕更改隊名，也許在結果主義上有站得住腳的機會。我猜他更改隊名讓不想改名的華盛頓球迷所感受到的痛苦，可能比不改名讓原住民感受到的痛苦還大。但這兩種痛苦有辦法比較嗎？我們曾經討論過，痛苦的計算方法並非兩種情況中感受到痛苦的人數，而是痛苦的總量、強度、時間、以及之前那首可愛小詩裡面提到的四個面向。對功利主義者而言，一百個人被紙割傷，也比一個人的膝蓋被球棒打到還好。所以就算感受到痛苦的人數（也就是美國原住民和支持他們的人）比感受到愉悅的人數還少，如果施耐德不更改隊名，則痛苦的總量還是會比較大。更不用說，如果我們用邊沁的 hedon 和 dolor 來計算想要維持隊名的紅皮粉，在施耐德改名的情況下會經歷多麼深層、持久、或強烈的痛苦，這些球迷其實會覺得司空見慣。運動隊伍很常更改隊名、制服、和隊徽，球迷也能很快適應。紅皮隊原本的名字（還是會冒犯他人，但程度沒那麼嚴重）叫做波士頓勇士（Boston Braves）。聖若望紅人（St. John's Redmen）也在一九九四年改名為風暴，但你什麼時候看過有人抱怨這件事？有時候如果球隊不改變隊名或隊徽（而理由是「我們的名字一直都是這樣，我們不想改變」），結果通常很令人尷尬。明尼亞波里斯湖人隊（Minneapolis Lakers）原本所在的地方有很多湖，後來搬到一個幾乎沒有湖的城市，所以現在「洛杉磯湖人」（Los Angeles Lakers）這個名字根本一點道理都沒有。而如果有一支球隊叫做紐奧良爵士，聽起來就很合理；但猶他爵士（Utah Jazz）就很不合理。（猶他州有很多精彩好玩的東西，但絕對不包含爵士[136]。）球隊改名的狀況實在太常見，所以施耐德不願意改名的這個行爲，就連用結果主義論述來探討，都很快就會站不住腳。

那功利主義的論述，又會如何解釋關於我們本身和我們的支持行爲呢？我們如果選擇繼續支持這支球隊，會帶來多少「罪惡」呢？其實一部分取決於「支持球隊」的眞正意思。我們會花錢買票和相關產品嗎？我們會在網路上公開發布貼文、影片、同時散播種族歧視的隊徽嗎？我們會在公共場合穿戴球隊的衣服或帽子嗎？如果我們對球隊的支持相對私下且低調，就不會創造出那麼多結果主義的「傷害」[137]。但這也讓我們回到關於功利主義行爲的「完整性」問題：如果我們只是待

136 要想出更不合理的隊名，反而還很困難：亞利桑那北極熊？堪薩斯登山者？拉斯維加斯正人君子？

137 這裡也幫功利主義者平反一下：他們確實有一個批判掌權者壓迫弱勢者的論述。彌爾在《功利主義》的原文中寫道：「對所有人而言，能感受到的利益中最重要的就是安全感。至於其他世俗的利益……如有必要，我們都可以欣然放棄，或用其他事物取代；但沒有任何人類可以放棄安全感；正因爲有安全感，我們才能避免任何的邪惡……如果我們所擁有的事物，下一秒馬上就會被暫時比我們強勢的人奪走，那對我們而言唯一有價值的，就只有對於當下的感激。」彌爾確實必須給個說法，因爲功利主義的基本概念其實就是在幫多數暴力說話：如果五一%的人壓迫另外四九%的人，就代表（理論上）五一%的快樂與四九%的痛苦，這時候功利主義者就會放行。因此，彌爾認爲不讓人們受到壓迫的這個基本保護，比一切其他考量都重要，因爲所有人都會害怕有一天成爲被壓迫的人，而如果沒有基本的自由，一切都免談了。我並不是說功利主義的這個論述有問題，但我們必須指出兩件事：首先，許多壓迫者似乎並不這麼想。他們似乎完全不擔心自己有一天會被迫害；第二，如果你的道德理論還必須特別澄清，其實自己並不同意壓迫的這個行爲，就表示這個理論的大架構出了點問題。

在家裡看自己喜歡的球隊比賽，可能只會製造出少量的「罪惡」；但我們必須爲自己的選擇負責。正如伯納德．威廉斯所說，我們「特別必須爲自己所做的行爲負責，而非他人的行爲。」若以功利主義的計算方式來看，安靜支持該球隊似乎並沒有問題；但我們不能只靠著功利主義計算來合理化我們的選擇。我們應該做個勇氣測試，問問自己是否覺得可以接受。

答案是：我們可能可以。

我們考量所有選項（實際的定言令式、方法的教條、功利主義的計算、和個人勇氣測試），並思考到底對我們來說重要的是什麼以後，可能會得到一個結論，就是我們無法想像不支持華盛頓足球隊的生活。我們從小就開始看球，這是我們生活的一部分，已經無法從我們的生活抽離。現在我們的「完整性」就會成爲一把雙面刃，因爲我們對於自己之所以完整、以及構成我們整個人的基石，都有一定的感覺與認識，所以如果有任何事物威脅到這些基石的完整性，世界上所有的道德論述對我們而言都沒有意義。那我們到底該怎麼辦？

這裡先暫停一下，讓我們看看先前提過的第二個小分類：「我們支持卻無法改變的事物。」

場景二：這隻豹無法改變斑點，或其實他只是沒去改變斑點，但他現在死掉了。

如果我們支持的對象不是這支華盛頓的足球隊，而是一支隨時可以把吉祥物改成沒那麼種族歧視的球隊呢？如果我們討論的是麥可・傑克森（Michael Jackson）的音樂、羅曼・波蘭斯基（Roman Polanski）的電影、或湯瑪士・傑佛遜（Thomas Jefferson）的著作呢？以上這些事物都有一些元素造成我們的道德苦難，但我們已經無法改變。靠，如果我們正在寫一本書，而內容相當仰賴亞里斯多德的智慧呢？他確實是個天才，但他也認爲只有「自由的男性」才有辦法具備美德，還花了非常多的時間和工夫解釋奴隸制度完全沒問題。

我大概十歲的時候，有一次因爲生病沒去上學，我媽租了伍迪・艾倫的《傻瓜大鬧科學城》（*Sleeper*）給我看。我只記得當時就是一直咳、一直笑、一直咳、一直笑，我還連看兩次。我爸後來跟我說，伍迪．艾倫總共有三本喜劇和短篇故事，接下來我大概在四天以內就讀完了《Side Effects》、《Getting Even》、以及《Without Feathers》。我完全可以說，我身為喜劇作家的生涯，就是從這些書獲得啟發。伍迪．艾倫的幽默不僅讓我喜歡，更是我很重要的一部分。所以，後來伍迪．艾倫和他非常年輕的養女結婚、以及後來被指控對兒童性侵害的時候，你可以想像我腦袋有多麼爆炸。

其實我早就該看到伍迪．艾倫跟養女結婚的端倪，畢竟他的電影和著作中，有非常多老男人受年輕女性吸引的場景。或是用托德更準確也較「難以相信」的說法，就是非常年輕的女人無可救藥地愛上比自己老很多的男人。一九七九年的電影《曼哈頓》(*Manhattan*)中，艾倫飾演的艾薩克(Issac)是一位四十二歲的男子，和瑪麗葉兒．海明威(Mariel Hemingway)所飾演的十七歲女生崔西(Tracy)發生不倫戀。實際上艾倫的年紀是四十六歲，海明威則是十六歲；電影中的崔西是高中生，而實際上……海明威也是高中生，畢竟她才十六歲。電影中有一幕是崔西和艾薩克在中央公園接吻，那也是海明威的初吻。根據海明威的回憶錄，電影拍完兩年後，艾倫還特地飛到愛達荷州叫她一起私奔到巴黎。但後來艾倫還是打消念頭離開了，因爲很明顯海明威不喜歡她，更不願意跟她睡同一間房。

如果要用一個詞來形容這個行爲，就是「噁心」。

艾倫絕對不是第一個會對年輕女生做出噁心行爲的男人，但他在電影和眞實生活中，可以說都把這個行爲做到淋漓盡致。在《安妮・霍爾》（*Annie Hall*）這部電影中，托尼・羅伯茲（Tony Roberts）飾演的角色羅伯（Rob）到監獄保釋艾倫飾演的艾維・辛格（Alvy Singer）。以下是他們的對話（羅伯都用麥克斯〔Max〕來稱呼艾維）：

羅伯：麥克斯，你知道你打來的時候我整個嚇到了嗎？

艾維：當然，我是不是挑錯時候了？我當時聽到很高音的嘶吼。

羅伯：麥克斯，她們是雙胞胎，都只有十六歲。你能想像這在數學上的可能性嗎？

所以……這在法律上就是強暴，而這兩個十六歲的女生可能也犯了亂倫。太有趣了。

我之所以提出這些，其實不是要告訴你們艾倫有多噁心，而是要強調我自己有問題的行爲，因爲艾倫會有這樣的行爲，我已經知道很多年，甚至好幾十年了；我甚至還把他很多部電影都背起來，例如上面那段《安妮・霍爾》的台詞我根本不用去查，因爲我看過上百遍了。但是，我從來沒有眞正問過我自己，艾倫用這種方法來描寫男人和女人，到底合不合適。然後在一九九七年的時候，六十二歲的艾倫娶了二十七歲的宋宜・普列文（Soon-Yi Previn），而宋宜小時候由艾倫的前女友米亞・法羅（Mia Farrow）收養。艾倫五十六歲的時候開始跟宋宜交往，當時宋宜只有二十歲。艾倫和宋宜在開始交往前並沒有太多互動（在宋宜大部分的童年生活中，法羅和艾倫之間的關係並不是傳統的「在一起」），他們之所以會開始交往的關鍵，很明顯就是宋宜就讀高二的時候，在練習足球的時候受傷，當時艾倫照顧她的傷勢。

如果要用一個詞來形容這個行爲，就是「**手摀著胃同時喉嚨發出痛苦的呻吟**」。但是他們交往的消息傳出來以後，我的喉嚨並沒有發出痛苦的呻吟聲。我當時的作法，和很多人遇到挑戰自己核心價值事情的時候一樣[138]：找藉口解釋。例如宋宜不能算是艾倫的養女，而是法羅的養女；那些電影都是假的；而且年輕女人和老男人在一起，也不是艾倫發明的！如果我的身分認同是一塊披薩，艾倫的作品就像是披薩上面融化的起司，如果我把起司刮掉，我對喜劇的認識就會跟以前不一樣，我本人也會變得不一樣。幾年後，艾倫遭女兒狄倫（Dylan）指控性侵害，讓一切變得更糟糕。性侵害的細節很噁心，而且有些地方有爭議，但可以肯定的是，一位調查此案的法官，在判決書裡面寫道，艾倫對狄倫所做的行爲「極度不恰當，我們必須採取措施來保護狄倫」。和華盛頓紅皮或福來雞不一樣的是，現在這個情況無解。施耐德或許有機會幫球隊改名、福來雞也有可能改變對LGBTQ+的立場、某些城市也可以把種族歧視警長或邦聯軍將軍的雕像拆除，但我那麼崇拜的一個人，他的行爲說好聽點是冒險、說難聽點就是噁心；重點是這些事情都發生過了。如果我們愛的人事物有著無法改變的缺失，而這些人事物要嘛不承認缺失，要嘛已經死掉所以無法承認（就像湯瑪士・傑佛遜擁有黑奴，或約翰・甘迺迪（John F.

138 還記得第七章有一個注解在講事情的反效果嗎？人們遇到挑戰自己核心價值的訊息時，通常會更加堅持己見。若要更瞭解這點，可以去聽播客節目《You Are Not So Smart》，裡面有解釋布倫丹・尼漢（Brenan Nyhan）與漢傑森・雷夫勒（Jason Reifler）的著作。不過其實這些棘手、複雜的議題都差不多，也有證據顯示這些事情的影響並不如上述學者著作中寫的那麼強烈。

Kennedy）的玩弄女性與性侵害行爲），這時候能改變的就只有我們，而且改變過程會很痛苦。

我們先前討論過的道德思想學派，可能會再一次告訴我們應該避免這些事情。舉例來說，結果主義這次的表現，會像先前討論「可以改變的事物」時一樣：乍看之下，結果主義會認爲我們可以觀看伍迪．艾倫的電影，畢竟我們打開自己本來就擁有的DVD時，幾乎沒有人會眞正「受傷」。沒人會知道我們看過電影，我們也會看得很開心。不過，這就是結果主義的論述有時候讓人感覺不對的地方，這時候我們個人的完整性就會受到挑戰。讓我們之所以爲「我們」的事物現在出現了問題（包括對這件事物的愛，以及這個愛所衍生的痛苦），而功利主義的計算卻忽略了我們內心衝突的問題。我們看電影的時候可能會感到噁心，而這個噁心和對其他人造成的「好或壞」完全無關。（如果我們現在的立場是艾倫電影的贊助者，這個計算結果顯然會很不一樣。）

用康德單純的理論來解釋這件事情，好像會讓事情相當明朗：只要堅守拒絕任何「毒樹之果」（由犯下不可原諒錯誤的藝術家所創造出的藝術品）的定言令式，似乎就能解釋一切。不過康德的理論雖然單純，卻也常常陷入滑坡的危險。到底什麼叫做「不可原諒」？如果一名演員沒有犯罪，只是支持了我們討厭的總統候選人呢？這樣我們是否還要遵守這個令式呢？當然還有一些更複雜的案例。舉例來說，梅爾．吉勃遜（Mel Gibson）在二〇〇六年對一名馬里布（Malibu）警官發表的反猶太與厭女言論，雖然還不到性暴力的程度，但當然也不好……但是，他後來不但戒酒，也爲自己的言論道歉……可是！薇諾娜・瑞德（Winona Ryder）在二〇一〇年曾經講過一件有趣的事情，當時吉勃遜發現瑞德有一位朋友是同性戀，吉勃遜就問說如果跟這個朋友講話，「我會不會得愛滋病？」後來吉勃遜又發現瑞德是猶太人，就稱呼她爲「烤箱躲避者」（oven dodger，形容在集中營遭納粹屠殺的猶太人）。我們要怎麼面對吉勃遜的案例呢？如果我們是最硬派的康德主義者，是不是要用對艾倫一樣的態度來面對吉勃遜呢？

比起「我應該怎麼做」，這個問題感覺更像「我應該當怎樣的人」。「不良行爲」有太多種版本，可以把所有可能的情景都集合在一起，最後找出一個一體適用的準則讓我們遵循。所以現在讓我們來試試看德性倫理學：如果我們不夠在乎我們看的電影、電視節目、和音樂製作人的道德缺失，就表示我們很冷酷、很不敏感。我們甚至還給了這些人不良示範，因爲他們可以繼續爲所欲爲，而我們還繼續爲他們投入金錢與關注。但是，如果我們太過在乎，然後只要對方有任何細微的過失，就拒絕花錢或任何付出……有道是人非聖賢，孰能無過，我們可能會因此完全不再看運動、聽音樂、看電視。是否可以找到合理的在乎程度，讓我們相信自己是體貼、深思熟慮的公民與消費者，可以在做出娛樂選擇時把道德考量進去，同時又讓我們不要那麼緊繃，可以放心去愛我們喜愛的人事物呢？應該可以吧？

「沒吃完的雞塊」辯護

打個比方來幫助我們找到答案。我大概從十年前開始吃素**139**，而吃素常常讓我覺得很困擾，因爲肉眞的很好吃！在菜單上看到「奶油炸雞」或「豬肋排」，卻只能點山羊起司沙拉，實在很令人難過。不過我吃素其實有兩個原因：健康（吃素是降低膽固醇的簡易方法，而我的膽固醇指數一直不太理想）和道德（整體而言，動物受到的對待都不好，而且牠們都很可愛，吃牠們似乎不太對，再加上肉品產業對環境帶來很大的傷害）。我吃素的理由中關於「道德」的那一半，其實很大一部分是要減少商店和餐廳購買的肉品，這樣就能降低需求，讓肉品生產的數量變少。但如果有人（例如你十歲的女兒艾薇，她很愛吃雞塊）已經點了雞塊，但最後沒吃完呢？如果我把這些雞塊吃完，對餐廳來說也不算是正向的回饋，畢竟沒有人多點一份雞塊，表示不需要準備更多雞來應付未來的需求。對了，在這個範例中，這些雞塊看起來眞的很好吃。眞的很棒耶，這些雞塊就這樣躺在艾薇的盤子裡，然後你看看上面那美味的醬料，我們眞的要把雞塊丟掉嗎？瘋了吧！應該有人要把雞塊吃完才對啊，這樣會有什麼問題嗎**140**？

139 如果你有在關心我的飲食習慣，會發現我是在福來雞事件過後才開始吃素。所以在那件事之前，我還是會吃福來雞。

140 托德也吃素，而他丟出了一個震撼彈：「老實說，這件事情曾經發生在我身上，因爲我的大兒子在玩舉重，他喜歡吃漢堡。我不僅把他沒吃完的漢堡吃完，甚至在他把沒吃完的漢堡打包起來，丟在垃圾桶上以後，我還會跑去垃圾桶把沒吃完的幾口吃掉，實在是不太光彩。沒有啦，開玩笑的。」其實哲學家也是人啊！

把艾薇吃不完的雞塊吃掉，應該很明顯沒有比自己點雞塊更糟。這個行爲確實不理想，因爲我還是有吃肉，但至少比再點一份肉還好。我的意思是，所謂的好壞還是有程度之分。至於我們的娛樂消費是否也有程度之分呢？以剛剛「看DVD老電影」爲例，我已經擁有《安妮．霍爾》的DVD二十年了，這時候我再去看這部電影，伍迪．艾倫也不會賺到一毛錢，我並沒有買票去看一部新電影讓他賺錢。我內心當然還是必須承認，我所觀看這部電影的製作人，會做出應受譴責的行爲；但如果這部電影對小時候的我意義非凡，而且直接影響我成爲職業喜劇作家，這樣是不是比較能夠接受呢？

我再強調一次，要成爲更好的人，最重要的就是在乎我們的行爲是好是壞，然後嘗試做正確的事。如果我們所愛的人事物有問題，但就是無法割捨，我認爲這時候就應該記住兩件事：

1. 我愛這個人事物。
2. 他（它）的製作人有問題。

忘記第1點，代表我們遺失了一部分的自己；忘記第2點則代表我們否認這個人事物會對我們（和他人）造成痛苦，所以我們就無法關心這些糟糕行爲的受害者。我們可以把兩件事情同時記在心中，這樣一來，如果我們在消費藝術作品時，藝術家眞的出現不良行為，我們不必找藉口或否認什麼，而是某種程度上可以原諒自己的人生中還有這些藝術家和藝術作品。有時候我們會無法繼續支持我們所愛的人事物，例如藝術家做出很骯髒、很糟糕、我們無法接受的事，導致我們無法為他們繼續投注時間金錢，就算是私底下也一樣；但有些事物就是無法和我們的核心價值分隔，這時候同時記住上述兩個想法，有助於我們避免切斷連結的痛苦，同時又能讓自己變得更好。

但實際上我們到底可以怎麼做？我們到底要如何面對每天遇到的問題和人？同時記住這兩個互相衝突的想法，真的就夠了嗎？如果有人已經從「有問題」變成「難以原諒」，我們要怎麼知道呢？

我覺得這些問題沒有答案。在哲學中，有時候大家會丟出「啟發法」（heuristic）這個字。所謂的啟發法是讓我們探討問題並想出解決方法的工具，可以讓我們得到自己行為的準則。（雖然有點抽象，但斯坎倫「任何理性的人都不會反對的規則」就是一種啟發法，因為理論上我們可以把所有的情境都拿來用啟發法檢視，並決定適當的辦法。）「我們能否和藝術家區隔開來？」、「如果我們欣賞的人具有讓我們痛苦的想法，該怎麼辦？」、「我支持球隊的老闆會把小長頸鹿勒死來得到性滿足，這樣我還能支持這支球隊嗎？」[141]這些問題無法從啟發法得到答案。面對這些情況，我們可以也應該運用自己所學的道德理論，但有時候我們只要做出行動就好，也就是做出選擇。我們要決定把哪些人趕出我們的人生、哪些人留在我們的人生，而我們做決定的依據就是自己的道理和勇氣。想要避免這

139 就我所知，丹尼爾・施耐德不會為了得到性刺激而勒死小長頸鹿。但如果哪一天我發現施耐德會這麼做，我會點點頭，然後說：「不意外。」

類棘手議題的人都很喜歡說：「那你要怎麼分辨！？」來放大事情的灰色地帶，試圖阻止我們專心處理問題。但就像脫口秀主持人約翰．奧利佛（John Oliver）說的：「總會有辦法分辨。」我們都會有辦法分辨。雖然你我的標準可能不一樣，但是爲了自己，我們必須分辨。

只要我們開始分辨，一定會遇到一個兩難的狀況，就是兩名藝術家的行爲看起來似乎差不多，但我們會選擇支持其中一個。我們的朋友會很激動地問我們怎麼可以看這部電影而不看另外一部，或是怎麼可以支持這個球員卻譴責另外一名，諸如此類。遇到這些衝突，不代表我們必須雙手一攤，放棄我們刻劃自身完整性（我們身爲一個「全面且未分割」的人）的任務。有時候我們必須回頭思考整件事情，甚至在必要的時候改變我們上次的分辨結果。在我們完整性的價值體系中遇到衝突，其實是我們再次嘗試的機會，讓我們根據自己的信念、對道德的理解、以及自我認同來下決定。有時候我們就是會遇到沒有標準答案的時候，無法運用啟發法，因爲最後只會得到一個理論上可行，但實際上不可能的「正確」決定，不過這正是我們見識失敗眞正價值的時候。我們決定要做一件未來會帶來反效果的事情，而我們越是思考與執行，就越能在反效果產生時學到教訓。

實際上的問題更棘手：我們什麼時候不僅該限制自己的行爲，甚至還要大聲說出來，對抗那些我們認爲會破壞自己整體性的人事物呢？這個議題，可不像我先前意外轉成公審事件的保險桿事件。如果亞里斯多德是對的（如果我們眞的必須因爲正確的理由，以足夠的憤怒來面對正確的人；或人們對自己的不良行爲必須有足夠的羞恥心），他講的就是我們現在討論的議題。還記得之前提過的康妮阿姨嗎？她人很好，而且記得你的生日，但對於墨西哥人有偏見。要公開反對阿姨的意見聽起來很困難，畢竟光是想到要和家人眞的起衝突，就會讓我們肚子痛、聲音顫抖，所以我們常常選擇什麼都不做。

我常常因爲這個狀況感到罪惡，而且大概有一百萬次。我身邊有很多人都曾說過或做過我討厭的事，但我大多都保持沉默，因爲我不想跟別人吵架，更不想把場面搞得太難看。（我通常都會避開衝突，但我不是很喜歡自己這樣。）在奧弗頓之窗從光譜上的傳統端延伸到激進端的時候，我們會發現自己一直跟年長的人起衝突，因爲他們都對一些會冒犯人且過時的概念深信不疑；我們也會發現自己一直跟年輕人起衝突，因爲他們對現況的批評常常過於刺耳。不管是年長者或年輕人，要挑戰他們對事情的態度不僅很困難，也沒什麼意義，畢竟要改變人們對事情的看法通常很難。但如果我不能找到這些問題的「解決辦法」，至少我可以告訴你，有一個辦法一定行不通：就是什麼都不做。

如果我們只知道堅持己見，忽略其他人對我們對事物不在乎或不敏感的控訴，對任何人都沒有好處；而如果親朋好友或任何一個認識的人說出種族歧視、性別歧視等攻擊性言論時，我們保持沉默也對任何人都沒有好處。爲了讓我們和他人更開放、更進步，這個時候需要採取行動。康妮阿姨在感恩節聚餐時，突然講出了針對墨西哥人的種族歧視言論。如果這時候直接跟她說：「妳再講啊！不服來辯啊！」，可能就太過天眞了。場面會變成怎樣？這麼說會有什麼好處？阿姨會做何反應？你會不會毀了感恩節大餐？阿姨還會再跟妳說話嗎？我們已經知道當眾羞辱別人會造成反效果，讓他們更加堅持己見、故步自封，現在這個情況也一樣。

但我們也從亞里斯多德身上學到，缺乏羞恥心或完全不會感到羞恥的人，都是無恥的人。如果我們眞的愛康妮阿姨，在她說出可恥的言論時，難道不該讓她稍微感到羞恥嗎？我們難道不想幫助她茁壯嗎？難道我們不想努力找到溫和的黃金方法，也就是在正確的情境下表達出適當程度的憤怒嗎？德性倫理學家明白黃金方法很難，也知道要我們找出來的要求非常嚴苛，畢竟如果很好找，我們早就都順利達到茁壯的狀態了。所以，就算我們不在感恩節晚餐時，直接公開表示阿姨是無可救藥的種族主義者，也要在吃完飯後把她拉到旁邊，跟她解釋爲什麼她的論點錯誤或有害；或者也要嘗試理解她爲什麼會有這些想法，從而改變她的心意；或者跟她說，也許她覺得自己只是在表達意見或開玩笑，但她講的話很可能破壞她和我們的關係，而且對這些言論保持沉默，會威脅我們本身的完整性。不管我們怎麼做，心中都還是記著兩個互相衝突的想法：

我愛這個人。

這個人正在爲我製造痛苦。

我們會同等重視這兩個想法，也希望這個人和我們一樣重視。

不意外，施耐德又輸了

經過這一大串討論後，有一件事情要宣布：紅皮隊終於改名了。

二〇二〇年夏天，全美國都把焦點放在警察暴力，而「黑人的命也是命」（Black Lives Matter）運動也把種族不平等的議題端上檯面。施耐德最後終於決定跟上時代，宣布球隊名稱已不合時宜。我們要變好可以有很多方法，而雖然「心不甘情不願被拖著走」不盡理想，至少也比什麼都不做好。（似乎應該提一下，該球隊在決定改名後不久，《華盛頓郵報》就有一則報導指出，該球隊的主管階層爆出性騷擾事件，最後整件事情變成難以收拾的公關危機。不過我確定這件事情與改名無關。）我現在不想再強調我們經過多少蜿蜒的愚蠢論述才得到現在的共識，我只想恭喜原住民和他們的盟友，因為打贏了這場艱困的戰爭，最後終於贏得放鬆的喜悅。這次的勝利，也完美說明我們一直強調的「嘗試」有多重要。不過就是幾年前，施耐德還曾經大喊說他絕不會更改隊名，但很多人鍥而不捨地持續遊說，同時若有似無地讓施耐德難堪，最後終於讓他改變心意。漸漸地，奧弗頓之窗會轉移，其他球隊也會聞風改名，社會正義就會持續前進。最後，奧弗頓之窗的範圍，會產生從前難以想像的改變。

本章的問題很困難。其實所有問題都很困難，光是思考這些問題就能讓我們筋疲力盡，尤其是我們已經具備兩千四百年的哲學理論，到頭來還是無法找到明確的解決辦法。這種時候，內心就會有一個聲音對我們呼喊：「別再管了！你不要那麼努力想當好人，人生不就好過多了嗎？而且有時候根本就不可能。我是說，我們不過就是太空中一塊小小岩石上的灰塵，我們做的事情真的很重要嗎？」

所以……重要嗎？

CHAPTER 11 道德判斷真的很難，我們可不可以……乾脆放棄算了？

各位大概都聽過「存在主義」，而你聽到的時候很可能別人正在亂用這個詞。只要是淒涼、討論死亡、或者有那麼一點歐洲色彩的文獻，都可能被貼上「存在主義」的標籤，但其實通常都不是。人們想表達的意思常常很簡單，只是他們會用「存在」這類看起來很厲害的詞而已：

想要聽起來很厲害的人會說	他們眞正的意思是
卡夫卡式	詭異
超現實主義	看起來很奇怪
反諷	惱人
存在主義	黑暗／難過／淒涼／絕望
佛洛伊德式	與陰莖有關
後現代	最近
歐威爾主義	我因爲種族歧視被推特禁止發文

我覺得誤用存在主義這個詞其實情有可原，畢竟存在主義的著作（多半都和二十世紀中期的哲學與文學運動有關）都是出名地難懂。但如果我們撥開上千層的Gauloises香菸和高盧人的焦慮，會看到這些文字底下埋藏著做道德決定的全新角度，與我們目前討論過且敦促我們成爲好人的概念非常不一樣（沒錯，當然也有點淒涼）。

有名的樂觀主義者：尚－保羅・沙特(Jean-Paul Sartre)

以一個簡化到近乎可笑的程度來說，存在主義的主張就是：人類的存在很荒謬。存在這件事實的背後，沒有任何「崇高力量」、神明、或是意義，而這個狀況會讓我們害怕與恐懼。存在主義的整體目標（雖然每位作者強調的細節不同）就是要搞清楚我們面對這些荒謬、恐懼、和焦慮時該怎麼辦。即使在最流行的時期，存在主義還是受到很多人的誤解和批評。一九四五年十月二十九日，法國存在主義者沙特試圖爲存在主義平反，在巴黎舉辦了一場演講，標題是「存在主義是一種人道主義」。這個標題本身就讓人很驚訝：人道主義！？沙特這傢伙宣稱他的哲學觀「很樂觀」而且「支持人類」？我們現在討論的可是沙特，眾所周知他是史上最陰沉的人之一。他把他養的貓命名爲「沒有」（Nothing），他寫過《嘔吐》（*Nausea*）和《存在與虛無》（*Being and Nothingness*）等書。你想想看，怎麼會有人寫了一本叫做《存在與虛無》的書，還跑去問別人說：「爲什麼大家都覺得我很陰沉？」

沙特想要破除大家對存在主義的誤解，而他最重要的目的就是讓大家不要再誤用這個詞142。他演講的時候顯然沒有帶小抄，真的很狂，不知道的人還以為他是一名律師，正在代表客戶發表結論。當時沙特確實是在辯護，但他有充分的理由，因為他的存在主義寫作讓大家都對他很生氣。阿萊特．爾凱姆．沙特（Arlette Elkaïm-Sartre）是沙特的養女，有時候也充當他的翻譯。她在一九九六年法文版的前言裡面寫道：

「基督教譴責沙特，不僅因為他是無神論者，更因為他是唯物主義者；而共產主義譴責沙特的原因，竟然是因為沙特不是無神論者，也不是唯物主義者……在很多人的心中，沙特就是反人道主義的極致：在法國百廢待興、人們最需要希望的時候，他讓整個國家更加沮喪。」

在很短的時間之內（就是一九四三至四五年之間），沙特竟然就惹怒了共產主義者、無神論者、藝術家，而他本身竟然還是一個無神論的小說家，身兼地下共產主義期刊的寫手。真的很不容易，存在主義真的有夠厲害。

存在主義對於宗教的反對，其實也不太需要解釋：沙特認為根本沒有所謂全知的神，更不用說神會監視我們或評斷我們的行為。沙特認為我們都是出生於虛無：砰，然後我們就成為我們，然後我們就死掉了，砰，然後沒了。沒有任何事物會「指引」我們，我們也不會遵循任何宗教或精神層次的規則。我們所有的一切，以及我們最終究竟是誰，不過就

142「存在主義這個詞根本就過於濫用，現在已經變得完全沒意義了。」

是我們活著時所做的決定而已。我們先存在，然後人生才有意義的這個狀況，是沙特所謂的「主體性」，而沙特的解釋是：「先有存在，才有意義。」這個概念最重要的結論是：如果在人類存在之前或之後，沒有任何巨大的結構賦予世界任何的意義，那麼「人類就要完全爲自己負責。」

> 「人類先存在：他在這個世界成形、遇見自己、最後定義自己。如果相信存在主義的人認爲自己無法被定義，原因就是他本身來自於虛無。他要存在一陣子之後才會成爲不屬於虛無的個體，這時候他才能成爲自己想要的樣子。」

生長於亞伯拉罕諸教（猶太教、基督教、伊斯蘭教）背景的人，沒有上帝的世界就像是沒有主審的棒球比賽。沒有人在記比數或執行規則，所以怎麼做都可以。杜斯妥也夫斯基（Dostoyevsky）曾寫過一句著名的話：「如果上帝不存在，一切都可以允許。**143**」如果世界上沒有上帝（或是任何比人類崇高的東西），人類不過就是在地球上遊蕩的一群嘟嘟鳥，只需要對自己負責，這就是沙特哲學的中心思想。存在主義其實有點像你十五歲做蠢事的時候，爸媽對你大喊：「你已經是大人了！你要爲自己的行爲負責！」差別只在於存在主義對你大喊的是一名法國哲學家，而他認爲上帝並不存在。

143 其實他根本沒有寫這句話。原文其實更長且更複雜，但你會一直看到的就是個精簡版，而這個概念其實就和《呆頭鵝》（*Play it again, Sam*）差不多。一百多年後，寇特・馮內果（Kurt Vonnegut）用我覺得有趣很多的方式更新並重述這個概念：「我告訴你，我們在地球上就是要到處放屁，然後任何人不同意的話都不要理他。」

對沙特來說，沒有上帝爲人類創造系統性秩序的人生，其實可能很令人困擾，但也相當自由。沒有了必須遵守的戒律、沒有了宗教裡所謂的「意義」、沒有了國家認同、沒有了身爲牙醫的父母要你也成爲牙醫等等，我們就眞正可以自由（就像一張很大張的鷹眼圖片一樣）選擇自己所愛。「跡象」或「徵兆」之所以存在，只是因爲我們選擇看到他們，而我們絕對不應根據這些跡象或徵兆來做決定；就算我們眞的根據跡象或徵兆來做決定，也要知道做出決定的不是這些跡象，而是我們選擇用我們的決定來詮釋這些跡象。在我們必須做決定時，宗教教義、教育、家庭傳統、神奇八號球等等都是很不好的依據。所有人（不管是祕魯人、蒙古人、窮光蛋、還是丹麥王儲第三順位）都能完全依照自己的意志來自由做決定。

但是（這裡就有點棘手了）我們做決定的時候，其實是爲了所有人類做決定144。沒錯，很不可思議吧！沙特說，我們做決定時，就是在創造一個人「應該成爲」的形象，讓其他人觀摩或學習。在這個層面，沙特和康德的論點竟然如出一轍，因爲他要我們問自己：「如果所有人都做跟我一樣的事情，會怎麼樣？」他要我們決定自己的道德，也要成爲其他人的模範。是不是有點矛盾？畢竟世界上沒有上帝、宇宙裡沒有所謂的意義、沒有該遵守的準則、所有人都可以自由做決定……但這些決定卻應該要成爲其他人的模範？然後我們可能會問，把自己當作其他人的模範，不就和上述這些原則衝突嗎？別擔心，看起來衝突其實是有充分原因的：因爲本來就衝突。老實說，沙特爲什麼會同時提出這些概念，或爲什

144 當然，沙特用的字是「男人」，而不是「人類」。

麼要這麼做，實在有點令人困惑。沙特確實同情二戰後歐洲的共產主義者，所以也許在試著讓人類之間有更多連結時，他的政治傾向稍微往共產的方向傾斜了？不確定。我只知道這七十年來很多人都試圖解釋這個衝突，所以要我用一個段落來解釋淸楚……似乎不太可能。

如果你現在在想：「你不是才剛說沒有上帝，而且我們的存在也沒有所謂的『意義』，我們所有的就只有我們的選擇，然後你現在還要把我的行爲當作所有人類的模範？我都覺得肚子有點痛了。」沒錯，你是對的。其實沙特自己也承認，人類的這種特殊狀況，讓我們都充滿痛苦（所有身上背負責任的人都經歷過的痛苦）。沙特很淸楚，身爲人類，活在他描述的這種世界裡很辛苦，而他就是要我們持續感受痛苦。人生本來就是痛苦的，歡迎來到存在主義！

但是，雖然存在主義會帶來這麼多痛苦，沙特卻認爲「沒有任何教條比存在主義更樂觀。」

沙特寫作的招牌風格就是「我講的一切都有點可怕，就算我想讓你放心，你還是會覺得很可怕」，而他對這個概念的解釋是：「人類正是因爲遭到譴責，才擁有自由。」除非我們自己做出選擇，否則我們沒有任何立場或「理由」去做任何事。（我知道你在想什麼：那如果我們什麼都不選擇呢？不行。沙特說：「如果不選擇，其實還是算一種選擇。」145）對沙特來說，這個狀況的「樂觀」之處，在於「人類可以掌握自己的命

145 或者，加拿大搖滾團體匆促樂團（Rush）有一首歌叫做〈Free Will〉，其中一段歌詞是：「如果你選擇不去決定，你還是做了個選擇。」（If you choose not to decide / You still have made a choice）你一定想不到，買了一本哲學書籍，來到了存在主義的章節，還能看到匆促樂團的歌詞對吧？不好意思囉！

運。」如果我們眞心相信我們的選擇會造就我們的話，就會被迫在任何時候做出自己想要的決定。我們別無選擇，沒有任何方法可以脫離這個痛苦的深淵。以上這一切，讓存在主義在派對中成爲超級有趣的話題。這是眞的！我們的托德．梅教授在大學時期經歷過一段非常硬派的存在主義階段，只要有人問他問題，他的回覆一定會是：「我選擇……」所以如果有人說：「我今天要在宿舍開派對，你要一起來嗎？」托德就會回答：「我選擇不去參加你的派對。」托德已經結婚多年，三個小孩也都長大了，我聽到這類故事的時候，都覺得這也太誇張了吧。

沙特在一九四五年的一場演講中提到一個例子，是他一位和母親相依爲命的學生。這位學生的父親曾與納粹合作，讓他母親蒙羞，而他的哥哥則在戰爭中喪命。這位學生面臨一個抉擇，到底是要遠赴英國加入自由戰士的行列來爲哥哥報仇，還是待在家裡照顧已經近乎失去一切的母親。他知道自己很可能到不了英國就死在路上，但他也知道，待在家裡就表示對哥哥的死無所作爲，這可是最眞實的二戰難題。沙特的重點是，沒有人可以「幫助」這個年輕人做決定。他沒有神諭可以遵循，也沒有康德的原則、道德理論、或任何幫助他做決定的事物，他只能自己決定，而不管他的決定爲何，他的決定就只是他的決定。所以他必須做出決定、實踐決定，不能仰賴聖經，也不能去讀彌爾的作品，也不能找人算命。

現在各位都已經讀了兩百多頁，學到了義務倫理學、功利主義、契約主義、以及德性倫理學等等，後來突然跑出一個很陰沉的法國人，告訴各位這個世界上沒有上帝、我們都必須用行動來定義自己、以及我們必須在沒有指引的情況下自己做決定（我們唯一的指引就是「我們本身的存在必然帶來的痛苦」之類的）。這個人也告訴我們，康德、邊沁、斯坎倫、亞里斯多德等人對我們道德生活的建議，大概就像丟硬幣一樣有效。我們到底應該聽他們的？還是完全忽略他們的理論？

非存在主義的存在主義者：阿爾貝．卡謬（Albert Camus）

在我們進入這個概念之前，應該先談談另一位偉大的法國存在主義大師：阿爾貝．卡謬（1913-1960）。沙特和卡謬都是當代法國哲學家，也都得過諾貝爾文學獎，但他們之間有一些關鍵差異，例如卡謬接受了諾貝爾獎，沙特卻拒絕獲獎，這點實在有夠龐克搖滾，也非常有法國人的味道[146]。比起沙特，卡謬的存在主義思想更赤裸、更強烈。我先前提過，沙特下過一些（有點矛盾的）功夫，讓他的哲學與戰後法國的共產政治運動共存，但卡謬根本完全不管。沙特認爲我們的行爲應該要當作他人的模範，卡謬也完全不管。卡謬的存

146 沙特得獎並拒絕獲獎的時候，卡謬已經過世了。但如果當時卡謬還活著，一定會懊惱爲什麼自己當初不像沙特一樣拒絕獲獎。

在主義可說是沙特的濃縮精華版，更尖銳、更強烈、更有力。卡謬甚至還不斷宣稱自己不是存在主義者！可是……大哥，拜託你看看你：（見下圖）

卡謬是如此解釋他的存在主義（當然他還是否認自己是存在主義者）：人類會希望從宇宙得到意義，但宇宙既冷漠又疏離，不會給我們想要的意義。其實虛無的「意義」就是任何事物，或至少比其他任何事物都「更有意義」。所以我們都只是小小的虛無碎屑，散佈在太空中一塊飄浮的岩石上，拚命尋找永遠不會找到的東西。換句話說，人類的存在本身就很荒謬。

「我說這個世界很荒謬，但是……這種不理性[148]與我們想要搞清楚自己存在意義

你覺得這個人有可能不是存在主義者嗎？ **147**©Hayk Shalunts_Alamy Stock Photo

147 其實也沒什麼，但他確實很好看對吧？性感的哲學家好像挺有意思的，不過我勸你還是放棄吧，因爲卡謬是一個冷冰冰的帥哥。

的狂野狀況之間的衝突，才是眞正荒謬的地方。人類與世界共同造就了這個荒謬，而現在能將人類與世界連結起來的，也正好是這個荒謬。荒謬把人類與世界綁在一起，就像仇恨把兩個生物焊接在一起一樣。在我準備展開旅程的這個無意義宇宙中，這是我唯一可以清楚分辨的事情。」

……很好。所以我們要怎麼辦？我們要如何面對這個根本的荒謬？卡謬說我們有三種選擇。

1. 我們可以自殺

看起來好像……不太理想。其實卡謬也沒有說我們應該要自殺。卡謬的意思是，如果要在這個無意義的宇宙中，擺脫追求意義的荒謬，自殺嚴格來說也是一種方法，因爲可以把一半的問題解決掉（想得到意義的人）。

2. 我們可以接受某種結構（例如宗教、家庭、工作等等），並從中尋找意義。

聽起來比自殺還理想對吧？但卡謬可不這麼認爲，或幾乎不這麼想。他認爲這種把事

148 這邊卡謬把「不理性」當作名詞使用，指的是宇宙中事物不可知的意義。

物灌輸意義的過程，是所謂的「哲學自殺」。這也是把一半問題解決掉的方法，只不過這次是透過創造我們可以努力追求的意義，解決掉冷漠、疏離、無意義的宇宙。但是，從任何社會結構中創造「意義」，代表否認我們只是小小的虛無碎屑，散佈在太空中一塊飄浮的岩石上，並在一個冷漠疏離的宇宙中，尋找著永遠找不到的意義。對卡謬來說，這個狀況是有害的：「向我解釋一切的教條」（也就是理論上能提供意義的結構）「同時也削弱了我。」那我們的第三個選擇是什麼？

3. 我們可以承認人類的狀況存在著根本的荒謬，然後想辦法與之共存！

我還在最後加上驚嘆號，盡量讓這句話看起來不要那麼淒涼。但對卡謬來說，這才是眞正的答案。

「我不確定這個世界是否有超越世界本身的意義，但我確定我不知道這個意義是什麼，我現在也不可能知道……這個世界上只有兩件事情是確定的：我對於絕對和統一的渴望、以及我們不可能把這個世界濃縮成合理且理性的原則。我知道我不可能在這兩件確定的事情之間找到平衡點。」

我們都想在空虛、無意義的宇宙中尋找意義；面對這種尋找意義的渴望，我們只能承認自己身處這個空虛、無意義的宇宙時，竟然還想要找到意義，這整件事情有多麼荒謬。卡謬要我們站在荒謬颶風的正中心，不否定荒謬，也不讓荒謬擊敗我們。

在《薛西弗斯的神話》（*The Myth of Sisyphus*）中，卡謬談到這個有名的寓言故事。故事中的薛西弗斯受到譴責，要將一塊大岩石推上山坡，之後岩石會滾落山坡，而他必須下山再把岩石往上推，就這樣周而復始、永無止盡。薛西弗斯之所以必須面對這種無間煉獄，是因爲他用很多方法得罪了衆神，所以祂們給他一個荒謬的重複性任務，永遠不會停止。不過卡謬對於這件事情有不同的看法：薛西弗斯必須一直反覆完成這個荒謬的任務，永遠不會停止。那又怎樣？卡謬指出：「現代人每天上班都在做一樣的事情，他們的命運也沒有比較不荒謬。」針對薛西弗斯，卡謬認爲「他的命運掌握在自己手上，畢竟那塊岩石是他自己的東西。」卡謬認爲，薛西弗斯存在被以刻意且無情的方式塑造成荒謬的樣子，代表這個荒謬就是薛西弗斯的一切，因此他瞭解自己存在的荒謬，就不會掉入尋找意義的幻想之中，因爲他始終都只有一個艱困的任務。卡謬用了一句七十年來讓全世界大一新生都爲之震撼的句子來總結：「我們必須想像薛西弗斯很快樂。」（One must imagine Sisyphus happy）

我們現在又學到了幾個倫理學的理論方法，都和絕對、激進的自由有關。這些方法有可能幫助我們成爲更好的人嗎？

「我們沒有選擇！」

沙特的批評者提供我們一個很好的反思機會，應該會讓你們想起開始讀這本書時會問的問題：你是誰？你憑什麼評斷我？如果世界上沒有更高等的力量，怎麼會有人有權力告訴別人該怎麼做呢？沙特的說法是，我們雖然都是自己做決定，但做決定時「都有他人在場」，所以如果我們判定某人是依賴宗教或其他社會結構，作爲他做決定的「理由」，就表示這個人搞砸了。因爲沙特認爲這種對外在因素或結構的依賴是「一個錯誤」，並認爲我們應該也要這樣想。沙特提出的理論不太算是完整的「道德」體系，但沙特絕對非常關心我們做了什麼、以及爲什麼要做。同理，朋友穿著一件很醜的衣服，問我們覺得好不好看時，如果我們去問卡謬的意見，他會露出燦爛的微笑，然後跟我們說：身處存在的這場不和諧鬧劇中，其實你應該直接裸體站著就好。嗯……好像不是太有幫助，但也不代表卡謬在我們想變好的路上完全沒有幫助。

存在主義強迫我們接受絕對自由，也就是堅持我們不能用任何外在結構來爲我們的選擇辯護，因此我們無法以這些結構作爲行爲的依據。想像我們身處詭異的道德難關，沒有簡單的解決方法：蘇和吉娜都是我們的朋友，有一次蘇對吉娜很生氣，因爲吉娜到處散播蘇欺騙男友的謠言。蘇跟我們抱怨的時候，我們表示自己會站在她這邊，因爲吉娜就是會做這種事。（吉娜做人就是這麼糟糕啦。）然後很巧的是，吉娜打來問我們週末要不要去她在湖邊的房子玩，順便幫她看家，因爲她要去照顧生病的母親。我們知道，如果答應吉娜，會讓蘇很生氣。她可能會說：「她對我這麼壞，你怎麼還答應她？」（蘇就是這樣，有點烈士情結。）但是……吉娜都已經約我們了耶，而且整天坐在湖邊聽起來就很爽，然後吉娜也算是在報恩，因爲去年我們去機場接她。所以這時候如果想拒絕吉娜，就只有三種可能：第一，直接跟吉娜說，我們不想去是因爲她和蘇的事；第二，找理由騙吉娜（還記得某本書有說康德認爲我們永遠不能說謊嗎？）；第三，吉娜很眞誠的告訴我們，如果幫她看家就眞的幫了她大忙，因爲她母親的病讓她壓力很大。除了以上三點，當然可能還會有其他狀況。我們隨時都得面對這類複雜的決定，裡面包含五十種不同的考量、道德判斷、以及忠誠測試，而有時候卽使我們已經下定決心，想單純用功利主義、德性倫理學、或義務主義來面對，都沒辦法做到盡善盡美。

這種時候我們會很想找到一個強而有力的理由，來說服自己只有一種選擇。理由會讓我們感覺更好，因爲理由提供了一個框架，讓我們的行爲成爲一種必然，因此得以避開責任。「我們必須接受吉娜的請求，否則會很不禮貌」，或「看在與蘇的交情份上，我們必須拒絕吉娜。」存在主義者會提醒我們：選擇永遠掌握在我們身上。沙特的存在主義雖然充滿刁鑽複雜的法文**149**，但還是有單純的地方：我們的行爲來自我們的選擇，而選擇永遠只掌握在我們身上。卡謬的存在主義有時候也有單純的地方：身爲人類本身很荒

145 並非所有存在主義者都是法國人。索倫·齊克果（Søren Kierkegaard）就是丹麥人，而且很多人也認爲十九世紀俄國一些著名的小說家（例如杜斯妥也夫斯基）也是存在主義者。但是，存在主義眞的都法文到一個不行。

謬，而真正的快樂可能來自於接受這種無可避免的荒謬。沙特和卡謬都鼓勵我們不要糾結在自己的過錯：好，我們錯了，下次不要再犯就好。如果亞里斯多德的作法是叫我們多方嘗試，慢慢找到美德的核心，存在主義者的作法就是一直做選擇，因爲在這個荒謬、無意義的宇宙中，我們所擁有的只有選擇。

不過，雖然沙特認爲他的存在主義很「人本主義」，卡謬也用非常解放的角度說明《薛西弗斯的神話》，存在主義對眞實世界的人們還是非常遙遠。請想像一位住在阿拉斯加鄉下的低薪婦女，她扭傷了膝蓋，醫生幫她開了非常強效的鴉片類藥物，因爲這個醫生很貪婪，早就跟藥廠講好要盡可能多賣疼始康定持續藥效錠（OxyContin）。後來這名婦女開始對藥物上癮[150]，漸漸無法負擔藥物的錢，最後甚至必須去加油站偷錢，才有錢付給這個貪婪的醫師。這名婦女算是小偷嗎？沙特會說算，因爲她做了偷錢的選擇，這是她的選擇，也只有她自己可以做。但現在的狀況是，有一間惡魔般的藥廠發明一種強力藥物，並且隱瞞這種藥物的成癮性，然後一個貪婪的醫生讓你對這種藥上癮。在這樣的情況下，「我們必須爲自己的決定負責」這種話就顯得不太有幫助。「我們的選擇就代表我們」這種說法忽略了一件事實：有時候我們是被迫選擇。很多人並沒有選擇進入現在的處境，他們就是剛好深陷其中，而這些處境常常迫使他們做出其他時候（更優渥或至少較中立的情況）不會做出的決定。我們會在下一章詳細討論這個議題，但現在可以先提的是：選擇也許是我們自己做的，但我們的人生，以及做出選擇後會發生的許多事情，我們常常沒辦法控制[151]。

150 托德說，沙特也會說上癮是一種選擇；麥可說，沙特應該要放輕鬆一點。

我們已經看過橫跨數十世紀的許多哲學理論，每一種理論都能讓我們思考自己的行爲是否良善，也給我們試著變得更好的指南。但是這些理論都沒有探討到人類生活的一個關鍵面向：脈絡。絕大多數的哲學家都沒有考慮到的是，取決於我們的個別狀況，道德選擇的難度因人而異。我、威廉王子（Prince William）、被醫生害到藥物成癮的窮困婦人、南韓的牙齒衛生師、卡蒂·B（Cardi B）、蓋亞那的蔗農、還有你，每個人的狀況都不一樣，很難適用相同的原則。討論「我們」在特定情況下該怎麼做的時候，都忽略了所謂的「我們」其實包含了很多「我」，而每一個「我」都有獨特的生活、挑戰、特權，使得每一個「我」在變好的路上遭遇到了難度不一的挑戰。

所以，針對「我們」集體行爲的討論已經夠多了，現在就深入個人層面來探討。

151 托德說，爲了避免沙特支持者抗議，其實沙特似乎也在他關於絕望的概念中，間接承認了這點。沙特的概念是：「我們必須限制自己，只去處理自己意志能決定的事情，或眞的有機會發生的事情。我們想得到某個東西的時候，總會有機率的成分。」可是沙特，我們現在討論的是貧窮，不是玩二十一點啊！

CHAPTER 12

我買咖啡時付了二十七分錢給咖啡師，只因爲我是一名億萬富翁！然後大家都在推特上罵我，我搭著自己的私人飛機到荷屬安地列斯旅遊的時候，甚至連我私人廚師幫我準備軟殼蟹捲都不能享用！這樣不公平吧！？

要讓自己的行爲更符合道德，我們投入的努力固然重要，但我們能做到什麼地步也很重要。蘇格拉底之前，希臘有一位偉大的哲學家叫做色諾芬尼（Xenophanes），他曾經針對日常生活的主題講過一句話：「這狗屎還眞不容易。[152]」，而且每個人的出發點不一定公平。每個人能投入在做正確決定的時間、精力、和金錢都不一樣。我們的好朋友茱莉亞．安納斯（Julia Annas）曾經寫道：

「世界上很多人的生活條件都很糟糕，每天都受貧窮與暴力所苦（例如大城市中的貧民窟），所以他們實在無暇針對他人的教導進行反思或批評。常常也有很多人（也可以理解）強調的不是品德的重要，而是爲自己著想，同時不要受到他人拖累，而這些人會越來越習慣暴力與殘忍。更糟的是……這些人的品德多半無法變好，並非因爲他們做不到，而是因爲生活條件太艱難。」

我們也許天生都具有第一章討論過的美德新手包（我們都有這個潛力），但安納斯特別指出，有些人因爲環境而無法將潛力變成眞正的美德，這時我們不應責怪他們。還記得希臘人對於老師的執著嗎？如果我們因爲沒錢付學費，無法進入亞里斯多德的高級菁英學院，因此無法聽他上課，那該怎麼辦？如果我們生活周遭「最有智慧的人」，其實是一個在貨車上販賣仿冒衣服的怪人，那該怎麼辦？世界上很多人可能都願意花時間思考倫理與

152 沒有證據指出色諾芬尼曾經講過這句話，但蘇格拉底之前很多哲學家的著作都已遺失或損毀，所以也許他眞的有說過。

美德，但他們可能有更迫切的事物要處理，例如要避免飢餓、避免死於疾病、避免被武裝部隊殺掉等等，所以我們怎麼能怪他們呢？

從這個角度來看，康德的零容忍政策也不會比較好。如果你的人生不順利，或每天有太多壓力來源，讓你無暇思考生存以外的事情，建構並遵守普遍準則根本是一種不可能的奢侈。至於功利主義嘛，如果我們不是列車駕駛，而是其中一個鐵道工人，在大太陽底下辛勤工作，只能領著基本工資，然後根本不知道我們隨時隨地可能因爲列車的剎車壞掉而被輾斃？列車上的乘客可以在不用擔心生死的情況下，思考怎樣的決定才符合道德，如果用相同的道德標準來檢視我們，這樣公平嗎？還記得那位叫吉姆的遊客嗎？他在旅行時看到有人拿著槍對準十個當地人。如果我們不是吉姆，而是其中一個當地人，我們的日常生活有著非常有趣的成分，就是我們隨時隨地都可能被抓起來甚至射殺，讓統治者維持他混亂的法治統治呢？吉姆不過是碰巧經過這個恐怖的現場，而他馬上就會去到他的度假飯店，在游泳池旁邊喝著清涼的調酒。要我們跟吉姆花一樣的時間和精力來思考道德，眞的公平嗎？

人生很難（而且很不公平）

之前提到不知不覺對藥物上癮的那位婦女，如果我們要求她要和傑夫．貝佐斯或你我這種一般人投入相同的道德努力，看起來實在很不公平。不過如果我們在評估一個人度過人生各種難關的能力時，也把處境納入考量，其實根本不需要考慮那些處在極端壓力下的人。兩個條件類似的人，即使處在最基本的生活條件，也可能會有非常不同的人生經驗。作家約翰．史卡奇（John Scalzi）二〇一二年在部落格上發佈了一篇文章，標題是「直男白人男性：難度最低的設定」（Straight White Male: The Lowest Difficulty Setting There Is），明確指出忽略脈絡和特權會有怎樣的問題。

「請想像我們的人生，就是在美國（其實西方世界都差不多）玩一場大型的角色扮演遊戲，就像是『魔獸世界』（World of Warcraft）一樣，只不過我們的人生非常平凡，多數人追求的都是賺錢、買手機、吃甜甜圈，雖然可能不是同時進行。我們把這場遊戲叫做眞實世界。你在電腦裡面安裝了眞實世界，但在開始之前，你先到設定區去選定快捷鍵、調整預設值、並選擇遊戲難度。這樣可以嗎？

「你要知道的是：在這場名爲眞實世界的角色扮演遊戲中，直男白人男性是難度最低的設定。

「換句話說，遊戲中幾乎所有的NPC都會對你比較友善，讓你的人生比起其他性向、種族、性別的人都更順利；你完成遊戲的預設障礙也比較少、升級的門檻也比較低、也能自動進入別人需要努力爭取才能進入的地圖。換言之，整個遊戲對你來說就是比較輕鬆，你需要幫忙的時候，也比別人容易得到協助。[153]」

把同樣的道德理論運用在所有人身上，會有一個根本的問題，就是並非所有人的生活條件都一樣。數百年來的歷史演進、社會經濟發展、種族主義、性別歧視、權力與財富的聚集，讓兩個出生在相同地方的人，很可能面對非常不同的困難。雖然我們每個人達到美德的潛力可能差不多，但不是每個人都能付出一樣多的寶貴資源來發展美德；而如果道德參與最重要的面向是關心與嘗試，那麼要求所有人對每件事情都付出一樣的關心與嘗試，其實也相當愚蠢。

現代西方政治哲學有一個派別，強烈推崇所謂的「才德制」(meritocracy)。他們認爲全世界都應該奉行才德制，而且我們通過的法案，都不應爲了任何原因偏好任何一群人。大學入學不應該有平權法案、職場也不應該有性別平等的倡議，應該讓社會上最菁英的人自動爬到頂端！提倡才德制的人(通常都是有錢的異性戀白人男性，書架裡滿滿都是艾茵·蘭德的小說)完全沒有考量到的是，如果要順利推行才德制(整個社會以適當的方式重視並表揚努力與個人成功)，社會裡的人都必須有相同的起跑點，否則菁英根本不是爬到頂端，而是本來最接近頂端的人自然而然就留在了頂端。如此一來，整個才德制的概念就失去了意義。如果順著這些人的意思，最後就會達到一種僞才德制，難

153 史卡奇並不太重視階級，而是把重點放在種族與性別。但是，你也可以把他這個隱喻用在任何階級結構。也就是說，比起勞工階級的同性戀東亞女性，勞工階級的直男白人男性是一個「比較容易的遊戲版本」。

以區分背景不同者的成就。舉例來說，某位男性的姓氏可能是五月花（Mayflower），而且從爸爸那邊繼承了上百萬的資產；而某位黑人女性可能出生於紅線地區（redlined neighborhood），而且州政府甚至推行殘酷的種族歧視法令。如果社會推行的是僞才德制，就很難區分這兩種人的成就。（以前有一句話是這樣說的：有人出生在三壘，卻自以爲曾經打出三壘安打。）在名爲社會的這場短跑比賽中，如果有人的起跑點距離終點只有十英尺，有人因爲比賽委員會的偏見而無法參賽，這樣根本就不是眞正的才德制。

我們都無法控制自己出生的環境，這樣其實有好有壞。我在一九七五年出生於美國，是一個健康的白人寶寶，而我父母都受過大學教育，婚姻也正常。雖然他們不是非常富有，但我們全家至少能在康乃狄克州中部過著不錯的中產階級生活。我完全無法決定自己出生的環境，可以說根本是擲骰子決定的。而擲出來的結果幸運嗎？我天生注定不會受到以下社會問題的影響：

——種族歧視

——性別歧視

——殘障歧視

——厭女情結

——飢荒

——貧窮
——低品質、經費不足的學校
——國內發生戰爭
——沒有飲用水
——沒有醫療照護154

很多人在生命中都會遇到上述這些詭雷，阻礙他們前進，而我則完全避開了這些詭雷，但完全不是因爲我的努力，純粹是因爲我出生在對的家庭。我天生就有大量的社會優勢，如果要檢查我的道德成績單，當然也必須把這點考量進去。我如果因爲自己的道德還過得去，而要求別人給我掌聲，就好像參加一場馬拉松比賽，但我的起跑點是在二十五英里的地方，然後我贏了從眞正起跑點155出發的人，同時還四處吹噓。我在人生這場遊戲中進入了最簡單的版本，所以如果我做了一個糟糕的決定，就表示這個決定眞的很糟糕。想想《悲慘世界》中的尙萬強，他不過是爲了家人偷一條麵包，最後竟然坐了十九年的牢。但是他很窮，家人又快餓死了，他覺得自己根本別無選擇。如果是我呢？我是一名成年的電視劇作家，賺了一些錢，也有一間很棒的房子，更沒有挨餓的法國小孩要養。如果我沒有理由偷了麵包呢？康德會說，尙萬強偷麵包和我偷麵包是一樣的行爲，因爲我們都違背了同樣的普遍準則。沙特也會持相同看法，因爲我們都做了一個選擇。但我會說，尙萬強

154 美國的醫療體系當然有很大的改善空間，但我還是可以兩年去看一次牙醫、或是打打疫苗之類的。

155 可能是險勝啦，因爲我眞的很討厭跑步，說不定連一英里都不想跑。

偷麵包要給家人吃的時候，是出自非常勇敢、奉獻、慷慨的心態；而我只不過是一個有錢的王八蛋，毫無理由去偷麵包。我犯的罪比他糟糕很多。

聽天由命

我們出生的條件，已經讓我們無法選擇未來即將踏上的路，而我們後續的人生也會有無數種發展可能。有些出身富有的美國白人會得到嚴重的疾病，也有生於南亞的女雙性戀成爲有錢的明星。生命反覆無常，運氣難以掌握；我們永遠無法確定自己是否身處對的地方、在對的時間做決定、最後是得到好處156還是壞處；而我們的親朋好友對我們的要求也會隨時改變。總而言之，不管我們人生旅途開始時的難度是高是低，還是必須聽天由命。人一生中會發生很多好事與壞事，其中很多都跟運氣有關，所以我們必須知道的是，運氣會影響我們，也會影響我們成爲好人的能力。

幾年前，有一位名爲羅伯特．法蘭克（Robert Frank）的社會科學家在跟朋友打網球的時候，突然心臟病發倒地不起，他的朋友立刻打電話救護車。救護車通常都會從只有幾英里的地方過來，大概只需要三四十分鐘就能到網球場。但很不巧的是，當地兩輛救護車在法蘭克倒地前一分鐘，剛好分別到了兩個車禍現場。還好其中一輛救護車可以

156 不過我們還是必須承認，有些人就是比較有可能因爲「在對的時間身處對的地方」而得到好處，例如身處「高級餐廳」的時候「一位有錢的大老闆正在尋找新的副行政總裁負責國際業務」。多數人大概都沒辦法享有這種身處「對的時間與地方」的機會。

馬上離開去接法蘭克，因此拯救了他的性命。法蘭克後來得知，他當時的狀況是「心因性猝死」，是非常緊急的狀況，死亡率高達九八%，就算能存活下來，通常也需要面對極爲強烈且持久的副作用。但是，法蘭克不僅活了下來，也沒有太嚴重的副作用。

甦醒的法蘭克在得知情況以後，有一個很可愛的反應：他開始相信，從那一刻開始，人生發生的所有事情都是直接來自好運。如果他的運氣不好，附近的救護車沒辦法及時來接他，他的人生會就此結束。換句話說，他在被救醒後所發生的一切，都是來自運氣這棵樹的果實。（這件事情發生在一位社會科學家身上，而他能夠用這麼有智慧的方式來看待，並從中得到意義，也是一件「超幸運」的事。）這整件事情讓法蘭克開始懷疑，我們一般都低估運氣在人生中扮演的角色。法蘭克說：「明明有強力證據指出運氣很重要，爲什麼大家還如此低估運氣的重要性呢？我認爲有一部分的原因，是由於成功人士可以透過強調才能和努力，同時排除其他因素，來進一步宣稱他們賺到的錢是應得的。」換句話說，取得（或繼承）大量財富和成功的人，都認爲是自己透過努力才得到的**157**。這種想法會讓我們覺得，自己有能力控制這個又大又愚蠢又可怕的世界，也就是如果我們夠聰明又夠努力，就會得到該有的回報，然後人生會一切順利。如果承認很多成就其實是來自於運氣（包括最重要的天生因素，那些我們出生前早就決定的事情），就等於承認我們了不起的成就其實還有一些其他因素，而且我們本身可能也不像表面上看到的那麼厲害。

法蘭克要我們瞭解的是，一個人通往成功的旅途，其實比想像中更早開始。舉一般人

157 套一句比利・贊恩（Billy Zane）在《鐵達尼號》中飾演的卡爾・霍克利（Cal Hockley）的話：「眞正的男人會創造自己的運氣。」信奉這種格言的人，表示你很有錢、很幸運，但完全不知道你是因爲多麼幸運才變得那麼有錢。

認爲史上最偉大的籃球員[158]麥可．喬丹（Michael Jordan）爲例，喬丹對籃球的付出，絕對高於任何人對任何事物的付出。他有無與倫比的決心，對籃球的奉獻程度爆表，也具備傳奇般的競爭心態。如果要說喬丹的成就（這麼多的冠軍、最有價值球員，以及這麼多人的讚賞）不是來自他的努力，實在顯得有些可笑。不過，喬丹的身高有六呎六吋，而他之所以有這樣的身高，絕對不是他努力得來的。而且喬丹也是在美國出生，他的父母也支持並鼓勵他追尋籃球夢，這些都造就了他的幸運。如果你把喬丹的人格、天賦、努力放在一位五呎二吋的孟加拉牧羊人身上，他絕對不會變成那個六度贏得NBA總冠軍的飛人喬丹，而是會變成孟加拉史上最兇且最惱人的牧羊人，一直對其他表現不夠好的牧羊人大吼。其實也不一定要改變他的身高和出生地。就算喬丹還是同一個喬丹，但早了七十五年出生，我們可能就從來不會聽過這個人。奧斯卡．查爾斯頓（Oscar Charleston）、酷爸爸．貝爾（Cool Papa Bell）、薩奇．佩吉（Satchel Paige）、喬許．吉布森（Josh Gibson）、和巴克．奧尼爾（Buck O'Neil）等著名的棒球員，經常不被認爲是偉大的球員，因爲他們出生在種族隔離的年代，因此沒機會和喬．迪馬喬（Joe DiMaggio）和泰德．威廉斯（Ted Williams）等人一起打球。這些黑人球員的天賦比較差嗎？比較不努力嗎？顯然不是。他們只不過是運氣不好，出生在一個種族歧視的世界，讓他們無法進入大聯盟。

這樣看來，任何稍有成就的人，不管他多有才能或多努力，都或多或少有運氣的幫忙。

158 勒布朗．詹姆斯（LeBron James）比較偉大。

有些人（非常少，但還是有一些）眞正明白這點。曾經講好死後要把九九%財富捐給慈善機構的華倫．巴菲特，在他的 givingpledge.org 網頁上寫下這段話：

「我之所以有這麼多財富，是因爲我住在美國、具有一些幸運的基因、以及世界上有複利這種東西。我和我的小孩贏得的，是我所謂的卵巢樂透。（首先，我在一九三〇年出生於美國的機率，大概也只有三十分之一；而我身爲白人男性，也讓我避開多數美國人都會遇到的極大障礙。）」

當然，華倫．巴菲特是一位天才，這點應該無庸置疑。但他也是一位很少見的天才，因爲他也大方承認他的成功有很多的運氣成分。法蘭克用以下這段話帶我們瀏覽微軟的歷史：

「以下這一長串很扯的事情，只要有一件事情沒發生，我們多數人可能一輩子都不會聽說過微軟。如果比爾．蓋茲出生於一九四五年而非一九五五年、如果比爾．蓋茲讀的中學沒有電腦社團，裡面也沒有第一台可以提供立即回饋的終端機、如果IBM與蓋瑞．基道爾（Gary Kildall）的數位研究達成共識、或是如果提姆．派特森（Tim Paterson）是一位更有經驗的協商者，我們幾乎可以肯定，蓋茲不會取得如此巨大的成功。」

法蘭克提及的這些人與事件，都是比爾．蓋茲人生的注腳（早期的交易、或沒達成的交易，以及幾乎要發生但沒發生的事），在當時看來都微不足道，卻一直把蓋茲的人生推向稍微不同的路線。對蓋茲來說，這些都是運氣，與他的才能或努力完全無關。這些事情就像在宇宙中隨意反彈的乒乓球一樣，最後反彈的位置剛好在蓋茲展開生涯時帶給他好處。沒有人會說比爾．蓋茲和麥可．喬丹的成功是僥倖，他們確實是天才！但法蘭克的重點是：我們確實可以說，他們的成功有部分是因爲運氣。這種觀點並不是要否定他們的成就，只是要說我們的成功都或多或少有運氣成分，並爲那些夠聰明、夠有能力、夠有才華的人祝賀，因爲他們有辦法利用這些意外找上他們的事情。我們在世界上會遇到各式各樣的人，並用這種方法與他們互動，而明白運氣的重要性以後，讓我們更能透徹瞭解他們的人生。

運氣之神也需要祭品！

我每年大概都會去一次拉斯維加斯，而我多半都玩賭金比較低的二十一點，每一局只需要十或十五元，然後最後通常都會輸幾百元。有一次我竟然贏錢了（贏了一百元左右），但我感覺很緊張，也很不開心。爲什麼？因爲我覺得自己是世界上運氣最差的人之一。所以如果我在賭桌上輸掉一百五十元，其實非常合理。我輸掉的這些錢就像我爲運氣之神所犧牲的祭品一樣，爲了感謝祂讓我獲得了百萬分之一的機會，成爲現在的我。（光是我有辦法負擔在賭場裡輸掉幾百元，而且也完全不會影響我的人生，就代表我應該是全世界最幸運的那〇．一%的人。）我很努力工作，也認爲我做得不錯；但我的人生還發生過以下這些事：

1. 小時候有一天我生病沒去上學，媽媽租了電影《傻瓜大鬧科學城》（*Sleeper*）給我看，讓我愛上了喜劇。
2. 我進入了哈佛大學（當然是因爲努力），但哈佛當時有《戲仿雜誌》（*Lampoon magazine*），在我加入前幾十年來生產出許多職業喜劇作家，讓我在畢業之後……
3. 就有朋友在《週六夜現場》（*Saturday Night Live*）工作，他答應把我寫的東西交給公司，後來我眞的被錄取了。我進到公司以後，
4. 一整年寫的初稿都很爛。我不是在自謙，我眞的很爛。每次上級閱讀我的初稿時，我都被電得很慘。不管怎麼看，我當時都應該要被開除才對，不過，
5. 在我錄取以前，公司曾經出現很大的人事震盪，有一位NBC的主管把諾姆．麥當勞（Norm Macdonald）開除，因爲他開了太多O．J．辛普森（O.J. Simpson）的

玩笑，而辛普森是那位主管的好朋友。NBC主管介入人事，這個情況在《週六夜現場》實在很少見。此外，我進公司前三週，克里斯．法利（Chris Farley）才剛死於藥物濫用，當時整個節目（甚至全國）都在爲他哀悼。這兩件事情讓整個《週六夜現場》陷入一陣混亂，所以基本上，

6. 公司根本沒人注意到我，沒有人注意到這個很爛的新人，剛好讓我有時間思考怎麼做好我的工作，後來我終於做到了。幾年後，我的朋友羅伯特（負責製作《週末更新》〔*Weekend Update*〕的部分）到了洛杉磯工作，而我受命接替他的位置，因爲沒有太多人想做這個工作，也沒有太多人比我更有資格。所以，

7. 我就開始製作《週末更新》，當時的主持人是蒂娜．菲（Tina Fey）和吉米．法倫（Jimmy Fallon）。這兩位主持人非常厲害，彼此之間的化學效應非常良好，讓《週末更新》的人氣扶搖直上，可以說是史上最受歡迎的節目。三年後，我和女友決定同居，而她當時住在洛杉磯，所以即使我當時的工作很理想，我搬去洛杉磯（當地有更多編劇相關的工作機會）比她搬來紐約更合理。後來我就搬去了洛杉磯，而就在那個時候，

8. 格雷格．丹尼爾斯決定要把英國節目《辦公室》帶進美國，當時正在找編劇。格雷格既嚴謹又認眞，哪怕是聘請一名小小的編劇，他也會讀完大概五百頁的劇本範例，包括我的範例，後來證明他喜歡我寫的範例。播出《辦公室》有很高的風險，最後NBC只願意選六集播出（眞的很不支持這個節目，完全不認爲節目會長紅），而我當時其實有機會

成爲另一個節目的編劇，那個節目有十三集，顯然是一個比較安全的賭注，畢竟薪水是《辦公室》的兩倍以上。但就在與新節目的負責人面試之前，我整晚失眠（我很少這樣），所以見到製作人的時候我又累、又無趣、又無精打采，最後他們沒有給我工作。所以後來格雷格決定給我機會的時候，我就把握起來，然後，

9. 我發現格雷格絕對是演藝界之中最棒的良師益友，帶著我和其他菜鳥編劇一步一步學習故事的創作與執行（他這種職位的人通常不願意，因爲過程相當痛苦。）所以我有幸從一位眞正的大師身上，學到如何撰寫半小時的喜劇（大家都需要老師！），然後我們就爲《辦公室》製作了六集節目，於二〇〇五年在NBC上首播，然後，

10. 沒有人喜歡看，收視率很糟糕，根本沒有播出第二季的機會……不過當時NBC的主管凱文·賴立（Kevin Reilly）非常看好這個節目，後來根本就是爲了這個節目的成功，賭上了他的生涯（通常沒有主管會這樣做）。在此同時，史提夫·卡爾製作了一部電影叫做《40處男》（*The 40-Year-Old Virgin*），意外地大受好評。所以NBC當時的想法是：「好吧，這位明星都已經在我們的旗下了，不如就再給《辦公室》一次機會好了。」第二季開始的時候，

11. 收視率大幅增加，部分原因是：

12. 我們的節目時間緊跟在新節目《樂透趴趴走》（*My Name Is Earl*）之後，當時這個新節目一出場就備受好評，加上當時人們看電視的習慣，就是一直開著電視，所以在本

來想看的節目看完以後，之後播出的節目也會繼續收看。因此，越來越多人看到了《辦公室》，也慢慢喜歡上這個節目，很大一部分原因當然也是格雷格在兩季節目之間，想出一些非常有創意的點子。《辦公室》的人氣隨即一飛衝天，後來的結果就是，

13. 格雷格要我跟他一起製作一個新節目。當時NBC很想要利用格雷格・丹尼爾斯的名氣，再製作一齣成功的節目，所以他們說格雷格想做怎樣的節目都可以，並擔保可以播出完整的一整季內容（現在很常見，但當時很少見）。所以我們就做了《公園與遊憩》，但當時不知道要找誰飾演主角，直到後來，

14. 艾米・波勒決定離開《週六夜現場》，而艾米多年來一直是該節目史上最有才華、也最受歡迎的演員之一。我們問她要不要參與《公園與遊憩》的演出，她答應了，那就代表，

15. 我製作的第一齣節目，有格雷格・丹尼爾斯當我的顧問、有艾米・波勒當主角並提供建議、也保證能播出一整季，來找到穩定的觀眾群。但這齣節目一開始的表現差強人意，因爲我們前幾集其實沒有寫得很好，甚至到了第一季的尾聲，才創造出能讓艾米・波勒發揮長處的角色。但後來我們還是有讓艾米・波勒發揮，節目的狀況也越來越好，喔對了，

16. 克里斯・普瑞特（Chris Pratt）也加入演出，主要是因爲：

17. 我太太曾經和他在《玩酷世代》（The O.C.）合作過，她在我選角的時候，告訴我

克里斯的才能非常出色。後來他的檔期剛好也能安排，所以我們就把他找來參與《公園與遊憩》的演出，結果發現他真的有夠厲害、有趣，當然，

18. 其他演員也都很棒，例如拉什達・瓊斯（Rashida Jones），我在大一的第二天就認識她，後來變成朋友；以及尼克・奧佛曼（Nick Offerman），他曾經想參加《辦公室》的試鏡，而且那集是我寫的，不過後來他沒辦法前來，我就把他的名字記了下來，發誓總有一天要把他拉進劇組名單；以及奧布瑞・普拉札（Aubrey Plaza），

19. 她在我們選角的時候剛來到洛杉磯，剛好出現在選角導演艾利森・瓊斯（Allison Jones）的辦公室。瓊斯當時打電話跟我說：「我剛剛遇到了史上最奇怪的二十二歲女性，我覺得她眞的很特別。」一小時後，我和其他製作人就見到了奧布瑞，我們都覺得她很有趣，立刻把她拉進劇組名單，然後，

20. 諸如此類的事情一直發生，永遠講不完。

你現在知道我爲什麼喜歡爲了運氣之神而犧牲了嗎？我的能力和職業道德當然不在話下，但我在好萊塢的實際旅程，根本就是由運氣堆疊而成的疊疊樂。除了我剛剛列出的運氣清單以外，我的人生中大概還有上千次運氣特好的時候，根本數不清。我隨時都會思考這些時候，也會思考如果我出生於不同的地點、時間，或我的父母如果不一樣、我人生的機會如果更少等等，我現在會變成怎樣。在人生這場遊戲中，我經歷的難度是最低的。而

我所學到的，就是即使我在拉斯維加斯輸了幾百塊，也不足以償還我欠運氣之神的債；我每天對自己的道德要求，都必須比其他人更嚴格才對，因爲我對別人的虧欠，大於別人對我的虧欠。

但這也不代表運氣不好的人就可以隨便在街上爲所欲爲。我們要知道道德有底線（根據德性倫理學、結果主義、義務倫理學等方法作出的計算），每個人都必須踩住這條線。不過可以確定的是，我們的運氣、財富、地位越高，同時能在更不需要經歷恐懼或痛苦下享有自由，就必須遵守越高的道德標準。每個人都不一樣，但每個人都會遇到無法控制的力量，只是有人因此受惠、有人因此受害，程度不同而已。公平的社會會考量人們無法選擇自己的出身，也無法控制自己的人生會怎麼走。這一切讓我想到約翰．羅爾斯。

無知之幕：讓我們稍微讓出發點平等一點吧！

羅爾斯（Rawls，1921-2002）是政治哲學家兼倫理學家，他的思想受康德和彌爾的影響很大，他也是斯坎倫的朋友兼同事。羅爾斯最有名的著作，是那本一九七一年出版的六百頁怪獸，叫做《正義論》（*A Theory of Justice*）。一九六〇年代時，羅爾斯完成該書的第一版，比最後的版本簡短許多。他把第一版拿給很多同事和學生看，得到很多注記與回饋，而他顯然把所有的注記與回饋都加了上去，因爲這本書眞的有夠大本。不過正義這個概念包含了我最愛的道德概念之一，是一個相當容易理解的概念：無知之幕。

小孩要共享東西的時候（不管是一塊蛋糕或一堆M&M巧克力），爸媽都會說可以先把東西分成好幾個部分，但要把原本的選擇給其他小孩。無知之幕這個概念的精華其實就是這樣，只是論述更加完整而已。羅爾斯說，我們必須根據所謂的「原初狀態」來決定社會的規則。換句話說，我們都要先決定如何在社會上與他人共享薪水或資源，然後才能知道我們在這個社會中扮演什麼角色。我們會從「無知之幕」的背後來認識這些規則，並得知我們會成爲怎樣的人，就好像要在我們還沒出生時，就決定成年後要遵循哪些規則一樣。羅爾斯認爲，這樣就能確保整個世界的公平，也能確保我們會認爲這個世界很公平。羅爾斯寫道：「有些正義的原則很合理，因爲如果是在初始平等的狀況，大家都會同意。」

現在假設我們要開創一個全新的社會，而和所有社會一樣，我們社會裡的資源和資金都有限。今天我們要來決定各種工作的薪資範圍：卡車司機、技師、棒球員、護理師、老師等等。我們的社會很酷，很有科幻的味道，所以只要我們設立了規則，就會走過一個魔法傳送門，而我們從門的另一邊出現後，就會隨機被賦予一組能力（因此大概就決定了未來的工作）；換句話說，我們可能會成爲棒球員，但更可能成爲護理師或老師（原因很簡單，因爲護理師和老師的人數比棒球員多）。而這個所謂的傳送門，其實就是運氣。它給了我們能力、特質、各種突發狀況，這些事情就像身高、種族、智力、手眼協調、和吹風笛等一百萬種特質一樣，我們無法控制。要設計社會準則，來決定如何對待不同職業的人，以及給他們多少薪水的時候，我們必須思考以下幾點：首先，我們可能成爲棒球員！太酷了！棒球員的天賦很少見，而且很多人都想要，所以我們要確保棒球員可以得到很高的薪水。但是，第二點是我們最後還是比較可能成爲技師、護理師、或老師，所以我們也要確保這些職業的最低薪資不會太低，不然他們會很可憐。第三，我們還要確保管理整個社會的法律，可以爲學校、醫院等工作場所提供足夠的資源，因爲如果我們是老師，而學校沒錢的話，我們就只能吃自己了。既然整個社會中的金錢和資本有限，我們就不會允許任何職業吃掉太多資源。

羅爾斯的理念跟斯坎倫很像，應該不難看出來吧？羅爾斯認爲，我們不需要爲世界提出沒有任何理性的人可以拒絕的規則，而是要在我們進入這個世界前就提出規則，因爲如果我們在知道自己會變成怎樣的人以前就提出規則，以後一定會同意這些規則。隔了一層無知之幕，我們會立刻發現自己不可能在這個社會上取得優勢，因爲沒有人知道穿過傳送門以後的自己會變成什麼樣子。斯坎倫（就像潘蜜拉．希羅尼米跟我說過的一樣）也用了一樣的概念，只是把執行的時間延後：他「理性的人」的這個論述，是要我們在走過傳送門並知道未來人生的狀態以後，做到和羅爾斯理念類似的事。斯坎倫的版本比較樂觀，因爲他認爲我們可以在實際體驗過自己的人生、需求、和慾望以後，再來跟別人的做比較。也就是說，生活過得很棒或很幸運的人，會知道他們必須對較爲不幸的人表現同理心。不過如果羅爾斯的版本能在某種科幻宇宙中成眞，可能比斯坎倫的版本更有效，原因就是本章討論過的現實狀況：成功的人常常過分相信，自己的成功是因爲自己個人的努力，有時候不知道或不願意承認運氣在人生中扮演的角色。

所以：這不是功利主義，因爲在功利主義的概念底下，個人只不過就是一堆「快樂」或「痛苦」的數字加減而已。羅爾斯認爲，在知道自己未來要做什麼工作、或具備怎樣的能力以前，我們允許並接受未來潛在職業會賦予我們的才能和「社會價値」。換句話說，通過傳送門以後，我們還是會保持身爲個人的完整性。我們承認有些人會具備某些比他人更受社會重視的技能（因此有些工作的薪水會比其他工作好），我們也可以接受。不過我們也要把運氣納入考量：魔法傳送門的意義，就是我們無法控制未來會如何，所以爲每個人設立的出發點都要夠高，不讓任何人只因爲運氣不好的關係而受苦。羅爾斯寫道：「在選擇原則的時候，不應有人因爲運氣或社會情況而得到好處或壞處；大家似乎也都同意，任何原則也都不應專門用於某個個人的案例。」根據羅爾斯的論述，把一堆 M&M 巧克力分成好幾堆的是我們，但因爲誰得到哪一份是宇宙決定的，我們也只能（盡量）讓每一堆巧克力平均分配。

羅爾斯不認同功利主義的地方和伯納德・威廉斯一樣。羅爾斯說，功利主義「沒有認眞看待人與人之間的差異」。羅爾斯沒有興趣讓全世界的整體快樂最大化，而是只想設計一個所有人理論上都願意參與的社會，他們也都很放心，因爲知道這個社會相對較爲正義。羅爾斯建構的世界，當然會讓湯姆・漢克斯（Tom Hanks）和小威廉斯（Serena Williams）這樣厲害的人得到該有的報酬和鼓勵，但絕對不會因此犧牲掉老師、郵務人員、護理師、汽車維修員等人的權益。雖然羅爾斯並沒有對以下這個面向著墨太多，我還是不禁想像這個額外好處：社會中的漢克斯和小威廉斯都會承認，無論他們的天賦或努力程度爲何，他們之所以有現在的成就，都和神奇的傳送門，也就是運氣，脫不了關係。

記得傳送門！

讓我們快快帶著羅爾斯和法蘭克一起討論第四章的問題：到底要不要把賣場的手推車歸位呢？遇到這種世俗問題的時候，我們會應用契約主義的規則、尋找黃金方法、遵循康德的準則、或以各種我們覺得適合的方法來處理。但我們要記得一件事：如果我們今天有資格來回答這個問題，也許就表示我們是很幸運的人。我們能夠買一整車的雜貨（所以當然也有一輛能開的車），生活也過得夠好，才能討論哲學問題，不需要思考健康或安全的問題，也不必煩惱有沒有下一餐可以吃。如果我們也覺得自己比其他人幸運，也就代表我

第十二章：我買咖啡時付了二十七分錢給咖啡師，然後大家都在推特上罵我，只因爲我是一名億萬富翁！我搭著自己的私人飛機到荷屬安地列斯旅遊的時候，甚至連我私人廚師幫我準備的軟殼蟹捲都不能享用！這樣不公平吧！？

們有辦法做得多一些，代表我們應該多做一些。我指的不是「華倫．巴菲特式的幸運」，而是剛好比別人幸運一點點，讓我們的生活比別人容易一些，同時自己也不需要付出太多成本。世界上幾十億人都沒那麼幸運，所以我們有責任來收拾爛攤子。而如果我們就是不幸運的那群人（如果人生給我們一連串的打擊，讓我們體內的電池電力只剩下一%，而我們也只能勉強度日，依賴那些契約主義的規則），至少我們可以盡量去償還我們對彼此的虧欠。

我們幾乎要完成這趟旅途了！我們已經知道自己在做什麼、爲什麼要做、是否可以做得更好、以及爲什麼可以更好。我們現在茁壯得就像倫理學界的搖滾明星！但我們也很常搞砸。我們知道搞砸無法避免，畢竟如果一輩子都要關心和嘗試，必然會遇到一次又一次大大小小的搞砸。所以我們最後還需要做一件大家都不喜歡的事：我們必須道歉。

CHAPTER 13

我把事情搞砸了。我一定要道歉嗎？

任何有小孩的人一定都很熟悉以下的對話，而我家每週都會發生一次：

小孩1：爸爸！他把我手上的遙控器搶走不還我！

小孩2：她又沒在用！

父母：你不能從人家手上把東西搶走，這樣不對。

小孩2：（把遙控器丟回去）好啦。
父母：說對不起。
小孩2：……
父母：趕快，說對不起，跟人家道歉。
小孩2：……
父母：我們可以一直站在這邊等你，但你一定要說對不起。

（他們還真的一直站著等小孩2。然後幾分鐘過去了、幾小時過去了、天黑了。沒有人吃飯，電話響了也沒人接。遙遠的某處傳出一聲孤零零的狼嚎，沙漏緩慢地往下流，文明興起又衰落，森林茂密又燒成灰，我們看到了宇宙唯一的眞常數：改變。然後……）

小孩2：（心不甘情不願地說）對不起。

做錯是很讓人難過、很討厭、也很尷尬；但道歉可能更讓人難過、討厭、尷尬。自己感受到罪惡感是一回事，而道歉會再加上向別人承認的羞愧感，讓罪惡感更強烈。雖然我們在搞砸後都會很想逃避這種羞愧感，但道歉其實是在我們變好的這條路上的最後一里路。道歉是亞里斯多德描述我們追求美德的句末標點符號、是很容易就能形成的康德準則、是提升功利主義快樂的關鍵、也是我們可以償還的契約主義債務。道歉就是那麼萬能。如果沒有道歉，道德錯誤帶來的傷害就永遠無法治癒。

但是道歉很討厭！

但我們還是要做。

但是道歉很討厭。

道歉麻煩的地方，有一部分在於我們在道歉之前，所能想到的只有在別人面前承認錯誤的尷尬與難熬；道歉的好處（治癒、成長、與和解）則比較難看到。道歉本身並不是「道德」的行爲，但我覺得和道德很接近。如果關心與嘗試是道德進步的關鍵，而失敗又是必然結果的話，道歉就像是我們在失敗後接受最後訪問。我們做了什麼？爲什麼這麼做？我們知道這樣會對別人帶來什麼影響嗎？我們道歉時所感到的噁心（向我們得罪的人承認錯誤，所帶來的臉紅羞愧感）其實是好的，因爲它代表我們感受得到我們對別人造成的痛苦，而且我們也在乎我們造成了這種痛苦。（亞里斯多德說，一個感受不到羞愧的人，就沒有羞恥心。）這些感覺就像流感症狀一樣，是我們的身體在努力治癒疾病的過程。

但因爲道歉的過程充滿這種噁心感，所以大部分的人都很不擅長道歉。道歉也和所有事物一樣，有好與壞的版本。如果我們真的要深呼吸，面對我們對羞恥的恐懼，然後眞正道歉的話，就必須要做對。一九八五年湯姆．佩蒂（Tom Petty）爲了他的專輯《南方口音》（*Southern Accents*）舉辦巡迴演唱，而演唱會的舞台上有一面很大的邦聯戰旗。幾年後，許多人紛紛向佩蒂指出那面旗代表的意義，後來他在《滾石雜誌》（*Rolling Stone*）中說：

「這面邦聯戰旗，是我小時候住在佛羅里達州蓋恩斯維爾（Gainesville）時家裡貼的壁紙。我一直都知道它和南北戰爭有關，但南軍把它當作自己的標誌。我是眞的不知道它代表的意義，而我常常在西部電影中看到法庭前的旗桿上有這個標誌。老實說我眞的沒有多想，雖然我應該考量得更周全才對……這整件事讓我覺得自己很笨，這就是我現在對自己的形容。如果我能更仔細觀察身邊的事物，整件事情就不會發生……我還是覺得很糟，我一直都很後悔……南方人揮舞這面旗幟的時候，他們並沒有停下來思考黑人會怎麼想。我也一樣，因此我譴責我自己……這件事情很蠢，不應該發生。」

我很欣賞他這段話，又清楚又直接。佩蒂沒有堅持己見或找藉口，而是解釋事情發生的原因、承認自己做錯、向被傷害的人致意、並表達悔意，這就是正確的道歉方法。如果你因爲一位搖滾明星揮舞這面代表仇恨的旗幟而感到痛苦，之後（即使過了好幾年）如果你看到這段話，痛苦也可能會消散。

現在讓我們看看另一種道歉。二〇二〇年七月，美國前衆議院議員泰德．約霍（Ted Yoho）在國會大廈的階梯上，跟他的同事亞力山德里亞．奧卡西奧．科爾特斯

(Alexandria Ocasio-Cortez)搭話，然後還叫她「媽的死賤人」等難聽的話。約霍後來在面對道歉的壓力下，在國會的席位上說：

「我對紐約來的同事所講的話過於唐突，我在這邊起立道歉。我們確實對國家的政策和願景有些不同的意見，但不代表可以不尊重對方。」

目前爲止都很棒！其實，我不覺得你需要爲了「唐突的對話」道歉，而是應該爲了說過的話道歉，但至少你道歉了。

「我已經結婚四十年，也有兩個女兒，我非常清楚自己講過什麼話。而我也絕對沒有對我同事講出媒體宣稱的那些冒犯性言語。如果你眞的聽成那幾個字，我很抱歉造成誤會。」

糟糕了，只要有人在道歉時還無緣無故把老婆小孩牽扯進來，我們就應該提高警覺。我不可能是壞人啦，因爲有人很愛我，而且我也有小孩耶[159]！何況，如果你否認整件事情的發生，就根本不算道歉。畢竟如果眞的沒發生……你幹嘛還要道歉？最後，「如果你眞的聽成那幾個字？」奧卡西奧・科爾特斯是要怎麼聽錯「媽的死賤人」？

159 最近很火紅的「我也有家庭！」的版本，是有的男人會抨擊其他男人對女人性侵犯或講出攻擊性語言，然後宣稱說因爲他們有女兒、老婆、母親，所以覺得這些行爲很可惡。但是，這就代表如果他們單身而且沒有女兒，就不會覺得這類行爲很可惡。如果你聽到有人說：「身爲一名有女兒的父親……」就不要理他，因爲他接下來講的話都是放屁。

不過議員，你就繼續掰吧，看看有沒有辦法讓火車回到正軌。

「我和我老婆卡若琳從我們十九歲就在一起了，當時我們還一無所有。」

天啊，越來越歪了。輪子都鬆掉了，跑馬燈開始閃爍紅色的警告文字，引擎也開始冒出恐怖的黑煙。

「我們當時都只有零工可以打，也只能靠食物券維生。我瞭解貧窮的樣貌，因爲我經歷過。」

泰德？我的熊熊好麻吉？爲什麼要講你的財務史呢？你正在跟別人道歉，還記得嗎？

「所以我深信，我們的國人在面臨各種困難時，還是可以勇敢達到目標，不會鋌而走險去犯法。」

……我看不懂了。大哥你到底在做什麼？哪些人？誰要去犯法？什麼法？你到底在說什麼？

「我向各位保證，我會秉持內心的熱情與理解，來執行這些政策，並激烈與他人爭論政治上的意見不合，同時瞭解我們都只是爲了讓國家變得更好，也爲了我們服務的人民而去處理這些問題。」

呼，這句話還眞難懂，看起來根本就是他輸入了「我向各位保證」，然後就一直自動選字。最後，在他這一連串胡言亂語的三明治中，冒出了一支不知道哪來的牙籤：

「要我爲了我對上帝、家庭、和國家的熱情而道歉，我做不到。」

所以我們來總結一下：我是來道歉的，但我不會道歉的。我沒有說這些話，你聽錯了。我曾經很窮，我也不會因爲愛上帝和愛國而道歉。約霍下台一鞠躬。

這個道歉非常糟糕。他壓根沒有提到應該道歉的對象、否定整件事情的發生、因爲不明原因提到他曾靠食物券維生，然後自以爲是地拒絕因爲他優良的特質道歉，而根本沒有人要他爲這些事情道歉。這根本不是道歉，這是（我用哲學的方法發誓）狗屎。

接下來會有很多咒罵的成分（但有充分理由）

一九二九年出生的哈里·富蘭克福（Harry G. Frankfurt）是普林斯頓大學的哲學名譽教授。他曾在耶魯大學教書，並到牛津大學萬靈學院當訪問學者，接受過古根海姆基金會（Guggenheim Foundation）和梅隆基金會（Mellon Foundation）的捐贈，也寫了一本書全都在扯淡。其實他曾經在一九八六年發表過一篇文章叫做〈論扯淡〉（*On Bullshit*），後來在二〇〇五年出版成書（小小本很可愛）。這本書出版後立刻聲名大噪，連續二十七週登上《紐約時報》暢銷書排行榜，也許是因為富蘭克福在書中的第一句話就寫道：「我們文化中最明顯的特色，就是有太多的扯淡。」

富蘭克福試圖區分扯淡和說謊。他寫道：「說謊是一個伴隨敏銳專注力的行為，目的是在特定時間點，將特定的錯誤資訊塞進一組體系或信仰，以避免該時間點被真相佔據時所帶來的後果。」換句話說，說謊的人知道真相，卻故意說反話；但扯淡的人根本「不受關注真相所限」，他們完全不在乎真相為何，只想要讓自己在聽者面前呈現某種形象、或達到某種效果。舉例來說，富蘭克福要我們想像一個自我感覺良好且非常熱情的美國人，在七月四號發表國慶演說，並誇誇其談推崇開國元勳、國旗、母親、以及蘋果派。法蘭克福說，這個人對美國的想法不重要，他也許很愛國家、也許很恨國家、也許不關心國家，但那都不是重點。重點是：

「他講出這些話，只是爲了傳遞自己的某種形象。他沒有要傳遞假的歷史資訊，他唯一在乎的是別人對他的看法。」

扯淡的人只有一個目標：讓聽者認爲他是某一類的人，不管是愛國者、道德聖人、敏感且關愛他人的人、或任何可以促進個人利益的形象[160]。富蘭克福說：「扯淡的關鍵不在於資訊錯誤，而在於虛僞。」

約霍做了壞事被人發現，他找同事搭話，而且還咒罵人家，只因爲同事和他的政治立場不同。對約霍來說，當時正確的決定應該是道歉，但他說了一大串扯淡，試圖營造他在其他人（政壇上認同他的人，而非他咒罵的女性）心中的形象。（這個現象也不限於任何政黨。現代共和黨員也許在這方面已達到藝術的水準，但歷史上有太多的政治演說都充滿扯淡，不管哪一方都一樣。）另一個經典的虛僞道歉行爲（約霍當時就採用了）就是告訴人家「如果你覺得被冒犯，我很抱歉」。這句話根本不是道歉，而是一種指控，因

160 湯姆·史考卡（Tom Scocca）在高客網（Gawker）上有一篇很棒的文章叫做〈論討好〉（On Smarm），用了富蘭克福的文章來闡述他的論點。史考卡的文章將討好與扯淡並列說明：「討好是一種表演，是一種演出來的嚴肅、美德、建設性，但沒有實質內容。討好的重點在於見風轉舵和正確語氣。討好的人其實會否定別人，而且會一直談論討好以外的任何事情。他們會問，大家爲什麼不能變好一點呢？」討好的人和諂媚的人都有一個與手邊實際議題無關的目標：討好的人會指控對方的語氣不佳或行爲失禮；而扯淡的人則會大搖大擺口無遮攔講話，只爲了達成他想造成的影響。

爲這句話的意思是「我沒有做錯事」，以及「你覺得我做錯事，而且爲此感到難過，眞的很蠢。對於你的蠢，我很抱歉。」道歉無法彌補我們做過的錯事，但只要用誠懇的方式表達，道歉可以治癒傷口。不過，如果我們的目的是保護自己、躲避問題、並用虛僞的方式表達（如果我們不是誠心誠意希望他人原諒），道歉就一點用都沒有。

我們對於一對一道歉的評論，也可以適用於機構或政府更大規模的道歉。有些人會定期要求美國政府爲了過去所做的大規模恐怖行爲道歉，例如在二次大戰時居留日籍美國人、奴隸制度、或屠殺美國原住民。反對的人會說：「都那麼久了，發生過的也無法改變，就讓它過去吧。」我覺得這種說法眞的……很智障，國家犯過的錯就需要國家來道歉，不管時間多久都一樣。道歉可以採取單純的宣布形式，更好的方式就是宣布，加上給予受害者的後代實際賠償。但無論如何，道歉的第一步很簡單，就是承認曾經做錯事。

一九九二年，教宗若望保祿二世（Pope John Paul II）代表他的前任教宗道歉，因爲天主教會犯了一個錯誤。這個道歉特別的地方，在於道歉的對象是伽利略·伽利萊（Galileo Galilei），而犯錯的時間是一六三三年。伽利略證實哥白尼的天文理論，指出地球繞著太陽轉，而非太陽繞著地球轉。後來伽利略因此被指控爲異教徒，並遭受教會各式各樣的威脅，例如監禁、死亡等等。最後因爲他的名氣，他受到的懲罰是軟禁在家，不過前提是要放棄他的發現**161**。大概三百六十年後，教宗若望保祿二世針對這件事情發表看法，其中最重要的一句話就是：「是我們的錯。」若望保祿二世說，當時的天主教會

161 伽利略後來確實放棄了，但你懂的，他只是不想死。後來他還是低聲喃喃自語說了：「Eppur, si muove」，意思是「可是它眞的會動。」（這裡的它指的是地球。）他眞的超狂，竟然在一個可能會殺掉他的教宗面前講這種話，我眞的覺得伽利略很酷。

只能根據手上有的資訊來評斷伽利略的發現，這點當然有逃避道歉的嫌疑，但重點是他道歉了，也確實達到效果。他解決了這個巨大的歷史錯誤，而大型機構道歉的時候，會直接一勞永逸宣稱他們錯了，且應該賠償他們冤枉的人。如果當時教宗沒有道歉，而是宣稱：「我們沒有做過這件事，歷史學家都是錯的。而且別忘了教會做了很多好事，我們也不會爲了對上帝的信仰而道歉。」這樣的話就不是道歉，而是……你懂的。

人們搞砸的時候就應該道歉，政治人物、宗教機構、國家也一樣。道歉眞的很重要，我深深認同；我自己曾經多次在犯錯以後沒有確實道歉。我在道德哲學的旅途上已經走了四十多年，而我有許多晚上都難以入睡，主要是因爲我發現自己曾經傷害過別人，但從沒跟他們說我很抱歉。如果我們夠幸運，能夠在地球上活著幾十年，肯定曾經傷害過我們愛的人、不認識的人、還有任何我們認識的人。我最近才明白這件事情無法避免，才明白我們眞的傷害別人的時候，只有一個辦法：承認錯誤，並勇於道歉。而且道歉要越快越好，等了三百五十九年才道歉的效果就沒那麼好了。

這本書問了很多問題，但我還有一個簡單的問題想問。我們希望道歉後得到什麼效果？我們面對自己對尷尬的害怕、勇於面對羞愧、臉紅，並用顫抖的聲音來承認錯誤的時候，希望得到什麼效果？我們只希望任何因爲我們受傷的人，能體會到我們眞摯的歉意，以及我們想要變得更好的渴望。不管對方帶著怎樣的情緒，不管是善意、同理、恩惠、認同，我們都希望對方能夠告訴我們「沒關係」。就算對方還是很生氣，就算我們騙了他們，就算我們叫他們戴著斑馬條紋帽子出席派對，我們都希望別人能說聲「沒關係」，並原諒我們。

我們已經差不多進入尾聲，這時候就要讓道德這輛車的橡膠輪胎接觸真實生活這個粗糙路面，處處充滿混亂的路面。我們一再強調，如果在乎自己的所作所爲，就必須接受並認識到自己一輩子都在搞砸、做錯事、傷害別人。我們做的壞事有時候微不足道，根本不會有人注意，也不會有任何影響；但有時候也可以很嚴重，讓別人眞的感到痛苦，而我們做的事情會讓別人的人生變糟。有人出現道德瑕疵，或造成他人痛苦的時候，我們應該也必須挺身而出(當然要在適當時間，用適當方法做出適當表示)。但如果他們的過錯可以原諒，我們也要記得自己在搞砸的時候希望得到什麼，並試著拿出同樣的恩惠與理解來面對他人的過錯。(你可能會問，什麼叫做「可以原諒」？這是一個很複雜的哲學問題，需要再寫一本書來回答，而且其實我不確定托德有沒有那個耐性再忍受我兩年。)重點是：如果一味要求完美，或要求他人達到不可能的標準，就代表你否定了一個單純且美麗的眞相：沒有人是完美的。

結尾：好了孩子們，我們學到了什麼？

親愛的艾薇和威廉：

我最近才慢慢發現，父母和道德哲學家討人厭的原因完全一樣。這兩種人永遠都在想著怎麼讓別人變得更好，並嘗試說服其他人接受自己的理論。對於哲學家來說，所謂的「別人」指的是地球上的所有人；對父母來說，則主要是他們的小孩。你們很倒楣，你們的爸爸剛好很喜歡道德哲學，加量不加價。你們必須接受兩倍的理論、兩倍的勸告。但請你們再忍耐一下，因爲我要在接下來這幾頁總結我爲什麼那麼在乎道德，以及你們爲什麼也應該在乎道德。

艾薇出生後不久，我有一次跟你們的奶奶一起散步，並感嘆我需要擔心好多新的事情。我記得當時我跟你們的奶奶說：「孩子還是嬰兒的時候，你會擔心一連串的事情；孩子長成幼兒的時候，又會擔心另一串事情。現在我可以想像在孩子上幼稚園、就讀中學、以及往後各個人生階段，我都會擔心他們。」奶奶聽了以後什麼都沒說，於是我接著講，試著為自己想出解決辦法：「我想為人父母就是這樣吧。你就是一直擔心，直到孩子終於長大、找到工作之類的。」

奶奶說：「哦，孩子長大也不會比較好哦！我還是一直都很擔心你。」

目前為止，奶奶都是對的。我在寫這本書的時候，威廉已經十二歲（！），艾薇也已經十歲（？！？），而我跟媽媽每天都很擔心你們。有時候因為你們做的事情而擔心，有時候則是因為你們沒做的事情擔心，像是威廉（跟媽媽很像）如果打桌球輸掉，會非常非常生氣；或艾薇（跟爸爸很像）每次遇到任何衝突的時候，都會選擇完全不講話。有時候我甚至會擔心，你們面對的世界相當艱困，就算是最幸運的人類（就像你們兩個），恐怕也很難安然度過；而如果我們都覺得你們會難以安然度過，如果世界上的各種困難、威脅、與道德難題讓人生的道路很難走，難到沒有任何父母會想要孩子經歷這些苦難，那父母所剩下的眞的只有擔心而已。

但如果孟德斯鳩（Montesquieu）是對的，且知識能讓人溫和的話，應該也能讓人更安全。

這就是我真正在下的賭注。我把不小的賭注，押在認爲瞭解道德，並在面對大大小小決定時遵循道德的指引，會讓你們更好，因此也更安全。所謂的安全，不一定是不會受傷（我當然希望你們不會受傷），而是不要陷入現代生活爲我們設下的陷阱，尤其是爲夠幸運的人設下的陷阱。我所謂的陷阱，就是自私、無情、殘忍、虛僞、傲慢。有的人認爲地球上所有人不是一個共同體，而是獨立生活的個體，他們就會顯現出這些特質。在他們眼中，地球人就是八十億個獨立的自我，大家都在競爭，但這場競爭（大家似乎也都忘了）最後的結果，必然是所有人不分勝負。

目前我覺得你們是好人！你們都能分辨對錯，也都會努力做對的事。你們大部分的時候對朋友都很好，對朋友不好的時候，你們也會感到罪惡並（有時候會）道歉，你們的美德工具箱都很完整。你們都知道我們有多幸運，而我跟你媽也常常提醒你們要瞭解這種運氣有多麼得來不易，所以你們大概也不太可能忘掉。但光是瞭解好運的這個概念還不夠。世界變化很快，要你們忘記運氣在人生中扮演的角色其實也不會太困難。如果你們眞的忘記，就會覺得自己所擁有的事物都是應得的，也會拋棄你們的道德指南針，選擇用僵化的方式來面對問題。如果你們忘記運氣的重要，可能就只會做自己想做的事，而不會問自己一些簡單的問題：我在做什麼？爲什麼要做？有辦法做得更好嗎？爲什麼這樣會更好？

你們想知道我跟媽媽到底在擔心什麼嗎？就是我剛剛說的那些。（我們當然也擔心全球氣候變遷啦。）

但好消息是：一直以來很多聰明人都想過這些問題，包括如何變好、我們該怎麼做、以及我們虧欠彼此什麼等等。他們對於我們要如何避免陷入自己的小小世界，都提出了自己的見解。雖然他們的見解差異很大，但都是根據一個很單純的概念：我們是誰、以及我們做了什麼，都很重要。不管我們做的事情是好是壞，都應該要在乎，這樣我們才可能嘗試盡量做到最好。提出這些想法的人所寫的書都超級困難，一打開就會讓你們頭痛。不過如果你們可以克服這點，總有一天能夠眞正學會他們的想法，並應用在你們做決定的時候，最後成爲我跟媽媽不需要一直擔心的人，或至少讓我們比較不擔心。

我在本書試著解釋他們提出的一些概念，讓你們在長大的過程中有東西可以參考，希望能幫助你們度過人生各個奇怪且不安的階段，畢竟人生中的每個階段都會讓你們遇到意外的困難。變老的過程有一個諷刺的地方，就是每十年左右你回頭看看十年前的自己，你會對過去犯的錯、以及你的幼稚與愚蠢感到不寒而慄，然後你會鬆一口氣，因爲你現在比以前聰明且成熟多了。再過十年……這種感覺又會出現一次。我現在已經四十六歲，而我根本也不知道十年後會覺得現在做了那些蠢事。（希望其中一件事不會是「寫了這本書」。）

所以我眞的很希望這本書有一天能幫到你們。不過現在你們分別才十二歲（！）和十歲（？！？），就算只是跟你們隨便聊聊定言令式，似乎都有些揠苗助長。（我跟媽媽對孩子的教育方式，與彌爾的父親不一樣。你們在幼稚園時雖然學不到希臘文和拉丁文，但你們也不會討厭我們，也不會每天過著極度沮喪的日子。我覺得這樣還挺划算的。）所以我最後在這邊用簡單的方法，告訴你們我覺得重要的事情。你們可以把接下來這兩頁的內容，當作整本書的快速入門指南。這個指南當然無法包山包海，但至少是很理想的起跑點。

你們都是地球人，而且都不是一個人居住，所以你們都虧欠其他地球人一些東西。而虧欠的東西，就是要或多或少遵守他們覺得公平的規則（前提當然是他們也是善良、講理的人）。艾薇，如果妳要做一件不確定好不好的事情，就問問自己威廉會怎麼告訴你；威廉也一樣，遇到這個狀況的時候，就問問自己艾薇會怎麼說。然後請繼續追問，問問自己是否會有任何一位朋友覺得這樣不好，也可以問老師，甚至問你們不喜歡，卻不得不承認他很聰明的其他小朋友。如果你覺得這些人都能提出理由來反對你的行爲，也許你們就不要做，或是必須做出不同的選擇。

你們也可以試試看在做事之前問自己：「如果大家都這樣做的話會怎樣？如果所有人都可以做我要做的事情，世界會變成什麼樣子？」如果這樣的世界感覺起來很扭曲、很不公平、很混亂，你們也許就應該改變主意。

或者，也可以想像你們即將做的事情會帶來什麼結果。想想多少人會因此感到快樂，多少人會難過，以及他們快樂或難過的程度。想想他們多快會感到難過或快樂，以及會持續多久。試著在心中計算，並想想你們即將做的事情，總共帶來的難過比較多，還是快樂比較多。這個方法可能比較難，但有時候是最好的辦法。

也建議你們想想身邊喜歡的人有什麼特質：善良、慷慨、忠誠、勇敢、果決、溫和等等。期許自己盡量具備這些特質，而且程度要剛好，不要太多也不要太少。不過你們也要知道，所謂的剛好其實很難達到。你們可能想要成爲溫和的人，但一直做不到，之後就會矯枉過正，變得過度溫柔。這類的事情會一直發生，會對他人和自己造成不好的影響，但希望你們都可以透過不斷的嘗試，越來越接近剛好的程度。嘗試非常重要，你們必須不斷嘗試。

在人生的過程中，你們可能會發現自己在準備做決定的時候，有些時候會比較喜歡某些方法，其他時候則比較喜歡別的方法。這樣很好！就用你們喜歡、覺得有道理的方法，但也不要忘記其他的方法，以備不時之需。有時候你們會感到困惑，例如你們參考的理論好像行不通、或是你們在爲一件事情辯護的同時在譴責另一件事時被人家戳破，這種時候你們會漸漸瞭解這些衝突眞的很不一致，這種狀況很令人尷尬。你們可能必須一直重新區分什麼叫「好」與「壞」，但這也沒關係，因爲重點是你們一直試著重新區分。

我快講完了，眞的啦，我知道你們覺得煩了。但我必須再說一點關於他人的事。人類都有一個問題：我們的思考常常會受限。我們的預設模式就是只想到自己，例如怎樣讓自己開心與安全。有時候這樣很好！我們都有完整性，而這邊完整性的意思是「一種整體、不受區分的感覺」。如果有人要求你，做一件你覺得可能不適合你，或不符合你對自己認識的事情，這時候你內心的聲音就會響起，警告你這件事情感覺不太對。請不要忽略這個聲音，因爲它很有幫助。

但思考受限也代表有時候我們爲他人著想不足。如果你是在南非或辛巴威長大，可能從小就要學習與別人共同生活，也就是把別人的快樂當成自己的快樂、把別人的痛苦當成自己的痛苦。但你們是在美國長大，而美國和很多地方一樣，都教我們要先想到自己。甚至有一位非常有名的作家，告訴我們自私其實很好，他認爲大家越自私，世界就會變得越好。（我知道這個說法很瘋狂。那個作家是一個笨蛋，而且文筆也很爛。）所以，在美國長大的你們，要記得多爲別人想想。

爲別人想想有時候非常困難，因爲需要努力、專注、能量、甚至犧牲，整個過程既困難又複雜。有時候你們會搞砸，例如不小心犯了錯，無意間對別人造成傷害。這時候請深呼吸，然後道歉，並請記得：我們隨時隨地都會犯錯。犯錯後就再嘗試一次，然後會繼續犯錯、繼續嘗試，這樣不斷重複。選擇不去嘗試也是一種選擇，但這樣不會讓你（或任何人）變得更好。

幾千年前，在希臘一個叫做德爾菲（Delphi）的地方，有人蓋了一座神廟。他們也很擔心自己的小孩（歷史上所有的父母都很擔心小孩，不是只有我跟媽媽而已），所以他們在神廟裡的柱子上刻了一些話，用最少的字，試圖告訴他們的孩子、孫子、曾孫，如何完成好好生活在世界上這個近乎不可能的任務。以下是他們寫的話：

認識你自己（Know thyself）

以及

凡事勿過度（Nothing in excess）

老實說，在所有的「人生指引」中，這兩句話在這兩千四百年來都沒有遇過對手。認識你自己：想想自己是誰，每次做事情時都問問自己是否做了好的決定，且隨時記得你珍惜且重視的人事物、瞭解你的完整性，一輩子都帶著這個完整性活下去。凡事勿過度：任何事物太多（或太少）都會導致你搞砸事情。你必須實行善良、慷慨、和勇氣等美德，但也不宜過量；長大後記得要喝威士忌，但也不宜過量。（對了，記得要喝單一純麥，不要喝調和式的垃圾。）要看電視，但不宜過量；也不要吃太多塔可、做太多運動、或罵太多髒話（我自己也做不太到。）在你能夠擁有的各種美德、以及你做的每件事情，都有最適當的程度，你的任務就是找出這個程度。你們想要過好生活的真正快速入門指南嗎？需要將最精闢的指引刺青在手上，同時還保留很多空間嗎？

認識你自己。

凡事勿過度。

當然還有很多，你不可能只靠這兩句話走遍天下，但請先從這裡開始。

當好人是個很困難的任務。但如果你們在乎，可能會漸漸覺得這個任務不像工作，反而更像拼圖。雖然機率不高，但有時候你必須做決定，最後也把拼圖拼對了，這時候就會感覺自己很有活力、很有成就感、也非常雀躍。你們會覺得自己正在茁壯，這也是我跟媽媽希望你們達到的。我們不要你們受到任何傷害，或被人生中的特定陷阱所影響。我們要你們快樂，而這個快樂當然不是只有跟朋友一起吃披薩的那種快樂，而是一種更深層、更持久的快樂。我們要你們當好人，做事情都要帶著善意，盡可能不要傷害身邊的人，也要遵守你想要大家都遵守、而且大家也都認爲公平的規則。我們要你們在搞砸的時候記得道歉，並試著在下次做得更好。如果能做到這些事情，絕對有助於你們茁壯，成爲最好的自己。

但是，還是有很多時候你們無法達到茁壯。你們會完全搞砸，然後再試一次，然後再搞砸，不斷重複。最後你們會感到很挫折、很糟糕。如果嘗試了一千次，試著把事情做好，卻失敗了一千次，讓身邊的人受傷害，你們自己也走投無路，幾乎對自己失去信心，這時候該怎麼做呢？

繼續嘗試、繼續嘗試、繼續嘗試。

愛你們的爸爸。

致謝詞

承認吧，根本沒人會讀到這裡，除非你覺得自己會被感謝。換句話說，你讀到這裡的時候，要嘛就是有看到自己的名字；要嘛就是沒看到自己的名字，然後你就有理由生氣，罵我忘了感謝你。如果是這樣，我很抱歉。如果我有感謝你，恭喜你看到自己的名字！在書裡看到自己的名字眞的很酷。如果我沒有感謝到你，你也不是我該感謝而忘記感謝的人，但你因爲某種原因正在閱讀這個致謝詞，我會試著在裡面加入一些有趣的事實和故事，讓你讀起來感覺更有趣。例如：地球上竟然有超過一千兆隻螞蟻！一千兆欸！實在有夠多！

如果沒有托德．梅的智慧、知識、以及全方位的支持，就不會有這本書。他一直鼓勵我，始終無條件支持本書的寫作，且不厭其煩地向我解釋很惱人的各種存在主義論述，前前後後解釋了大概七百次，最後我才有足夠的信心寫出存在主義的章節。謝謝你，托德，因爲你爲我做的一切。很抱歉我的逗號可能用得不太對。

潘蜜拉．希羅尼米不僅是我道德哲學的啟蒙老師，也自願閱讀本書最開始的篇幅，並給了我許多建議。我後來終於理解，身爲一位學院派的哲學家，妳給我的這些建議，就像幫人家把東西搬上沒有電梯的六樓住家一樣。妳給的建議價値連城。潘蜜拉，謝謝妳，如果妳搬家需要幫忙，只需要開口跟我說。然後很抱歉我偶爾會不小心脫口而出叫妳「潘」。

阿爾伯特．愛因斯坦（Albert Einstein）曾經用一張價值一千五百元美金的支票（約當今天三萬元）買了一個書籤，然後他後來想不起來他把夾著那個書籤的書放在哪裡了。還有一次愛因斯坦的太太在晚宴的時候，不小心把一束蘭花當成沙拉吃掉。

西蒙與舒斯特（Simon & Schuster）公司的伊蒙．多蘭（Eamon Dolan）提供我最完美的編輯建議、人脈、沉重的愛、以及對於「有點」（sort of）這個詞的厭惡。他帶領一個菜鳥作者經歷了波濤洶湧的自我懷疑，但他的方法非常溫和且友善，我非常感激。謝謝你伊蒙，然後很抱歉我還是寫了很多「像」（like）和「必須」（gotta）。

很多人必須把這本書讀過一百次，來確保裡面的內容不至於亂七八糟，或寫一百萬封信給我，確認我不要又幹出什麼傻事。其中最重要的人包括 Laura Cherkas、Tzipora Baitch、以及 Kayley Hoffman。謝謝你們，很抱歉讓你們讀了一百萬次。謝謝 Kate Kinast 用最專業的方式檢查了整本書是否有寫錯的地方，而任何剩下的錯誤肯定都是我的問題，與她無關。

一九九七年十二月我和 3Arts management 簽約，主要是因爲在我遇過的所有經紀人和經理中，大衛・麥納（David Miner）似乎是人最好也最有趣的一位。二十五年了，我整個職業生涯的每一步，都開始於我們的第一通電話，而我這二十五年來都心懷感激。我跟大衛的合作，讓我認識了理查・阿巴特（Richard Abate），謝謝你讓這本書成爲最好的樣子，也知道出版社要什麼。我也要感謝Ken Richman、Matt Rice、以及Julien Thuan，你們的指引和建議，在我猶如疊疊樂的寫作生涯中，扮演很重要的角色。

一個有趣的兒童猜謎：一個有錢人過世以後，決定留下幾隻大象給三個孩子。老大得到其中一半的大象，老二得到所有大象的三分之一，老么得到九分之一。問題來了：總共有十七隻大象。這些孩子去找鎮上一名女性智者尋求協助，她馬上就想出答案了。答案是什麼？（請見注腳！**162**）

寫這本書最有趣的副作用之一，就是讓我認識全國許多哲學家。天普大學的Dr. Molefi Kete Asante和我分享他關於烏班圖的專業知識。我也很慶幸能認識斯坎倫，在與他對話的過程中，我發現他確實跟我想像中一樣迷人和細心。北美沙特協會（North American Sartre Society）的Craig Vasey邀請我和托德去他們的年度聚會演講，讓我受寵若驚，並拿到一個很酷的別針，我也很驕傲地別在衣服上。我也很感謝普林斯頓大學的彼得・辛格和Isaac Martinez、以及聖母大學的梅根・蘇利文（Meghan Sullivan），感謝你們邀請我去和你們及學生

162 女性智者加了一隻大象進去，所以總共是十八隻。老大得到一半（九隻）、老二得到三分之一（六隻）、老么得到九分之一（兩隻）。這樣加起來總共十七隻，然後女智者再把她自己的大象要回來，皆大歡喜！這個謎題是來自威拉德・艾斯比（Willard R. Espy）所寫的《A Children's Almanac of Words at Play》一書，這是我小時候最愛的書。

討論倫理學。

當然，如果沒有《良善之地》，就不會有這本書。製作這齣劇的整個過程都相當有趣。我們在編劇室討論出的各種對話，無論是與哲學、喜劇、或倫理學相關（當然還有一堆比哲學、喜劇、倫理學不重要的東西），都讓我對整個編劇團隊感激萬分：黛咪・阿德朱貝（Demi Adejuyigbe）、梅根・艾姆拉姆（Megan Amram）、克里斯多福・恩賽爾（Chris Encell）、凱特・格爾斯騰（Kate Gersten）、科德・傑佛遜（Cord Jefferson）、戴夫・金（Dave King）、安德魯・勞（Andrew Law）、卡西亞・米勒（Kassia Miller）、迪倫・摩根（Dylon Morgan）、艾伊莎・墨海羅（Aisha Muharrar）、麥特・莫瑞（Matt Murray）、Lizzy Pace、Rafat Sanni、Dan Schofield、喬許・西加爾（Josh Siegal）、珍・史戴姿奇（Jennifer Statsky）、Tyler Straessle、以及楊維榕（Alan Yang）。以上所有人的幽默都精采呈現在節目中，也都呈現在本書中。你們都很怪，但我很愛你們，你們也讓我變成更好的人。我還要特別感謝我的助理 Bridget Stinson，以及所有編劇助理和劇組人員，感謝你們多年來不辭辛勞的付出。我也要感謝所有曾經觀看並有學到東西的觀眾，你們就是我們製作節目的意義。

在某個風和日麗的春日白天，薩謬爾・貝克特和朋友走在倫敦的街上。他的朋友說，當天天氣真的很好，而且和老友一起散步實在很棒，貝克特也認同。後來這個朋友說，正因爲有這樣的日子，才讓我們覺得活著很開心。接著貝克特說：「呃，我是覺得沒那麼嚴重啦。」

製作節目的過程中，我們邀請過很多客座講者，來跟我們討論倫理學和社會正義等議題。除了托德和潘蜜拉之外，約書亞・格林（Joshua Greene）和德雷・麥克森（DeRay Mckesson）也慷慨貢獻了許多時間和意見。戴蒙・林道夫（Damon Lindelof）本身不算眞正的客座講者（比較像精神導師），但一開始如果沒有他的建議，就不會有這個節目。

由摩根・薩凱特（Morgan Sackett）和大衛・海曼所領導的《良善之地》製作團隊，確保了編劇想出的點子能眞正被放進節目中。我身爲電視製作人的生涯中，大部分的工作都是他們在做。讓節目順利運行的藝術人員和技術人員都才華洋溢，族繁不及備載，只要提到一個就不能不提到所有人，所以請你們理解，我永遠感謝你們的努力付出。當然還有辛苦的演員和導演，你們承接了這些棘手的點子，並呈獻給觀衆看。最重要的演員包括：泰德・丹森（Ted Danson）、克莉絲汀・貝爾（Kristen Bell）、曼尼・賈辛托（Manny Jacinto）、賈米拉・賈米爾（Jameela Jamil）、達西・卡登（D'Arcy Carden）、威廉・傑克森・哈波（William Jackson Harper）、馬克・伊凡・傑克森（Marc Evan Jackson）、以及德魯・哥達德（Drew Goddard）。天啊，我眞的好愛好想念你們。

「水牛」這個字如果連續寫八次，可以造出一句完整且文法正確的句子。

我要再一次感謝 J. J. 菲爾賓（J.J. Philbin），因爲在我完成初稿後，她把整個初稿都讀了一遍，而我們都知道別人叫你讀他們寫的東西時，有多麼討人厭。我的初稿大概比我們平常讀的東西還長兩百五十頁左右。第一個閱讀完整手稿的人（除了我的家人以外），就是丹・勒・巴塔德（Dan Le Batard），他的細心建議與頻繁的讚美讓我更有自信。

我從一九九七年開始當編劇以來，就一直得到有酬勞的工作機會。我要在這邊感謝無數慷慨且保護我的人，給了我許多機會，也在我其實沒那麼稱職的情況下，還是一直給我機會、教導我如何進步、甚至欣賞我的作品並跟我續約。我要感謝喬恩・史都華（Jon Stewart）、史蒂夫・希金斯（Steve Higgins）、洛恩・麥可斯（Lorne Michaels）、麥可・舒梅克（Mike Shoemaker）、蒂娜・費（Tina Fey）、亞當・馬凱（Adam McKay）、貝拉・巴賈里亞（Bela Bajaria）、Tracey Pakosta、Pearlena Igbokwe、史蒂夫・博科（Steve Burke）、以及傑夫・謝爾（Jeff Shell）。其中最重要的是格雷格・丹尼爾斯，你是最厲害的編劇，也是我遇過最厲害的老師。我永遠感謝你們各位。

有人觀察到，育空地區西部的一些阿拉斯加麋鹿會幫彼此開「慶生派對」，而且還會送「禮物」（通常都是牠們在大自然中發現的石頭或金屬物品），甚至是用草和土做成的「生日蛋糕」。牠們也會一起發出叫聲，來爲彼此「唱」生日快樂歌**163**。

163 我亂說的。麋鹿才不會幫彼此辦慶生派對。不覺得很扯嗎？

最後，還有很多很多的作家，有些我認識，有些我從來沒見過，你們的著作非常偉大，改變了我很多的想法。謝謝你們投注時間寫了這麼棒的喜劇、小說、非小說、戲劇、音樂、電視節目、電影、以及報導等等。寫作是一個很詭異的工作，對於任何以寫作爲職業的人，我都表達深深的敬意。

好，在我失心瘋開始列出我喜歡的作家名單之前，我要結束這份致謝了。謝謝各位閱讀本書。就算你只是剛好在書局看到這本書，順便翻到這頁看看我有沒有感謝你，我還是感謝你。

NOTES 備注

INTRODUCTION 前言

Try again. Fail again: Samuel Beckett, *Worstward Ho*, in *Nohow On: Three Novels* (New York: Grove Press, 1998), 7.

開始前讀者可能會有的問題

In 1746: "Samuel Johnson's *A Dictionary of the English Language*," British Library, accessed April 23, 2021, https://www.bl.uk/collection-items/samuel-johnsons-a-dictionary-of-the-english-language-1755.

defined a "pastern" as: Adam Kirsch, "Samuel Johnson's Peculiar Dictionary," *Slate*, September 17, 2003, https://slate.com/culture/2003/09/samuel-johnson-s-dictionary-revised.html.

CHAPTER 1 第一章

"People are too complicated": Philip Pullman, *The Amber Spyglass* (New York: Alfred A. Knopf, 2000), 447.

"Love all, trust a few": William Shakespeare, *All's Well That Ends Well, The Yale Shakespeare*, ed. Wilbur L. Cross and Tucker Brooke (New Haven: Yale University Press, 1993), 1.1.57–58.

"It doesn't matter what's": *The Fate of the Furious*, directed by F. Gary Gray, (2017; Universal City, CA: Universal Pictures).

"I'm gonna knock": *Fate of the Furious*.

Cicero even described: Christopher Shields, "Aristotle," *Stanford Encyclopedia of Philosophy*, revised August 25, 2020, https://plato.stanford.edu/entries/aristotle/#AriCorChaPriDiv.

good things we want: Aristotle, *Nicomachean Ethics*, 2nd ed., trans. Terence Irwin (Indianapolis: Hackett, 1983), 14.

it has no aim other than itself: Aristotle, 13–14, 15.

involve rational thought and virtues of character: Aristotle, 23.

"cause [their] possessors to be": Aristotle, 42.

"Each of us seems": Aristotle, 170.

children and animals: Aristotle, 170.

"Virtue comes about": Aristotle, 32.

We may have been born: Aristotle, 170

spent his life trying to conquer and enslave: A. C. Grayling, *The History of Philosophy* (New York: Penguin, 2019), 83–84.

4 *comedy piece he wrote about Socrates*: Woody Allen, *Side Effects* (New York: Ballantine, 1980), 49.

"read twenty-five books": Eliza Relman, "Jared Kushner Says He's Read 25 Books About the Israel-Palestine Conflict," *Business Insider*, January 29, 2020, https://www.businessinsider.com/jared-kushner-says-hes-read-25-books-about-israel-palestine-2020-1.

"Nature, habit, and teaching": Aristotle, 292.

"We are what we repeatedly do": Will Durant, *The Story of Philosophy* (New York: Pocket Books, 2006), 98.

"the mean concerned with anger": Aristotle, *Nicomachean Ethics*, 105.

"It is hard to define how": Aristotle, 107.

"This much is at least": Aristotle, 107.

"I know it when I see it": Jacobellis v. Ohio, 378 U.S. 184 (1964), 197.

"The result": Julia Annas, *Intelligent Virtue* (Oxford, UK: Oxford University Press, 2013), 28–29.

The Shklars had to flee: "Judith Shklar, Professor and Noted Theorist, Dies," *Harvard Crimson*, September 18, 1992.

"To put cruelty first": Judith Shklar, *Ordinary Vices* (Cambridge, MA: Belknap, 1984), 8.

Cruelty, she says, is often: Shklar, 29.

"If cruelty horrifies us": Shklar, 13.

"'knowledge makes men gentle'": Shklar, 27.

CHAPTER 2 第二章

The original question: Philippa Foot, "The Problem of Abortion and the Doctrine of Double Effect," *Oxford Review*, no. 5 (1967): 5–15, https://philpapers.org/archive/footpo-2.pdf.

was discussed by a woman: Judith Jarvis Thomson, "The Trolley Problem," *Yale Law Journal* 94, no. 6 (1985): 1395–1415.

just an innocent observer: Thomson.

standing on a bridge: Thomson.

doctors in a hospital: Foot, "The Problem of Abortion."

he argued for: James E. Crimmins, "Jeremy Bentham," *Stanford Encyclopedia of Philosophy*, revised January 28, 2019, https://plato.stanford.edu/entries/bentham/#LifWri.

should be given to his friend: "Fake News: Demystifying Jeremy Bentham," UCL Culture Blog, accessed June 28, 2021, https://www.ucl.ac.uk/culture/projects/fake-news.

Smith preserved Bentham's skeleton: Ibid.

"did not produce acceptable results": Ibid.

"went disastrously wrong": "Auto-Icon," UCL Blog, accessed June 28, 2021, https://www.ucl.ac.uk/bentham-project/who-was-jeremy-bentham/auto-icon.
in 1850 Smith donated: "Fake News: Demystifying Jeremy Bentham," UCL Culture Blog, accessed June 28, 2021, https://www.ucl.ac.uk/culture/projects/fake-news.
"The College did not": Ibid.
in February 2020 they put it: "Auto-Icon," UCL Blog, accessed June 28, 2021, https://www.ucl.ac.uk/bentham-project/who-was-jeremy-bentham/auto-icon.
authoring a groundbreaking work: Christopher Macleod, "John Stuart Mill," *Stanford Encyclopedia of Philosophy*, published August 25, 2016, https://plato.stanford.edu/entries/mill/#Life.
the cover of the edition we used: John Stuart Mill, *The Subjection of Women* (Buffalo: Prometheus Books, 1986).
your skin essentially explodes: "Erysipelas," National Organization for Rare Disorders, https://rarediseases.org/rare-diseases/erysipelas/.
He came up with seven scales: Jeremy Bentham, *An Introduction to the Principles of Morals and Legislation* (Whithorn, SCT: Anodos, 2019), 9–10.
"Intense, long, certain, speedy, fruitful, pure": Bentham, *An Introduction to the Principles of Morals and Legislation: A New Edition, Corrected by the Author*, 1823, sec. 20, https://www.econlib.org/library/Bentham/bnthPML.html?chapter_num=5#book-reader.
"Few human creatures": John Stuart Mill, *Utilitarianism*, ed. George Sher, 2nd ed. (Indianapolis: Hackett, 2001), 9–10.
reformulation of a thought experiment: T. M. Scanlon, *What We Owe to Each Other* (Cambridge, MA: Belknap, 1998), 235.
His full name is: Andrew David Irvine, "Bertrand Russell," *Stanford Encyclopedia of Philosophy*, revised May 27, 2020, https://plato.stanford.edu/entries/russell/.
"There is nothing new": Bertrand Russell, *The History of Western Philosophy* (New York: Simon & Schuster, 1972), 777.
"There is an obvious lacuna": Russell, 778.
"His optimism was": Russell, 778.
"John Stuart Mill, in his": Russell, *History of Western Philosophy*, 778.
"Anything whatever may be": Russell, 779.
8 he was born: Brian Duigman, "Bernard Williams," Encyclopedia Britannica, accessed April 23, 2021, https://www.britannica.com/biography/Bernard-Williams.
Jim is vacationing in a small town: J. J. C. Smart and Bernard Williams, *Utilitarianism: For & Against* (Cambridge, UK: Cambridge University Press, 1973), 98.
"each of us is specially": Smart and Williams, *Utilitarianism*, 99.

CHAPTER 3 第三章

his routines were so predictable: Bertrand Russell, *The History of Western Philosophy* (New York: Simon & Schuster, 1972), 704.

"After the earthquake": Russell, 705.
"A completely isolated": Immanuel Kant, *Foundations of the Metaphysics of Morals* (New York: Macmillan, 1990), 26–27.
"Act only according to": Kant, *Foundations*, 38.
"Water, fire, air, and dirt": Insane Clown Posse, "Miracles," written by Joseph Bruce, Joseph Utsler, and Mike E. Clark (Farmington Hills, MI: Psychopathic Records, 2010).
"There can be no imperative": Kant, *Foundations*, 35.
"Some moralists want": Friedrich Nietzsche, *Beyond Good and Evil*, trans. Walter Kaufman (New York: Vintage Books, 1989), 99–100.
"Act so that you treat humanity": Kant, *Foundations*, 46.
something called "just war theory": Seth Lazar, "War," *Stanford Encyclopedia of Philosophy*, published May 3, 2016, https://plato.stanford.edu/entries/war/.
Taurek is flabbergasted: John M. Taurek, "Should the Numbers Count?" *Philosophy and Public Affairs* 6, no. 4 (Summer 1977): 293–316, http://www.pitt.edu/~mthompso/readings/taurek.pdf.
o *The irony of this thought experiment*: Immanuel Kant, *Critique of Practical Reason and Other Works on the Theory of Ethics*, 5th rev. ed., trans. Thomas Kingsmill Abbott (London: Kongmans, Green and Co., 1889), 361–362, reproduced at https://oll-resources.s3.us-east-2.amazonaws.com/oll3/store/titles/360/0212_Bk.pdf.

CHAPTER 4 第四章

Scanlon's suggestion: T. M. Scanlon, *What We Owe to Each Other* (Cambridge, MA: Belknap, 1998), 4.
But in essence he says this: Pamela Hieronymi, email message to author, October 8, 2020.
"a shared willingness": Scanlon, *What We Owe*, 5.
Pamela described: Hieronymi, email message to author, August 26, 2020.
"A comprehensive ancient African": Johann Broodryk, *Africa Is Best* (Waterkloof, SA: Ubuntu School of Philosophy, 2010), 47.
"It may be asked": Broodryk, 47.
"these values are practiced": Broodryk, 48.
Broodryk notes that: Broodryk, *Africa Is Best*, 46.
Doc Rivers said that: Maggie Ryan, "Why Doc Rivers Says Ubuntu Led Him and the 2008 Celtics to an NBA Title," Yahoo Sports, September 22, 2020, https://sports.yahoo.com/playbook-why-doc-rivers-says-072245595.html.
"A person is a person through other people": Eze, *Intellectual History*, 94.
hurt or diminished: Broodryk, 54.
"magnanimity, sharing, kindness": Eze, 185.
"In the old days": Nelson Mandela, interviewed in "Nelson Mandela über Ub untu," YouTube video, June 1, 2006, https://www.youtube.com/watch?v=DxoqGJCm-qU.

"cooperative venture for mutual advantage": John Rawls, *A Theory of Justice* (Cambridge, MA: Belknap, 1971), 4.
"The individual does not": Quoted in Eze, *Intellectual History*, 94–95.
as Hieronymi pointed out to me: Pamela Hieronymi, email conversation with author, October 8, 2020.
"Tim, this is not a moral theory": T. M. Scanlon, conversation with author, September 19, 2019.

CHAPTER 5 第五章

Jack Lucas was thirteen: Tyler Bamford, "The Incredible Story of Jack Lucas: The Youngest Medal of Honor Recipient in World War II," National WWII Museum, February 17, 2020, https://www.nationalww2museum.org/war/articles/incredible-story-jack-lucas-youngest-medal-honor-recipient-world-war-ii.
In 1961: Bamford.
"For the moral saint": Susan Wolf, "Moral Saints," *Journal of Philosophy* 79, no. 8. (August 1982): 420.
"If the moral saint": Wolf, 421.
"A moral saint will": Wolf, 422.
"There seems to be": Wolf, 423.
She describes two: Wolf, 420.
"I believe my own worst": Edith Hall, *Aristotle's Way* (New York: Penguin, 2018), 10–11.
One thought experiment we might explore: Judith Jarvis Thomson, "A Defense of Abortion," *Philosophy and Public Affairs* 1, no. 1 (Autumn 1971): 47–66.
Foot was also discussing abortion: John Hacker-Wright, "Philippa Foot," *Stanford Encyclopedia of Philosophy*, published August 17, 2018, https://plato.stanford.edu/entries/philippa-foot/#ApplEthi.

CHAPTER 6 第六章

who was nominated for: "The Life Story of Thich Nhat Hanh," Plum Village, accessed April 23, 2021, https://plumvillage.org/about/thich-nhat-hanh/biography/.
"Emperor Wu asked": Thich Nhat Hanh, *The Heart of the Buddha's Teaching* (New York: Harmony Books, 1998), 61.
"the energy that brings": Hanh, 64.
He describes a person's life: Hanh, 124.
The Stoics were: Bertrand Russell, *The History of Western Philosophy* (New York: Simon & Schuster, 1972), 256.
In his twelfth-century: *Mishneh Torah*, Laws of Charity, 10:7–14.
"a method of settling": William James, *Pragmatism and Other Writings* (New York: Penguin, 2000), 24.
The anecdote he uses: James, 24–25.

sometimes called Albert Einstein's annus mirabilis: "Albert Einstein's Year of Miracles: Light Theory," *Morning Edition*, NPR, March 17, 2005, https://www.npr.org/2005/03/17/4538324/albert-einsteins-year-of-miracles-light-theory.

"a new experience puts them to a strain": James, *Pragmatism*, 31.

"What difference would it": James, 25.

"look[s] away from first things": James, 29.

"corridor in a hotel": James, 28.

"a mediator and reconciler": James, 39.

"Everyone wants to be": Hanh, *Heart of the Buddha's Teaching*, 34–35.

CHAPTER 7 第七章

We'll build a mosque: David W. Brown, "Gingrich Denounces Ground Zero Mosque," *Atlantic*, July 22, 2010, https://www.theatlantic.com/politics/archive/2010/07/gingrich-denounces-ground-zero-mosque/60244/.

"The person excessively prone": Aristotle, *Nicomachean Ethics* (Indianapolis: Hackett, 1983), 48–49 (1108a 34–37).

10 *Pamela Hieronymi related*: Pamela Hieronymi, email message to author, August 26, 2020.

"The result": Julia Annas, *Intelligent Virtue* (Oxford, UK: Oxford University Press, 2013), 28–29.

CHAPTER 8 第八章

"One day you will be called": James C. Scott, *Two Cheers for Anarchism: Six Easy Pieces on Autonomy, Dignity, and Meaningful Work and Play* (Princeton, NJ: Princeton University Press, 2012), 4–5.

"My philosophy, in essence": Ayn Rand, *Atlas Shrugged* (New York: Signet, 1985), 1074.

"Do not confuse altruism": Ayn Rand, "Faith and Force: Destroyers of the Modern World," in *Philosophy: Who Needs It* (New York: New American Library, 1982), 74.

Paul Ryan says he asked: Richard Gunderman, "What Should We Make of Paul Ryan's Fondness for Ayn Rand?" *The Conversation*, October 29, 2015, https://theconversation.com/what-should-we-make-of-paul-ryans-fondness-for-ayn-rand-49933.

Medicare and social security benefits: David Emery, "Did Ayn Rand Receive Social Security Benefits?" Snopes, June 23, 2017, https://www.snopes.com/fact-check/ayn-rand-social-security/.

the Free Rider Problem has: Russell Hardin and Garrett Cullity, "The Free Rider Problem," *Stanford Encyclopedia of Philosophy*, revised October 13, 2020, https://plato.stanford.edu/entries/free-rider/.

"Gates may have given": Peter Singer, "What Should a Billionaire Give—and What Should You?" *New York Times Magazine*, December 17, 2006, https://www.nytimes.com/2006/12/17/magazine/17charity.t.html.

Gates's net worth: "#4 Bill Gates," *Forbes*, accessed May 17, 2021, https://www.forbes.com/profile/bill-gates/?sh=1a365127689f.

Gates and Warren Buffett announced: "Warren Buffett," Giving Pledge, accessed April 23, 2021, https://givingpledge.org/Pledger.aspx?id=177.

2.2 million acres of land: Samuel Stebbins, "Who Owns the Most Land in America? Jeff Bezos and John Malone Are Among Them," *USA Today*, November 25, 2019, https://www.usatoday.com/story/money/2019/11/25/these-people-own-the-most-land-in-america/40649951/.

pledge $1 million AUD: Chloe Taylor, "Jeff Bezos Says Amazon Is Donating $690,000 to Australian Bush Fire Efforts," CNBC, January 13, 2020, https://www.cnbc.com/2020/01/13/jeff-bezos-criticized-for-amazons-690000-australian-fires-donation.html.

every five minutes: Uke Darby, "Billionaire Jeff Bezos Donates Five Minutes of His Income to Bushfire Relief Efforts," *GQ*, January 13, 2020, https://www.gq.com.au/entertainment/celebrity/billionaire-jeff-bezos-donates-five-minutes-of-his-income-to-bushfires-recovery/news-story/02b5dd5281b273dd8a25e20fbb6a8156.

to last for ten thousand years: Chaim Gartenberg, "Construction Begins on Jeff Bezos' $42 million 10,000-Year Clock," *Verge*, February 20, 2018, https://www.theverge.com/tldr/2018/2/20/17031836/jeff-bezos-clock-10000-year-cost.

Bezos announced he would donate $10 billion: Amy Held, "Jeff Bezos Pledges $10 Billion to Fight Climate Change, Planet's 'Biggest Threat,'" NPR, February 17, 2020, https://www.npr.org/2020/02/17/806720144/jeff-bezos-pledges-10-billion-to-fight-climate-change-planets-biggest-threat.

a compelling thought experiment: Peter Singer, "The Drowning Child and the Expanding Circle," *New Internationalist*, April 5, 1997, https://newint.org/features/1997/04/05/peter-singer-drowning-child-new-internationalist.

students often cite: Singer, "Drowning Child."

Singer believes that: Peter Singer, "The Singer Solution to World Poverty," *New York Times Magazine*, September 5, 1999.

"The formula is simple": Singer, "Singer Solution."

"Most of us": Peter Singer, *The Life You Can Save* (New York: Random House, 2009), 131.

he's super *not into supporting*: Peter Singer, *The Most Good You Can Do* (New Haven, CT: Yale University Press, 2015), 118–127.

"More important than what": Michael Schur, foreword to *The Life You Can Save*, 10th anniversary ed. (Bainbridge: The Life You Can Save, 2019), xvi.

has been criticized for: Harriet McBride Johnson, "Unspeakable Conversations," *New York Times Magazine*, February 16, 2003, https://www.nytimes.com/2003/02/16/magazine/unspeakable-conversations.html.

supervisors in a Tyson Foods factory: Katie Shepherd, "Tyson Foods Managers Had a 'Winner-Take-All' Bet on How Many Workers Would Get Covid-19, Lawsuit Alleges," *Washington Post*, November 19, 2020, https://www.washingtonpost.com/nation/2020/11/19/tyson-foods-waterloo-bets-covid/.

Amazon started a GoFundMe campaign: Danielle Zollner, "Jeff Bezos, World's Richest Man, Asks Public to Donate to Amazon Relief Fund," *Independent* (UK), March 24, 2020, https://www.independent.co.uk/news/world/americas/coronavirus-amazon-jeff-bezos-relief-fund-covid-19-billionaire-net-worth-a9422236.html.

posted an Instagram photo: Benjamin Stupples and Kevin Varley, "Geffen's Superyacht Isolation Draws Outrage While Industry Sinks," *Bloomberg*, March 30, 2020, https://www.bloomberg.com/news/articles/2020-03-30/geffen-s-superyacht-isolation-draws-outrage-while-industry-sinks.

11 *California now gets a third*: "New Data Shows Nearly Two-Thirds of California's Electricity Came from Carbon-Free Sources in 2019," press release, California Energy Commission, July 16, 2020, https://www.energy.ca.gov/news/2020-07/new-data-shows-nearly-two-thirds-californias-electricity-came-carbon-free.

CHAPTER 10 第十章

"I think we are inviting": Garth Johnston, "Christian Chick-fil-A President Prays for 'Arrogant' Marriage Redefiners," *Gothamist*, July 18, 2012, https://gothamist.com/food/christian-chick-fil-a-president-prays-for-arrogant-marriage-redefiners.

has been charged with: Emily Flitter and Matthew Goldstein, "Long Before Divorce, Bill Gates Had Reputation for Questionable Behavior," *New York Times*, May 16, 2021, https://www.nytimes.com/2021/05/16/business/bill-melinda-gates-divorce-epstein.html.

listened to a podcast: Holly Fray and Tracy V. Wilson, "Gertrude Stein and Alice B. Toklas," *Stuff You Missed in History Class*, February 14, 2018.

Dave McKenna wrote a piece: Dave McKenna, "The Cranky Redskins Fan's Guide to Daniel Snyder," *Washington City Paper*, November 19, 2010, https://washingtoncitypaper.com/article/221900/the-cranky-redskins-fans-guide-to-dan-snyder/.

demanded $2 million in damages: Paul Farhi, "Redskins Owner Dan Snyder Drops Lawsuit Against Washington City Paper," *Washington Post*, September 10, 2011, https://www.washingtonpost.com/sports/redskins-owner-dan-snyder-drops-lawsuit-against-washington-city-paper/2011/09/09/gIQA3hf1IK_story.html.

"1863: The Winona (Minn.) Daily Republican": Ian Shapira, "A Brief History of the Word 'Redskin' and How It Became a Source of Controversy," *Washington Post*, July 3, 2020, https://www.washingtonpost.com/history/2020/07/03/redskins-name-change/.

"We will never change": Erik Brady, "Daniel Snyder Says Redskins Will Never

Change Name," *USA Today*, May 9, 2013, https://www.usatoday.com/story/sports/nfl/redskins/2013/05/09/washington-redskins-daniel-snyder/2148127/.

"After 81 years": Annys Shin and Dan Steinberg, "Daniel Snyder Defends Redskins Name in Emotional Letter to Fans," *Washington Post*, October 9, 2013, https://www.washingtonpost.com/local/snyder-defends-redskins-name-in-emotional-letter-to-fans/2013/10/09/9a161b06-30fa-11e3-8627-c5d7de0a046b_story.html.

in the preface: Jordan K. Ngubane, *An African Explains Apartheid* (Westport, CT: Greenwood Press, 1976), ix–x.

"He sees it as a way of life": Ngubane, 3–4.

Boston Braves: Jeff Kerr, "Washington Redskins Change Name: Here's a Timeline Detailing the Origins, Controversies and More," CBS Sports, July 13, 2020, https://www.cbssports.com/nfl/news/washington-redskins-name-change-heres-a-timeline-detailing-the-origins-controversies-and-more/.

"The interest involved": John Stuart Mill, *Utilitarianism* (Indianapolis: Hackett, 2001), 54.

the first time Hemingway had ever kissed: Julie Miller, "Mariel Hemingway Says Woody Allen Tried to Seduce Her when She Was a Teenager," *Vanity Fair*, March 25, 2015, https://www.vanityfair.com/hollywood/2015/03/woody-allen-mariel-hemingway-manhattan.

she wasn't attracted to him: Miller.

"Imagine my surprise": *Annie Hall*, directed by Woody Allen (1977; New York: United Artists).

when she was in eleventh grade: Daphne Merkin, "Introducing Soon-Yi Previn," *Vulture*, September 16, 2018, https://www.vulture.com/2018/09/soon-yi-previn-speaks.html.

in the podcast You Are Not So Smart: David McRaney, "The Backfire Effect," *You Are Not So Smart* (podcast), June 10, 2011, https://youarenotsosmart.com/2011/06/10/the-backfire-effect/.

not quite as strong as their work suggested: Brooke Gladstone, "Walking Back the Backfire Effect," *On the Media* (podcast), WNYC, July 20, 2017, https://www.wnycstudios.org/podcasts/otm/segments/walking-back-backfire-effect.

"grossly inappropriate": Maureen Orth, "10 Undeniable Facts About the Woody Allen Sexual-Abuse Allegation," *Vanity Fair*, February 7, 2014, https://www.vanityfair.com/news/2014/02/woody-allen-sex-abuse-10-facts.

misogynistic comments to a Malibu police officer: Maureen O'Connor, "All the Terrible Things Mel Gibson Has Said on the Record," *Gawker*, July 8, 2010, https://gawker.com/5582644/all-the-terrible-things-mel-gibson-has-said-on-the-record.

the actress Winona Ryder: Ben Child, "Winona Ryder: Mel Gibson Called Me an 'Oven Dodger,'" *Guardian* (US edition), December 17, 2010, https://www.theguardian.com/film/2010/dec/17/winona-ryder-mel-gibson. (See also "Mel

Gibson and Winona Ryder at Odds over Anti-Semitism Claims," BBC, June 24, 2020, https://www.bbc.com/news/entertainment-arts-53162246.)

was no longer appropriate: Rosa Sanchez, "NFL's Washington Redskins to Change Name Following Years of Backlash," ABC News, July 13, 2020, https://abcnews.go.com/US/washington-redskins-change-years-backlash/story?id=71744369.

executives in the team's front office: Will Hobson and Liz Clarke, "From Dream Job to Nightmare: More Than a Dozen Women Allege Sexual Harassment and Verbal Abuse by Former Team Employees at Redskins Park," *Washington Post*, July 16, 2020, https://www.washingtonpost.com/sports/2020/07/16/redskins-sexual-harassment-larry-michael-alex-santos/.

CHAPTER 11 第十一章

"has come to mean nothing at all": Jean-Paul Sartre, *Existentialism Is a Humanism*, ed. John Kulka, trans. Carol Macomber (New Haven: Yale University Press, 2007), 20–21.

"Christians chastised": Sartre, ix.

"Existence precedes essence": Sartre, 22.

"Man is responsible for what he is": Sartre, 23.

"Man first exists": Sartre, 22.

"If God does not exist":

"I'm telling you": Kurt Vonnegut, speech at Case Western University, 2004, as posted at "We Are Here On Earth to Fart Around, Kurt Vonnegut (2004)," YouTube, September 12, 2019, https://www.youtube.com/watch?v=nxpITF8fswE.

we're actually making them for all people: Sartre, *Existentialism Is a Humanism*, 24.

"What would happen if everyone did what I am doing?": Sartre, 25.

"the kind experienced": Sartre, 27.

"no doctrine is more optimistic": Sartre, 40.

"Man is condemned to be free": Sartre, 29.

"If I decide": Sartre, 44.

"If you choose not to decide": Rush, "Freewill," comp. Geddy Lee/Alex Lifeson, lyrics by Neil Peart, track 2 on *Permanent Waves* (Chicago: Mercury Records, 1980).

"man's destiny lies within himself": Sartre, 40.

Sartre gives the example: Sartre, *Existentialism Is a Humanism*, 30.

Camus accepted his Nobel Prize: Josh Jones, "Jean-Paul Sartre Rejects the Nobel Prize in Literature in 1964," Open Culture, June 17, 2014, https://www.openculture.com/2014/06/jean-paul-sartre-rejects-the-nobel-prize.html.

"I said that the world is absurd": Albert Camus, *The Myth of Sisyphus* (New York: Vintage Books, 2018), 21.

We can kill ourselves: Camus, 27.

eliminates half of the equation: Camus, 54.

"philosophical suicide": Camus, 28.

"The doctrines that explain": Camus, 55.

"I don't know whether": Camus, *Myth of Sisyphus*, 51.
"The workman of today": Camus, 121.
"His fate belongs": Camus, 123.
"One must imagine Sisyphus happy": Camus, 123.
"in the presence of others": Sartre, *Existentialism Is a Humanism*, 47.
"an error": Sartre, 47.
"We must limit ourselves": Sartre, 34.

CHAPTER 12 第十二章

"There are very many people": Julia Annas, *Intelligent Virtue* (Oxford, UK: Oxford University Press, 2011), 31.
"Imagine life here": John Scalzi, "Straight White Male: The Lowest Difficulty Setting There Is," *Whatever*, May 15, 2012, https://whatever.scalzi.com/2012/05/15/straight-white-male-the-lowest-difficulty-setting-there-is/.
Robert Frank was playing tennis: Robert H. Frank, *Success and Luck: Good Fortune and the Myth of Meritocracy* (Princeton, NJ: Princeton University Press, 2016), 1–2.
"Why do so many": Frank, 11.
"A real man makes": *Titanic*, directed by James Cameron (1997; Los Angeles: Paramount).
"My wealth has come from": "Warren Buffett," Giving Pledge, accessed April 23, 2021, https://givingpledge.org/Pledger.aspx?id=177.
"Most of us would never": Frank, *Success and Luck*, 35.
extensive notes and feedback: Frank Lovett, *Rawls's A Theory of Justice: A Reader's Guide* (New York: Continuum, 2011), 20–21.
what he calls the "original position": John Rawls, *A Theory of Justice* (Cambridge, MA: Belknap, 1971), 17.
"Certain principles of justice": Rawls, 21.
took that idea of symmetry: Pamela Hieronymi, email conversation with author, October 11, 2020.
"should be advantaged or disadvantaged": Rawls, *Theory of Justice*, 18.
"does not take seriously": Rawls, 27.

CHAPTER 13 第十三章

"The Confederate flag was": Andy Greene, "Tom Petty on Past Confederate Flag Use: 'It Was Downright Stupid,'" *Rolling Stone*, July 14, 2015, https://www.rollingstone.com/feature/tom-petty-on-past-confederate-flag-use-it-was-downright-stupid-177619/.
"I rise to apologize": "Representative Yoho Apologizes for 'Abrupt' Conversation with Representative Ocasio-Cortez, Denies Name-Calling," video, CSPAN, July 22, 2020, https://www.c-span.org/video/?c4894103/representative-yoho-apologizes-abrupt-conversation-representative-ocasio-cortez-denies-calling.
"Having been married": "Representative Yoho Apologizes."

"My wife, Carolyn": "Representative Yoho Apologizes."
"We did odd jobs": "Representative Yoho Apologizes."
"That is why": "Representative Yoho Apologizes."
"I will commit": "Representative Yoho Apologizes."
"I cannot apologize": "Representative Yoho Apologizes."
"One of the most salient": Harry G. Frankfurt, *On Bullshit* (Princeton, NJ: Princeton University Press, 2005), 1.
"Telling a lie": Frankfurt, 51.
"unconstrained by a concern with truth": Frankfurt, 38.
"the orator intends": Frankfurt, 18.
"Smarm is a kind of performance": Tom Scocca, "On Smarm," *Gawker*, December 5, 2013, https://gawker.com/on-smarm-1476594977.
"The essence of bullshit": Frankfurt, 47.
In 1992, Pope John Paul II: Alan Cowell, "After 350 Years, Vatican Says Galileo Was Right: It Moves," *New York Times*, October 31, 1992, https://www.nytimes.com/1992/10/31/world/after-350-years-vatican-says-galileo-was-right-it-moves.html.

結尾

Thousands of years ago: Sebastian Bertolini, "Know Thyself," Ancient Greek Courses, September 19, 2018, https://ancientgreekcourses.com/anthropology/know-thyself/.

亞當斯密 020

編劇，我想當個好人：
《良善之地》、《荒唐分局》知名編劇，
帶你經歷一場政治不一定正確的道德思辨之旅。
How to Be Perfect:
The Correct Answer to Every Moral Question

作者　麥可・舒爾（Michael Schur）
譯者　王啟安

堡壘文化有限公司
總編輯　簡欣彥　副總編輯　簡伯儒
責任編輯　簡欣彥　行銷企劃　游佳霓
封面設計／內頁構成　Iat-Huân Tiunn

讀書共和國出版集團
社長　郭重興　發行人　曾大福
業務平臺總經理 李雪麗
業務平臺副總經理 李復民
實體通路組 林詩富、陳志峰、賴佩瑜、郭文弘
網路暨海外通路組 張鑫峰、林裴瑤、王文賓、范光杰
特販通路組 陳綺瑩、郭文龍
電子商務組 黃詩芸、李冠穎、林雅卿、高崇哲、沈宗俊
閱讀社群組 黃志堅、羅文浩、盧煒婷
版權部 黃知涵
印務部 江域平、黃禮賢、李孟儒

出版　堡壘文化有限公司
發行　遠足文化事業股份有限公司
地址　231 新北市新店區民權路 108-2 號 9 樓
電話　02-22181417
傳眞　02-22188057
Email　service@bookrep.com.tw
郵撥帳號　19504465 遠足文化事業股份有限公司
客服專線　0800-221-029
網址　http://www.bookrep.com.tw
法律顧問　華洋法律事務所　蘇文生律師
印製　呈靖彩藝有限公司
初版 1 刷　2023 年 1 月
定價　460 元
ISBN　978-626-7240-04-5
978-626-7240-05-2（Pdf）
978-626-7240-06-9（Epub）